LAS ABADÍAS CISTERCIENSES

HISTORIA Y ARQUITECTURA

Con cariño para Andrés de
tus amigos Juan J Ten
Valladolid Diciembre 1988.

Agradecimientos

Jean-François Leroux-Dhuis desea rendir homenaje
a los especialistas en la historia de los cistercienses,
que desde hace algunos años han aportado una gran cantidad de estudios nuevos,
de los que evidentemente se ha nutrido esta obra.

Henri Gaud desea agradecer vivamente a los guías de los lugares cistercienses,
que le acogieron y ayudaron en su investigación.
Gracias a ellos y a la pasión que profesan a sus abadías y que quieren compartir,
un público cada día mayor descubre sobre el terreno la historia y la arquitectura
de esos lugares y el mensaje espiritual que vienen difundiendo desde hace siglos.

Título original: *Les Abbayes Cisterciennes. Histoire et Architecture*

Idea y realización
Éditions Erich Koehler, París

Mapas y gráficos
Valérie Miele

Traducción del francés: Claudio Gancho Hernández de la Huerta
para LocTeam, S.L., Barcelona
Redacción y maquetación: LocTeam, S.L., Barcelona
Director de producción: Detlev Schaper
Impresión y encuadernación: Imprimerie Jean Lamour, Maxéville
Printed in France

ISBN: 3-8290-3117-3

10 9 8 7 6 5 4 3 2 1

FOTOGRAFÍAS DE HENRI GAUD

TEXTO DE JEAN-FRANÇOIS LEROUX-DHUYS

LAS ABADÍAS CISTERCIENSES

EN FRANCIA Y EN EUROPA

KÖNEMANN

SUMARIO

INTRODUCCIÓN

Hace nueve siglos que las primeras abadías cistercienses revelaron, unos decenios antes que las grandes catedrales, el poder creador del Renacimiento medieval que cubrió Europa de obras maestras de piedra y de fe. Tras la segunda mitad del siglo XI, cuando se difuminaron los temores del fin del mundo del año mil y se curaron las llagas de las epidemias y las hambrunas, que justificaban tales creencias, llegó el momento del Occidente cristiano. Un nuevo crecimiento demográfico comportó un desarrollo económico que exorcizó el pasado. El feudalismo se organizó sobre los escombros de la era carolingia. Valiéndose de la reforma gregoriana, que se reveló como el elemento más determinante del siglo XI, la Iglesia reivindicó independencia y pureza a la vez que favoreció el desarrollo de las órdenes monásticas.

Es en ese contexto donde el benedictino Roberto de Molesme, como otros reformadores de la vida religiosa, siempre en busca de una mayor perfección y tras diversas experiencias anteriores, fundó el Nuevo Monasterio de Císter en 1098. Sus sucesores, Aubri y sobre todo Esteban Harding, establecieron las condiciones para el desarrollo de la orden cisterciense. Se practicaban en ella con todo rigor una renuncia al mundo y un ascetismo que sedujeron a la caballería. Para ésta, la aventura era tan intensa como partir para una cruzada, sobre todo si el envite se revelaba como la extensión de la práctica de las virtudes monásticas y la preeminencia de la Iglesia sobre toda la Tierra, como deseaba Bernardo de Claraval. Bajo su impulso, y hasta la década de 1150, los monjes blancos sembraron el espacio europeo con islotes de vida comunitaria que pretendían reproducir la imagen de la "Jerusalén celeste". El impulso dado se prolongaría un siglo. Con tal floración de abadías cistercienses, el siglo XII marcó el apogeo del monacato medieval. Superando la obligación de autarquía, impuesta por la regla del fundador, San Benito, aquellas abadías se convirtieron en los polos principales de un aprovechamiento real del territorio rural y así participaron en el crecimiento económico que permitió la aparición de ciudades en el siglo XIII. La historia cisterciense se inscribió entonces en la larga serie de gracias y desgracias de una civilización mercantil, en la cual los monjes del desierto cedieron el sitio a las nuevas órdenes urbanas de dominicos y franciscanos. Sin embargo, los cistercienses guardaron en el curso de los siglos, y especialmente en el siglo XVIII, la preocupación de configurar el paisaje con su huella, revelándose como constructores inveterados. He ahí por qué, pese a las guerras y las revoluciones que destruyeron la mayor parte de las abadías cistercienses, éstas constituyen un patrimonio excepcional de parajes y monumentos singulares.

Hoy, más allá de una cierta moda por la arquitectura monástica medieval, ya sea benedictina con sus capiteles, tímpanos y frescos historiados, o cisterciense en su desnudez de sombra y luz, algunas razones secretas explican la atracción que en el gran público, en los turistas y en los historiadores, ejerce el universo de las filiales del Císter. ¿Acaso no encarnan de una manera casi mítica los valores de una rusticidad perfecta, cuando nosotros vivimos las dificultades de una urbanización creciente? El monasterio cisterciense y su espacio territorial anexo e indisoluble, ¿no traducen acaso una especie de sueño de un aprovechamiento directo –casi ecológico–, que se opone al trabajo fragmentario del mundo moderno? Es posible redescubrir, casi siempre lejos de las ciudades, los parajes cerrados y aislados de aquella utopía que consiguió inscribirse en la realidad, al menos durante algunos años, y que pretendía testimoniar la perfección de las empresas humanas vinculadas a lo sagrado.

Para finalizar, y como toda utopía, cuya vocación es conducirnos a las preguntas fundamentales, la historia cisterciense provoca nuestra reflexión sobre la coherencia entre el dominio del espacio natural y la organización social que la sostiene, así como la coherencia entre la ética de la vida y la estética de las obras que produce.

PRIMERA PARTE

HACE NUEVE SIGLOS

RAÍCES Y FUNDACIONES

La fundación de Molesme en 1075 se adelantó a la de Císter, en 1098, y fue el primer acto de la aventura cisterciense. Se inscribía en la serie de acontecimientos que en algunos años, y ya en la segunda mitad del siglo XI, pusieron punto final al caos político y moral de finales de la Alta Edad Media. Se inició entonces para la Cristiandad un período de expansión que duró más de dos siglos y cuyos protagonistas fueron los cistercienses.

Aquellos días, que transformaron Occidente, hunden sus raíces en el subsuelo de la historia, remontándose sobre todo hasta Roma, principio de todo: de los dogmas religiosos y de la arquitectura de las iglesias. Mas no hay que olvidar la larga serie de generaciones que se sucedieron desde Constantino para agregar unas tradiciones adecuadas al modelo inicial. Los cistercienses encontraron una vasta herencia antes de sembrar su nueva arquitectura por una Europa que iban a cubrir con su presencia durante siglos.

Páginas precedentes
Doble página
introductoria:
Abadía de Fountains
(Inglaterra).
Página anterior:
Abadía de Fontenay
(Borgoña).

Derecha:
Abadía de Alcobaça
(Portugal). San Benito
de Nursia (ha. 480–547),
patriarca de los monjes
de Occidente. Su regla
se impuso progresiva-
mente en todos los
monasterios.

CAPÍTULO I

LAS RAÍCES DE LA CRISTIANDAD

LA HERENCIA DE ROMA

La inesperada alianza entre la autocracia romana y la nueva Iglesia cristiana fue obra de Constantino. Para él, el cristianismo debía ser el fermento de una nueva civilización mediterránea sin divisiones, desde España a Palestina, bajo control romano. Creía que el cristianismo aportaba valores nuevos que las instituciones romanas, ya en decadencia, no podían proporcionar.

Con esa perspectiva, los emperadores se erigieron en defensa de la ortodoxia: Constantino convocó el concilio de Nicea (325) para definir la divinidad de Cristo y la Trinidad. Teodosio ordenó bajo pena de muerte el cierre de los templos paganos y más tarde su destrucción.

A partir de esa fecha y durante siglos, las jerarquías religiosa y política se disputarían la realidad del poder so pretexto de defender la Cristiandad.

En ese contexto, la solución arquitectónica de las primeras iglesias sólo podía definirla Constantino, que financiaba los trabajos. Fue una especie de revolución cultural. Desde siempre, los cultos tradicionales reservaban el templo a los sacerdotes mientras que el pueblo esperaba en el atrio. La divinidad permanecía oculta. Los cristianos introdujeron una innovación al querer reunirse en asamblea, la *ecclesia,* para celebrar el milagro de la Última Cena bajo la autoridad del *episcopus.* El lugar del culto se convirtió en lugar de reunión, como lo era la basílica romana o el pórtico cubierto del ágora de Atenas. La muchedumbre encontraba allí una lonja permanentemente abierta a la actividad de los mercaderes y, en su prolongación, un ábside reservado a los jueces. Constantino la impuso como el modelo de la basílica cristiana. En el ábside, el obispo, único supervisor de los sacramentos, se sentaba sobre la cátedra, símbolo de su jurisdicción espiritual. Los fieles se reunían en la nave, incluso fuera de las ceremonias religiosas.

También bajo Constantino se desarrolló un monacato específicamente cristiano.

Durante los siglos I a III los primeros cristianos de Oriente se reunían a veces en grupos de hombres y mujeres adoptando juntos una vida de pobreza y castidad según las enseñanzas del Evangelio, pero sin aislarse del mundo. En aquellos años de proselitismo había que dar

---

CRONOLOGÍA

1. Jesús

Año 5 antes de nuestra era: nacimiento de Jesús en Judea, protectorado romano.

7 de abril del 30: muerte de Jesús en Jerusalén.

2. Los apóstoles

Período de enseñanza oral

• 30–44: persecución de los judíos cristianos por la comunidad judía.

• 36: conversión de Pablo, judío de ciudadanía romana.

• 64–68: los apóstoles aprueban la evangelización de los no judíos.

Período de enseñanza escrita.

• 65–100: redacción de los veintisiete libros del Nuevo Testamento.

• 64–68: 1ª persecución romana (Nerón/ Pedro y Pablo mártires).

3. La expansión del cristianismo hasta 313

Por el Mediterráneo y el norte de África.

Primeros obispos en la Galia a partir del 250.

Alternancia de persecuciones y de períodos de paz religiosa.

4. La alianza de la Iglesia y Roma: Constantino (306–337)

El cristianismo, religión de Estado (Edicto de Milán en 313).

El emperador organiza la fe (Concilio de Nicea en 325).

5. Fundación del monacato cristiano

En Oriente

• Pablo de Tebas y Antonio (muerto en 356), primeros ermitaños (anacoretas).

• Pacomio funda (323) el primer monasterio comunitario en Tabenerra (cenobitas).

En 357 Basilio escribe las *Constituciones* del monacato: obediencia, estabilidad y reforma de las costumbres.

En Occidente

• Martín, ermitaño en Ligugé (361) y cenobita en Marmoutier.

La primera basílica de San Pedro de Roma, levantada por Constantino en 326, impuso a los cristianos el modelo de la basílica civil romana. (Reconstrucción del Inventario general, Architecture – Méthode et vocabulaire. *París, 1972.)*

testimonio público de la propia fe, aun a riesgo de persecuciones.

Una vez confirmada la paz religiosa, aparecieron los primeros monjes. Con el fin de las persecuciones, el martirio dejó de ser el camino supremo de la santidad. Además, el reconocimiento oficial del cristianismo se acompañó de una relajación de las costumbres. Se necesitaban nuevos testimonios de fe y a ello contribuyeron los monjes con su ofrenda de una vida de mortificación.

LA HERENCIA DE LOS BÁRBAROS Y DE LOS CAROLINGIOS

La civilización de la "paz romana", que asimiló la cultura celta y la nueva religión cristiana, pasó a ser la herencia recibida por Occidente tras la separación del Imperio romano y del Imperio bizantino (395).

En el siglo V los bárbaros llegaron a las puertas del imperio y las ciudades galas se encerraron tras las murallas. La jerarquía religiosa se propuso marcar la presencia de la Iglesia. Así nació el "conjunto catedral", una ciudad episcopal en el corazón de la ciudad civil, que prefiguró el espacio cerrado de los monasterios.

Los invasores ocuparon Roma (476) y Occidente conoció entonces una situación política nueva con los reinos bárbaros constituidos sobre los escombros del imperio. No obstante, la población siguió fuertemente romanizada y, la mayoría de las veces, mantuvo la fe cristiana.

BENITO DE NURSIA

El itinerario espiritual de Benito de Nursia es semejante al de todos los padres fundadores. Como ellos, nació en una familia acomodada que le dio una buena formación intelectual y, como ellos, empezó emprendiendo la vida eremítica para vivir mejor su fe. Ésa fue la experiencia de Subiaco, donde no encontraría el anhelado equilibrio. Intentó entonces reunir a algunos ermitaños para llevar una vida de anacoretas, organizados en doce casas de doce monjes, como Moisés con sus doce tribus y como Jesús con sus doce apóstoles. Aquello terminó con un traslado de toda la comunidad a una nueva abadía cenobítica (Montecassino, 529), con la redacción de la *Regla* (534), con la creación de un establecimiento secundario (Terracina) para albergar al grueso de los discípulos, con la fundación de un monasterio de monjas gracias a la condescendencia de su hermana Escolástica (ha. 480–543) y con la redacción tras su muerte en olor de santidad (547) de una hagiografía para uso de los discípulos (los *Diálogos* escritos por Gregorio Magno en 592).

No se trata de una hazaña excepcional. Y, sin embargo, la regla, aunque en competencia durante largo tiempo con otras y en particular con la irlandesa, conoció una influencia creciente, jamás puesta en tela de juicio y siempre invocada por los sucesivos reformadores de la vida monástica. La orden del Císter, como todas las demás, nació bajo la bandera de la *Regla*. El éxito de este texto se debe a su perfección formal, a su aproximación exhaustiva a la vida cotidiana y a la vida espiritual de los monjes, y a la sabiduría que preside sus recomendaciones sobre la manera de vivir la renuncia a la vida social.

La regla confirma los méritos de la vida en comunidad. Y no es que el eremitismo no sea una vía adecuada para quienes pueden luchar solos "contra los vicios de la carne y de los pensamientos". Se reafirma el principio formulado por Basilio de Cesarea en el siglo IV: es en comunidad donde los monjes "ordinarios" oran y logran juntos su salvación sin heroísmo alguno.

Éste es el origen de los que comúnmente se conocen como "los tres votos" benedictinos. Al no abandonar a sus hermanos en Jesucristo, el monje hace promesa de estabilidad en el seno del monasterio. Y, dado que la comunidad elige a su abad, se justifica que la obediencia a él debida sea el camino de la humildad. En cuanto a la conversión de las costumbres (pobreza, castidad, renuncia al mundo), es algo que permite consagrarse a la lectura divina (*lectio divina*) y a la obra de Dios (*opus dei*), de tal modo que no será necesario llegar a sacerdote para estar cerca de Dios. Además de esos votos, la regla preconiza el silencio, que favorece la comunión permanente con Dios, y el trabajo, que es la mejor protección "contra las tentaciones del demonio".

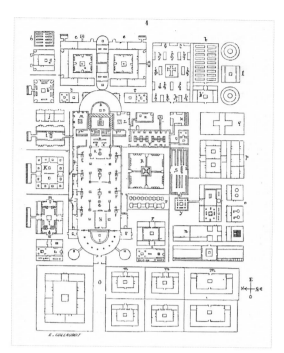

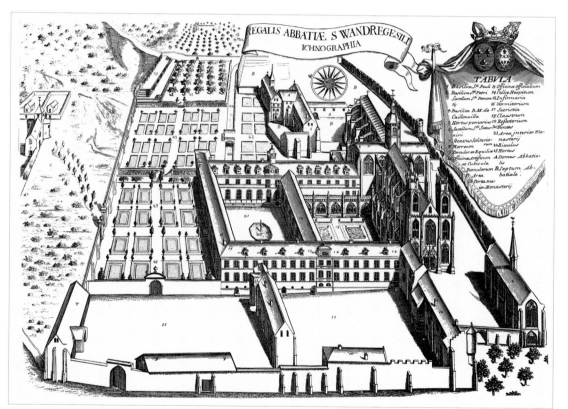

CRONOLOGÍA

1. Los bárbaros

Civilización refinada de los ostrogodos de Ravena. Desarrollo del monacato entre las clases privilegiadas. Fundación de la abadía de Montecassino por Benito de Nursia (529). Redacción de la *Regla*. Columbano funda Luxeuil (evangelización de Europa central).

2. Los carolingios

Carlomagno se adueña del imperio y de la Iglesia, sin ningún "alter ego" sobre la Tierra.

817: Benito de Aniane reagrupa todos los monasterios bajo la única regla benedictina, privilegiando así el ejercicio de la liturgia.

820: Saint-Riquier y la utopía del "burgo monástico".

839: Saint-Gall y la planta monástica ideal.

910: fundación de la orden benedictina de Cluny (que cubrirá Europa con sus mil doscientos prioratos).

928: tras las invasiones se reconstruyen Jumièges y Fontenelle reagrupando los edificios monásticos en un "cuadrado regular".

Superior, de izquierda a derecha:
• *Abadía de Saint-Riquier, según el grabado de Paul Petau, 1613. París, BNF.*

• *Planta de la abadía de Saint-Gall, ha. 820, Saint-Gall Stifs Bibliothek.*
• *Planta de la abadía de Cluny II, ha.1050, reconstrucción de John K. Conant.*

Inferior:
Fontenelle, abadía de Saint-Wandrille en el siglo XVII, dom Michel Germain, Monasticon Gallicanum.

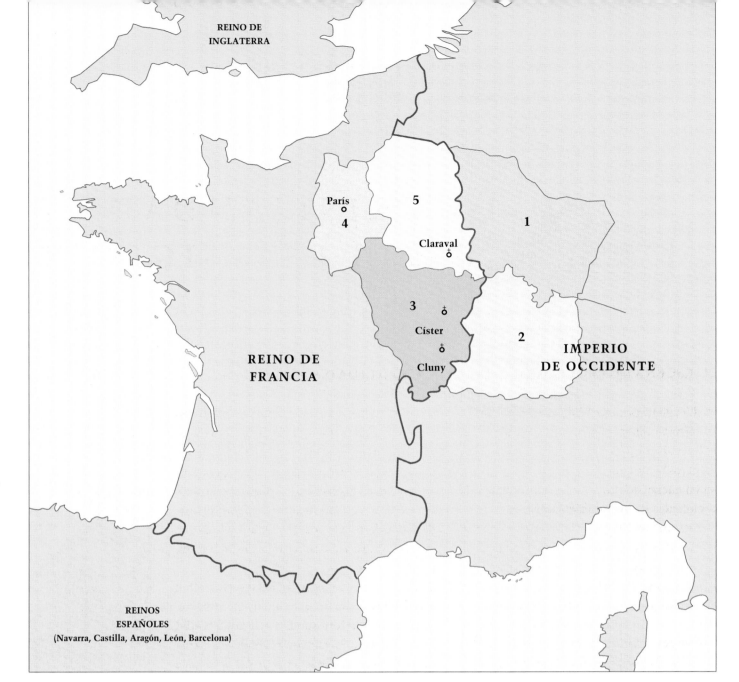

El Occidente cristiano
en la segunda mitad del
siglo XI.
1. Ducado de la Alta
Lorena (Nancy)
2. Condado de Borgoña
(Dole)
3. Ducado de Borgoña
(Dijon)
4. Dominio real de
Île-de-France (París)
5. Condado de
Champaña (Troyes)

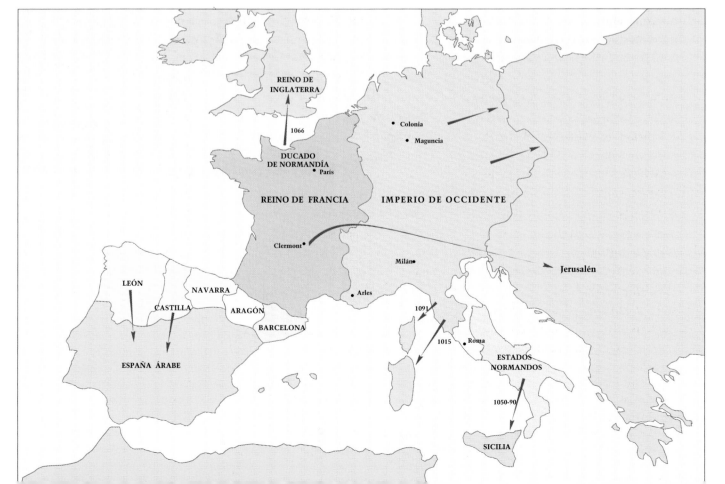

El espíritu de conquista,
segunda mitad del
siglo XI.

CAPÍTULO II

LA CRISTIANDAD A FINALES DEL SIGLO XI

EL ESCENARIO POLÍTICO

La depresión del año 1000, derivada o no de los terrores anunciados por el Apocalipsis –"El Señor volverá para juzgar a los vivos y a los muertos"–, favoreció una nueva situación social nacida del dolor de las hambrunas y de la violencia de los cambios políticos.

Después de 1050 se llevaron a cabo las readaptaciones y la vitalidad de los príncipes territoriales definió el nuevo mapa político de un Occidente donde los reyes ya no disponían de medios para colmar sus ambiciones.

Los reyes   En Alemania, Otón I el Grande se declaró dispuesto (962) a restablecer el Sacro Imperio Romano Germánico. Sin embargo, administró el imperio gracias a los obispos. De ahí los conflictos con Roma, que nacieron cuando el papado quiso asegurarse una tutela administrativa real de la Iglesia.
En Francia, los reyes capetos sólo ejercían autoridad sobre el dominio real de Île-de-France, al que consagraron todos sus esfuerzos.

Los príncipes territoriales   Duques y condes fueron los herederos de los administradores de los *pagi* del Imperio carolingio, siendo funcionarios por herencia. Vasallos teóricos del emperador y del rey de Francia, recaudaban impuestos y reclutaban ejércitos como si fueran soberanos independientes. Se distinguieron los duques de Borgoña y los condes de Champaña, responsables de las famosas ferias que sustituyeron al comercio mediterráneo.

LA REALIDAD SOCIAL

El orden político que se instauró sobre los escombros del Imperio carolingio no logró traducir el nuevo orden social que regía el acontecer diario de Occidente. La unidad de Europa subsistió gracias a la fe cristiana, unánimemente aceptada y vivida en la estructura del feudalismo, de donde derivó el poder real de una Iglesia que se reformó para asegurar mejor la tutela de reyes, príncipes y pueblos.
Aunque conviene hacer ciertas reservas sobre el equilibrio social que a menudo se le atribuye, se puede describir aquella sociedad feudal refiriéndose a la famosa tesis de los "tres órdenes", desarrollada a partir del poema de Adalberón de Laon (1030): "La casa de Dios, a la que se cree una, está dividida en tres: unos rezan, otros hacen la guerra y otros, por último, trabajan. Estas tres partes coexisten y no permiten disociaciones; los servicios que una rinde condicionan las obras de las otras dos. Cada una, a su vez, se encarga de apuntalar el conjunto". [1]

Los "bellatores"   Los que combatían protegían a la colectividad de la amenaza del enemigo, que podía invadir el territorio. Para asegurar la paz, se integraban en una jerarquía de "nobles" que rendían vasallaje, recibiendo el soberano el de los príncipes territoriales, quienes a su vez aceptaban el de todos los pequeños señores que contaban con un terruño local, el feudo, legitimado por el vínculo de la sangre, el linaje.

Abadía de Jerpoint (Irlanda). El hombre a caballo.

Izquierda y centro:
Abadía de Jerpoint (Irlanda):
Trabajador.
Eclesiástico.

Derecha:
Abadía de Vyssi Brod
(República Checa).
El papa Gregorio VII.

Los "laboratores" Quienes trabajaban protegían a la colectividad de la amenaza del hambre. Eran los roturadores, campesinos, artesanos o siervos de la gleba, que vinculaban su fuerza laboral y su subsistencia a un dominio señorial. En las casuchas hechas de broza, sin ventanas ni mobiliario, las familias se amontonaban y luchaban contra el hambre permanente. Tal situación explica el éxito que encontrará la institución cisterciense de los conversos o legos.

Los "oratores" Los que rezaban protegían a la colectividad de la amenaza del infierno, que no era una palabra vana en una época en la cual el caballero más intrépido en el combate temblaba ante la sola idea de morir fuera de la Iglesia. Al orar en un marco litúrgico, los sacerdotes y monjes ejercían un "servicio público" (*leitourgia*).

La Iglesia se hallaba en plena renovación después de haber vivido el año 1000 en una degradación comparable a la del poder político. Gregorio VII, el monje Hildebrando, Papa desde 1073 hasta 1085, fue el artesano de la "nueva Iglesia romana", anhelosa de separarse de la tutela degradante del poder político.

"En el siglo V el papa Gelasio I intentó separar los dos poderes, el espiritual y el temporal; en el siglo IX Carlomagno se atribuyó ambos; en 1075 Gregorio VII afirmó que todo poder sobre la Tierra estaba subordinado al poder espiritual ejercido por el pontífice romano."[2] En su *Dictatus papae*, de inspiración teocrática, Gregorio VII afirmó que la elección del Papa estaría reservada de modo exclusivo a los cardenales. Promulgó numerosas medidas disciplinarias para uso del clero, como el celibato de los sacerdotes, la prohibición de la simonía y la obligación de consagrarse exclusivamente a tareas pastorales. Reivindicó el derecho de designar a los obispos, origen de la famosa querella de las investiduras que obligó al emperador a ir a implorar su perdón a Canossa, acto inaugural de la ambición pontificia de poseer un poder universal. La Iglesia lo ejerció gracias a una administración de legados que controlaban una estructura geográfica de obispados y arzobispados, cuyas asambleas (sínodos o concilios) aseguraban la cohesión. Pero su nuevo poder se debió no tanto a dicha organización como a las prácticas religiosas de movilización, propuestas a los humildes (el culto de las reliquias) así como a los poderosos (las donaciones y las peregrinaciones).

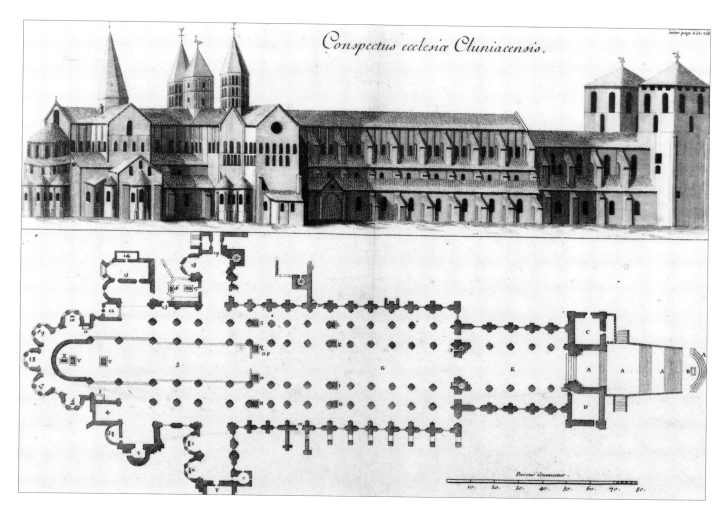

Conspectus ecclesiæ Cluniacensis.

Vista y planta de la iglesia abacial de Cluny III. Grabado de P.F. Giffart. (Annales ordinis S. Benedicti de Mabillon, 1713.)

"Movido por inspiración divina, Hugo construyó como una tienda para la gloria de Dios, una basílica (...) de tal esplendor que si los habitantes del Cielo pudieran complacerse en nuestras moradas humanas se diría que aquí está el atrio de los ángeles." (Texto cluniacense. L'Esprit de Cluny. Zodiaque, 1963.)

A finales del siglo XI el poder de la Iglesia se manifestaba abiertamente: el Papa predicó en Clermont (1095) la Cruzada que debía liberar Jerusalén de las manos musulmanas en las que había caído y se dirigió a los príncipes y a los señores, que podían demostrar así la nueva vitalidad de su cuerpo social. Ningún soberano participó en aquella Primera Cruzada, pero la Iglesia hizo realidad su ambición de ponerse a la cabeza de la Cristiandad.

SITUACIÓN DEL MONACATO

Por su parte, las abadías sacaron buen partido del clericalismo generalizado de Occidente. Fascinaban a los señores feudales porque representaban los únicos islotes de conocimiento en un territorio en el que nobles y siervos a menudo se movían en la ignorancia. En las bibliotecas rehechas tras las invasiones se encontraba todo el saber de la época. Una abadía de renombre contribuía al prestigio del señor que había

enajenado en favor de la misma una parte de sus bienes, quien además efectuaba de esta manera una "inversión" en beneficio de su salvación.

"¿Quién puede llevar la cuenta de las vigilias, himnos, salmos, oraciones y ofrendas cotidianas, de las misas entre torrentes de lágrimas, que los monjes llevan a cabo? Estos discípulos de Cristo se consagran por entero a sus ocupaciones crucificándose a sí mismos para agradar a Dios... También, noble conde, yo te aconsejo seriamente que construyas una fortaleza semejante en tu territorio, administrada por los monjes que luchan contra Satán. Allí los campeones encapuchados resistirán en una lucha permanente a Behemot en provecho de tu alma." [3]

En contrapartida, el reclutamiento de los monasterios fue casi exclusivamente aristocrático. Todos los segundones de las familias nobles, como Bernardo de Claraval, no podían pretender ejercer las funciones de mando reservadas al linaje y se hacían monjes, llevándose consigo una parte de la herencia.

El espíritu de Cluny   Desde su fundación en el 910, la orden de Cluny recogió, con un espíritu de reforma, las directrices de Benito de Aniane e inició una espiritualidad que "lleva hasta el extremo el esplendor de las ceremonias y la magnificencia del templo de Dios".[4] Ante tanta santidad afluían las donaciones y los cluniacenses se encontraron con mucho más de cuanto necesitaban para su subsistencia. La salmodia ocupaba la vida de los monjes. Cantaban los salmos en el oficio y en las procesiones, los aprendían de memoria en repeticiones interminables y los leían para alimentar su meditación en el claustro. Los copiaban en el *scriptorium*, lo cual les permitía respetar el *laborare* de la regla, "evitando a la vez un trabajo manual considerado degradante y un trabajo intelectual para el que muy pocos monjes serían aptos".[5]

Sin embargo, esta espiritualidad afectiva y poco ortodoxa llenó de admiración al muy austero Pedro Damián, consejero del papa Gregorio VII, cuando visitó Cluny. Respondía a una cierta propensión a la emotividad, que caracteriza la mentalidad medieval. Tal boato religioso correspondía a una visión neoplatónica del mundo recogida por los Padres de la Iglesia en su enseñanza: el mundo es ilusión, las pasiones son quimeras y la existencia es una estancia pasajera en una tierra extraña. La verdadera vida está en otra parte y el monje aspira a encontrarla ya en una liturgia grandiosa, celebrada "para gloria de Dios y honor de los hombres".[6]

¡Una liturgia grandiosa en la mayor iglesia del mundo! Durante los sesenta años que fue abad Hugo de Semur (1049–1109) Cluny no dejó de recibir donaciones y privilegios. En el año 1088 la construcción de Cluny III se puso en marcha sobre los cimientos de las iglesias abaciales de Odon (Cluny I) y de Mayeul (Cluny II), consideradas demasiado pequeñas para una comunidad de más de doscientos cincuenta monjes. Pero ¿no se concibió demasiado grande? Cuando los edificios religiosos principales apenas superaban los 100 metros de longitud, se había previsto una iglesia abacial de 187 metros de largo con doble crucero, seis campanarios o linternas y doce capillas en el ábside. Tan colosal proyecto, que no se remataría hasta después de un siglo, debilitó a Cluny, sobre todo en el aspecto financiero.

Su poder fue diluyéndose a medida que se dispersaban por toda Europa mil doscientos prioratos de la orden, en teoría controlados directamente por la casa madre, pero de hecho cada vez más autónomos, lo que frecuentemente iba en detrimento de la observancia.

El retorno al eremitismo En el momento en que la Iglesia tomó conciencia de las reformas que había de llevar a cabo para recuperar dignidad y poder (el *Dictatus papae* de Gregorio VII data de 1075), la vida eremítica apareció a los ojos de muchos de los reformadores como una vuelta a las fuentes del cristianismo. Los padres del desierto y su ideal de austeridad conservaban una gran fuerza de seducción. Sin abandonar los principios generales de la regla de Benito de Nursia, unos ponían el acento en la contemplación y otros en el ascetismo, con experiencias a menudo originales.

ALGUNAS REFORMAS MONÁSTICAS DE INSPIRACIÓN EREMÍTICA EN EL SIGLO XI

FECHA	FUNDADOR	EREMITORIO INICIAL	PARAJE MONÁSTICO	DESCENDENCIA
1015	Romualdo de Ravena 951-1027	Arezzo (Toscana) 1012	Camaldoli (Toscana) 1015	Los camaldulenses Constituciones de 1085 2 congregaciones en Italia en 1998
1039	Juan Gualberto 995-1073	Bosque de Vallombreuse 1036	Vallombreuse (Toscana) 1039	Los vallombrosianos (congregaciones benedictinas desde 1966)
1043	Pedro Damián 1007-1072	Fabriano (Umbría) 1035	Fonte Avellana (Umbría) 1043	Fusión con los camaldulenses
1044	Roberto de Turlande 1001-1067	La Chaise Dieu (Auvernia) 1043	La Chaise Dieu 1044	Congregación casadeena (Casa Dei)
1075	Roberto de Molesme 1028-1111	Bosque de Collan, junto a Tonnerre 1073	Molesme (Borgoña) 1075	Císter (1098) y los cistercienses (1119)
1080	Esteban de Muret 1040-1124	Muret (cerca de Ambazac) 1076	Grandmont (Limousin) 1080	Orden grandmontana (hasta 1772)
1084	Bruno de Hartenfaust 1030-1101	Bosque de Sèche Fontaine, cerca de Molesme 1082	Grande Charteuse (Delfinado) 1084	Los cartujos *Costumbres* de 1136 17 cartujas en 1998
1101	Roberto de Abrissel 1045-1116	Bosque de Craon (Normandía) 1095	Fontevrault (Anjou) 1101	Orden de Fontevrault (hasta 1790)
1112	Vital de Mortain 1060-1122	Rochers de Mortain 1095	Savigny (Normandía) 1112	Congregación de Savigny, afiliada a Claraval en1147
1142	Esteban de Obazine -1159	Bosque de Aubazine (Limousin) 1140	Aubazine (Limousin) 1142	Congregación de Obazine, afiliada a Claraval en 1147

EL CONTEXTO ARQUITECTÓNICO

Al alborear el siglo XII, los constructores heredaron un siglo de renovación arquitectónica en el que cada década había hecho progresar el arte de construir.[7]

• La aportación de los años 1000–1020 La piedra desplaza a la madera como material básico para los edificios civiles, militares y religiosos. La piedra rota a martillazos y sumergida en mortero abundante genera una "arquitectura de albañil" (Saint-Philibert de Tournus).

• La aportación de los años 1020–1040 Los canteros, cada vez en mayor número, permiten una "arquitectura de piedra de aparejo".

Deambulatorio y absidiolos en el crucero, la planta de la iglesia benedictina nace en Bernay (1025).

• La aportación de los años 1040–1060 La referencia: Notre-Dame de Jumièges. "Macizo occidental", linterna en el crucero, elevación de tres niveles, módulo único de las piedras talladas.

• La aportación de los años 1060–1080 La "fachada armoniosa" traduce la búsqueda de la verdad constructiva (Saint-Étienne y La Trinité de Caen).

• La aportación de los años 1080–1100 La bóveda, generalizada debido a la obsesión de los incendios del maderaje y a la renovación de la liturgia cantada. Primeras manifestaciones de la decoración monumental (tímpanos, dovelajes y capiteles).

Superior, de izquierda a derecha:
• *Saint-Philibert de Tournus.*
• *Saint-Benigne de Dijon.*
• *Notre-Dame de Jumièges.*

Inferior, de izquierda a derecha:
• *La Trinité de la abadía de las Damas, en Caen.*
• *Saint-Lazare de Autun.*

*Abadía de Vyssi Brod
(República Checa).
Roberto de Molesme.
La estatuaria religiosa
representa siempre a los
abades fundadores de
abadías sosteniendo una
maqueta de su iglesia
abacial. Roberto de
Molesme sostiene dos,
ya que fundó primero
Molesme y después
Císter.*

CAPÍTULO III

DE MOLESME A CÍSTER
1075 ~ 1119

FUNDACIÓN Y PUJANZA DE MOLESME (1075-1090)

Poco se sabe sobre los orígenes de Roberto, fundador de Molesme. Nacido hacia 1028, entró muy joven en el monasterio benedictino de Montier-la-Celle, cerca de Troyes, del que llegó a ser prior en 1053. Tras más de veinte años de vida religiosa, su fama era tal que fue llamado a dirigir la abadía de Saint-Michel de Tonnerre. Roberto esperaba favorecer allí una práctica renovada de la vocación monástica con el espíritu de los reformadores de su tiempo. Al no poder convencer a su comunidad, dimitió de su cargo en 1072. Aceptó entonces por humildad ser prior de Saint-Ayoul de Provins, sencilla dependencia de Montier-la-Celle. Sin embargo, desilusionado una vez más por el ambiente demasiado tradicional del monasterio, decidió incorporarse a los ermitaños del bosque de Collan, entre Tonnerre y Chablis, que lo erigieron en su guía espiritual (1073).

Después de algunos meses de vida en el mayor de los ascetismos, Roberto reagrupó a los eremitas en una nueva abadía en Molesme, cercana al burgo de Riceys. Durante quince años el monasterio practicó la regla benedictina en su letra y su espíritu. Viviendo un ascetismo riguroso, los monjes reencontraron la virtud del trabajo manual. Durante ese período (1082), Bruno de Hartenfaust, rector de la escuela episcopal de Colonia, se retiró al bosque de Sèche-Fontaine, cerca de Molesme. Roberto le alentó a proseguir su vocación y dos años después fundó la Gran Cartuja (1084).

MOLESME HOY

Nada queda de la abadía fundada en 1075 por Roberto de Molesme. No obstante, la colina que domina el pequeño valle de Laignes continúa albergando algunas grandes construcciones monásticas levantadas en los siglos XVII y XVIII por dos abades comendatarios "ilustrados". Floreciente a la muerte de su fundador y después a lo largo de más de dos siglos, la abadía conoció más tarde un largo período de vicisitudes. Durante la lucha entre Carlos el Temerario y Luis XI, Molesme se encontraba en el campo de batalla y fue tomada y saqueada repetidas veces por las tropas de ambos príncipes. En 1472 fueron destruidos todos los tesoros que había acumulado, como ricos relicarios, preciosos libros y ornamentos de iglesia. Durante las guerras de religión, la abadía fue saqueada por Montgomery y los hugonotes. Restablecida la paz civil, los primeros abades comendatarios se adjudicaron los ingresos monásticos (80.000 libras de tierras, bosques, viñas, corrientes de agua y forjas) en vez de reconstruir los edificios ruinosos.[1]

La renovación llegó con los abades Armand de Bourbon y Charles de La Rochefoucault. Reconstruida en 1683, la tercera iglesia de la abadía se reveló como el elemento principal de un conjunto "clásico" del que, pese a las demoliciones de 1793, todavía se conservan hermosos vestigios, como el elegante refectorio de los monjes, obra de Charles de Aviler. El arquitecto realizó unas bóvedas "de paraguas" y "de caracol", que constituyen hermosos logros técnicos, correctamente revalorizados por los propietarios actuales.

En cuanto al poblado creado por los monjes, siempre aislado en el corazón de un denso macizo forestal, hoy redescubre el cultivo de la viña, mientras los viticultores sueñan con la fama del caldo cercano. A unos kilómetros río abajo, los monjes de Molesme crearon el viñedo de Riceys, único terreno vitícola francés que goza de tres denominaciones de origen, entre ellas la del famoso rosado que sólo se vinifica las añadas buenas. En este terreno la obra de los monjes sigue viva...

1. E. Nesle, *Statistique monumentale, pittoresque et historique de la Côte-d'Or*. Beaune, 1860.

Mas nada atrae tanto a la gente como los ermitaños y los monasterios encerrados en sus muros. En 1083 el obispo de Langres, seducido por la vida espiritual de Molesme, lanzó en favor de la abadía un verdadero llamamiento a la caridad, que escucharon perfectamente,

e incluso en exceso para el gusto del padre abad, los señores feudales de Champaña y de Borgoña. Ellos colmaron la abadía de donaciones y Roberto no estuvo ya en condiciones de resistirse a la moda de su tiempo, que dictaba que los bienhechores "tuvieran corte" en casa de sus protegidos.[1]

Las vocaciones y la opulencia afluyeron a la vez, pero el espíritu de Collan desapareció. Molesme se trocó en la abadía madre de una congregación benedictina de treinta y cinco prioratos.[2] La abadía sufrió entonces una verdadera crisis de identidad.

EL DIFÍCIL CAMINO HACIA CÍSTER (1090-1098)

La cuestión del porvenir de Molesme se planteó en 1090 cuando Aubri[3], uno de los pioneros de Collan, accedió al cargo de prior. Su deseo de extremo rigor encontró el apoyo de un recién llegado a la abadía: Esteban Harding. Benedictino de Sherborne (Dorset), se detuvo en Molesme a su regreso de una peregrinación a Roma y ya no se marchó. Roberto propuso una nueva reforma para la abadía, pero los monjes intentaron volver a la observancia tradicional.

Tras numerosas "salidas" a los eremitorios vecinos, Roberto y veintiún monjes, entre los que se contaban Aubri y Esteban Harding, decidieron abandonar Molesme y se instalaron en el corazón del bosque pantanoso situado entre Nuits-Saint-Georges y el Saona. Los monjes ocuparon un "alodio", libre de canon, que les cedió un primo de Roberto.[4]

Roberto no pudo ocultar por mucho tiempo su nuevo retiro. Había abandonado su abadía, cosa que era una falta canónica grave, por lo que se dirigió a Lyón para obtener del legado papal el reconocimiento del nuevo asentamiento monástico. Al conseguir la aprobación de éste, Roberto glorificó a Dios en el Nuevo Monasterio el 21 de marzo de 1098, festividad de San Benito, escogida como fecha simbólica de la fundación.

El escándalo en Molesme fue monumental. La comunidad, huérfana de su abad, se consideró difamada. Los monjes apelaron al Papa, que no pudo desautorizar a su legado, pero que convocó

un sínodo en Port-d'Anselle, cerca de Saint-Romain-des-Îles. En junio de 1099 la asamblea eclesiástica anuló el voto de estabilidad que los monjes de Císter habían hecho a Roberto como abad y recomendó que se lo reformularan a Aubri, elegido como su sucesor. Roberto volvió a Molesme "por el bien de de la paz monástica".[5]

Antes de regresar a su abadía de Molesme, Roberto permaneció casi dos años al frente del Nuevo Monasterio, tiempo decisivo en el que se fijaron las grandes orientaciones que seguiría la comunidad, tanto para la construcción de futuros edificios como para la organización de la vida espiritual. Sin embargo, ninguno de los textos primitivos de la orden hace alusión a este hecho, cual si fuera necesario borrar el período en que no estuvo asegurada la existencia canónica de la abadía. Por lo demás, los textos presentan como primer abad de Císter a Aubri y no a Roberto. Éste sufrió una de esas *damnatio memoriae* (destrucción de la memoria) que a veces se encuentran en la historia religiosa... Esa manera de presentar la historia persistió hasta 1222, fecha de la canonización de Roberto de Molesme. Desde aquel día fue venerado por la orden y se expurgaron los documentos que estigmatizaban su regreso a Molesme como una debilidad y hasta como una traición.[6]

LA ÉPOCA DE AUBRI (AGOSTO DE 1099 - ENERO DE 1109) : CÍSTER, ABADÍA CISTERCIENSE

Aubri, prior de Molesme y después del Nuevo Monasterio, fue elegido abad en agosto de 1099.

Era de justicia que fuera así designado por los monjes. Parece admitido, en efecto, que fue el promotor eficaz de la partida de Molesme y el principal partidario de Roberto en aquella aventura espiritual.

El objetivo de Aubri era simple: hacer del Nuevo Monasterio una abadía benedictina ejemplar aplicando estrictamente la regla. Como recordaba unas décadas más tarde el redactor del capítulo XV del *Pequeño Exordio*, que es un resumen de la *Regla* de San Benito [7]:

1. Estatutos propios de los monjes cistercienses llegados de Molesme.

2. Desde entonces este abad y sus hermanos, sin olvidar su promesa, decidieron de forma unánime que establecerían en aquel lugar la regla del bienaventurado Benito y se conformarían a la misma rechazando cuanto se oponía a dicha regla: cogullas y pellizas, camisas, capuchas y calzoncillos, sábanas, mantas y adornos de la cama, al igual que la variedad de platos en el refectorio, la grasa y cuanto era contrario a la pureza de la regla.

3. De modo que, tomando la rectitud de la regla como norma para dirigir todo el curso de su vida, a ella se conformaron y siguieron sus huellas tanto para las observancias eclesiásticas como para las otras.

4. Habiéndose, pues, "despojado del hombre viejo" se regocijaban de haberse "revestido del hombre nuevo".

5. Y como no leían ni en la *Regla* ni en la vida de San Benito que este maestro hubiese poseído iglesias o altares, o derechos de ofrenda o de sepultura, o los diezmos de otros, ni hornos, molinos, haciendas rurales ni campesinos; ni tampoco que hubieran entrado mujeres en su monasterio o que hubiera inhumado a difuntos

Izquierda:
No se conoce ninguna representación de Aubri, segundo abad de Císter. Sin duda era como este monje anónimo de la tumba de Esteban, en la abadía fundada por éste en Obazine.

Página anterior:
Bosque de Císter. "Más se aprende en los bosques que en los libros. Los árboles y las rocas te enseñarán cosas que no aprenderías en otros lugares.", Bernardo de Claraval, carta 101 a Enrique Murdach, abad de Vauclair.

en él, fuera de su hermana, renunciaron a todo ello diciendo:

6. Cuando el bienaventurado padre Benito enseña al monje a mostrarse ajeno a las acciones del mundo, testifica claramente que tales cosas no deben tener cabida en las actuaciones ni en el corazón de los monjes: la etimología de su nombre les impone el deber de huir de ellas [...].

13. Además, como estos santos varones sabían que el bienaventurado Benito no construía sus monasterios en las ciudades, los burgos o los dominios rurales, sino en lugares retirados y poco frecuentados por los hombres, se propusieron imitar su ejemplo.

14. Y como Benito también tenía costumbre de instalar en cada monasterio que construía a doce monjes y un padre, afirmaron su intención de hacer lo mismo.

La regla se aplicó, pues, con un rigor extremo y despojada de los usos que la habían sobrecargado en el curso de los siglos. Esto parece encajar con el carácter de Aubri. Sin embargo, se comprueba que durante aquel período ningún candidato a novicio llamó a las puertas del monasterio ni se registró donación alguna. El cartulario de Císter muestra incluso que las donaciones cesaron desde que Roberto no estuvo allí para recibirlas.[8] La pequeña nobleza de la región debió de asustarse por el rigor de aquel Nuevo Monasterio. El grupo de veintiún monjes llegado de Molesme pronto contó únicamente con una decena de supervivientes tras la marcha de los leales de Roberto y la muerte de los más ancianos, pronto agotados por el ascetismo impuesto a la comunidad.

Sin embargo, una experiencia tan excepcional no podía dejar de interesar tanto al duque de Borgoña como a la jerarquía religiosa.

El obispo de Chalon, defensor convencido de las ideas de la reforma gregoriana, obtuvo del Papa el acta que tranquilizó a Aubri, siempre receloso de que los monjes de Molesme, envalentonados con el éxito de haber recuperado a su abad Roberto, reclamasen el regreso de los otros disidentes. Pascual II otorgó al Nuevo Monasterio el "privilegio romano". La abadía quedaba así bajo la protección directa de la Santa Sede, aunque sin sustraerse a la jurisdicción episcopal. La promulgación del acta data probablemente del 19 de octubre de 1100.[9]

Eudes I de Borgoña donó nuevas tierras. Los monjes abandonaron el paraje inicial, que se reveló inadecuado, para establecerse en el emplazamiento actual de la abadía, en el corazón de una llanura dedicada a la agricultura. Eso debió de ocurrir en 1101, justo antes de que el príncipe muriera en Tierra Santa. Los monjes, agradecidos, aceptaron inhumarlo en la iglesia de la abadía. Esta futura necrópolis ducal no tenía más que una capillita de una sola nave, todavía en construcción (hasta 1106), siendo la única obra en piedra de un monasterio edificado enteramente con madera.

ESTEBAN HARDING Y LA CARTA DE CARIDAD (1109- 23 DE DICIEMBRE DE 1119)

Dos acontecimientos importantes marcan el comienzo de la abadía de Esteban Harding. El primero, cargado de promesas para el porvenir económico de la orden, derivó de la decisión del nuevo abad de favorecer y aceptar las donaciones.

Las posesiones y los conversos El rigor extremo de la observancia y la enorme pobreza de la comunidad bajo Aubri amenazaban con conducir el monasterio a la ruina, falto de monjes y sin poder alimentarlos. Con todo el pragmatismo de un abad deseoso de atraer vocaciones, Esteban supo actuar mejor que Roberto y Aubri, de modo que "la abadía creciese en bienes sin que decreciese el espíritu religioso".10 Consecuencia: entre 1109 y 1119 llegaron a Císter cincuenta donaciones importantes. Fue el comienzo de una gran expansión territorial para la abadía y la oportunidad de establecer el principio de asistencia para los conversos y los asalariados, según recuerda el redactor del famoso capítulo XV del *Pequeño Exordio:*

9. Entonces, habiendo despreciado las riquezas de este mundo, los nuevos soldados de Cristo, pobres con Cristo pobre, comenzaron a preguntarse qué plan, qué organización del trabajo o qué actividad podrían permitirles satisfacer sus propias necesidades y las de los huéspedes, ricos y pobres, que se presentarían y que la regla ordena recibir como a Cristo.

10. Decidieron, pues, recibir con el permiso de su obispo a conversos laicos con barba y tratarlos como a sí mismos durante su vida

Página anterior:
Esteban Harding,
tercer abad de Císter.
Miniatura del siglo XII.
Manuscrito de Císter,
Comentarios sobre
Jeremías. *(Dijon B.M.*
ms.130, folio 104)

Izquierda:
Abadía de Nuestra
Señora de Poblet
(España). Bernardo
de Claraval.

y en su muerte, excepto en lo referente al estatuto monacal, y recibir también obreros asalariados, porque pensaban que, sin su apoyo, no podrían observar plenamente de día y de noche los preceptos de la regla.

11. Además, aceptarían tierras, viñas, prados, bosques y corrientes de agua apartados de las viviendas para construir molinos, pero para su propio uso, y para pescar en los mismos, así como caballos y ganado de diversas especies para satisfacer las necesidades de los hombres.

12. Y como habían establecido en varios lugares centros de explotación agrícola, decidieron que serían los conversos, y no los monjes, quienes administrarían aquellas casas, porque la residencia de los monjes debe estar, según la regla, dentro de su clausura.

Bernardo de Fontaine El otro acontecimiento que iba a orientar el futuro espiritual y político del mundo cisterciense fue la llegada al noviciado en 1113 de Bernardo de Fontaine, "acompañado por caballeros de su familia [cuatro hermanos y un tío] y de algunos amigos". Bernardo ya los había reunido en Châtillon, según refiere Guillermo de Saint-Thierry.11 Durante seis meses los sometió a prueba y se aseguró de su lealtad. Era un conjunto de hombres "en estrecha unión" que entraba en el Císter. Fue también el comienzo de un verdadero entusiasmo de la nobleza borgoñona por aquel Nuevo Monasterio.

Esteban Harding descubrió que debía solucionar el doble problema de una superpoblación repentina de su asentamiento y de una presencia demasiado fuerte del "clan" de los Fontaine en el seno de la abadía. El sentimiento profundo de Esteban Harding de que el Nuevo Monasterio encarnaba la verdad de la regla de San Benito lo condujo con toda naturalidad a pensar en la fundación de abadías filiales, que llevarían a otros rincones la buena práctica monacal. Semejante expansión no correspondía en ningún modo al proyecto inicial de Roberto de Molesme, pero no había otra solución. Y así se crearon sucesivamente, entre 1113 y 1115, La Ferté, Pontigny, Claraval (confiada a Bernardo) y Morimond, las cuatro "primogénitas".

Los textos fundadores Esteban Harding "temió entonces que todos los esfuerzos realizados para volver a la observancia más estricta y más perfecta de la regla quedaran arruinados. Por ello tuvo la idea de escribir una carta común: la *Carta de caridad y unanimidad*, a fin de que estos valores ligasen para siempre las fundaciones entre sí en la transmisión de las costumbres establecidas en Císter".[12]

Para crear así mismo una base histórica de referencia, Esteban Harding comenzó paralelamente la redacción de un texto, el *Exordio*, que debía conservar el recuerdo de las circunstancias que se habían dado en la fundación de Císter y el propósito de su fundador.

"¿Ha sido suficiente tal precaución para mantener la primitiva unanimidad? Es lícito plantear la cuestión, porque actualmente poseemos tres redacciones diferentes de cada uno de esos dos textos de base que la tradición no permite fechar."[12] Ni tampoco autentificar algunos de ellos.

La *Carta de caridad* fue aprobada en septiembre de 1119 por el primer Capítulo general y oficial, cuyo estatuto definió. El 23 de diciembre de 1119 el papa Calixto II, de paso hacia Saulieu, recibió el texto y el *Exordium cistercii (Exordio de Císter)*, un escrito corto de carácter más religioso que histórico y que anticipaba el *Exordiumn Parvum (Pequeño Exordio)*. El Papa confirmó la legitimidad con su bula *Ad hoc in apostolici*. A partir de entonces los monjes ya no emplearon la denominación de Nuevo Monasterio pues había nacido la orden del Císter.

La "constitución" de Císter La *Carta de caridad* continúa siendo un modelo de organización. Resulta muy innovador prever un sistema que preserva la independencia de cada actor sobre el terreno dentro de una interdependencia que garantiza el respeto de una "línea general" centralizada. Esta constitución eliminaba las rigideces y lentitudes del sistema piramidal, muy feudal en su principio, que conocían las órdenes religiosas medievales, especialmente Cluny.

Cada abadía cisterciense era, pues, autónoma, elegía su propio abad y no tenía que enviar ningún canon financiero a la casa madre ni a los otros monasterios. A este principio horizontal respondía un control vertical, que garantizaba la unidad de la orden. El abad de Císter visitaba cada año todas las abadías filiales –y en especial sus cuatro "primogénitas"– a fin de controlar el respeto a la regla. Los abades de las abadías filiales debían a su vez hacer una visita anual a sus filiales y hasta administrarlas en caso de autoridad vacante. Así, todas las abadías de la orden se agrupaban por filiación. En cuanto a la abadía de Císter, era visitada por los abades de las cuatro "primogénitas", consideradas como cabezas de filiaciones y, por dicha razón, corresponsables del desarrollo de la orden.

Hay que anotar a este propósito que los obispos locales podían también intervenir en la vida de las abadías en caso de dificultades graves. En efecto, y contrariamente a Cluny, los cistercienses no demandaron el privilegio de la exención, que los habría sustraído de la jurisdicción de los obispos y vinculado directamente a Roma. Esta voluntad de estar cerca del poder religioso local, aunque aislados de los lugares habitados y dispensados de toda tarea apostólica, fue una particularidad de la constitución cisterciense.

Mas un sistema de control no era suficiente. Para hacer evolucionar la legislación interna de la orden y preservar su singularidad, así como para fijar eventuales políticas generales y servir como ala pionera de la Iglesia, era necesario un órgano legislador. Y éste fue el Capítulo general, que reunía cada año al conjunto de los abades. La "forma parlamentaria" adoptada por

Esteban Harding resultaba tanto más notable en cuanto que permitía evitar la arbitrariedad de un superior único. Para los debates sin unanimidad se admitía la obligación de atenerse al juicio del abad de Císter y no al parecer de la mayoría. Un monasterio, aun adelantándose a su tiempo, no es una institución democrática.

El verdadero adelanto a su tiempo fue la supranacionalidad de la orden. Desde el inicio de su dispersión por Europa, el Capítulo general consideró que sus intereses y sus opciones políticas habían de prevalecer sobre los intereses y opciones de los estados y principados. Precursores de la unidad europea, los cistercienses iban a beneficiarse en este terreno de la enorme notoriedad de Bernardo de Claraval.

Císter I, arquitectura y miniaturas No parece que Esteban Harding se empeñase en desarrollar, al menos hasta 1119, un programa ambicioso de construcción: durante largo tiempo Císter conservaría su capillita de 1106 y sus construcciones de madera. En cambio, en uno de aquellos edificios un taller de miniaturas hizo maravillas. Allí se desarrolló desde 1098 una actividad de *scriptorium*. La carta del legado del Papa, que estipulaba el regreso de Roberto a Molesme, preveía que los monjes del Nuevo Monasterio pudieran conservar los libros y los objetos litúrgicos llevados en su peregrinación, "salvo un breviario, que guardarán hasta la festividad de San Juan para volver a copiarlo". Copiar los libros era una atribución monástica y Císter la respetó desde su instauración.

Pero Esteban Harding hizo algo más que copiarlos y volver a copiarlos. Siempre con el mismo espíritu de regreso a las fuentes, consultó a los rabinos y las diversas traducciones existentes de la Biblia a fin de proponer un texto lo más auténtico posible. Paralelamente puso en marcha una reforma litúrgica importante y reunió los himnos y melodías gregorianas, que constituían el cuerpo de los textos religiosos que se cantaban durante los oficios.

*Ex-libris de Císter.
Miniatura
del siglo XII.*

*Manuscrito de Císter.
(Dijon. B.M. ms 151,
folio 43)*

LIBER SCE
MARIE
INCIPIT
EA POST
ORBNMAR
INUBROIDITH

LA PUREZA Y EL PODER

A pesar de que tras la caída de Roma se habían sucedido las dominaciones en esta parte del mundo, ninguna había tenido el poder de erigir un conjunto monumental tan coherente, tan vasto y tan ampliamente extendido.

Georges Duby, L'Art cistercien

Las abadías cistercienses continúan dando una lección inscrita en los paisajes, los bosques y las piedras [...]. Ni los ideales ni los modelos técnicos han tenido tantas consecuencias [...]. Las lecciones cistercienses sobre el dominio de la naturaleza, de las técnicas y de la construcción adquieren el valor de un testimonio capital.

Léon Pressouyre, Le Rêve cistercien

Página anterior:
*Abadía de Claraval
(Champaña).
El dormitorio del edificio
de los conversos
(ha. 1150).*

Derecha:
Vera effigies *de Bernardo
de Claraval. Tesoro de la
catedral de Troyes.*

CAPÍTULO IV

BERNARDO DE CLARAVAL

1120 ~ 1153

EL DESARROLLO PRODIGIOSO DE LOS CISTERCIENSES SE MIDE POR LO GENERAL HACIENDO REFERENCIA AL GRAN NÚMERO DE FUNDACIONES CREADAS TRAS LA PROMULGACIÓN DE LA *CARTA DE CARIDAD*. LA ORDEN SÓLO AGRUPABA DIEZ ASENTAMIENTOS EN EL MOMENTO DE LA APROBACIÓN DE SU TEXTO FUNDADOR POR EL PAPA EN 1119. UNOS TREINTA AÑOS MÁS TARDE, A LA MUERTE DE BERNARDO DE CLARAVAL EN 1153, CONTABA CON 351 ABADÍAS, LA MITAD DE LAS CUALES SE UBICABAN FUERA DE FRANCIA Y 169 CON LA EXCLUSIVA FILIACIÓN DE CLARAVAL.

UN HOMBRE DE DIOS EN LA CRISTIANDAD

De hecho, la importancia excepcional de los cistercienses no se mide únicamente con estos criterios cuantitativos. Su poder fue de orden político en el sentido más amplio del término, principalmente por obra de Bernardo de Claraval, cuya autoridad e influencia se dejaron sentir más allá de su abadía y de sus filiales –e incluso más allá de la orden– y eclipsaron al abad de Císter.

Durante treinta años, Bernardo de Claraval ejerció un poder religioso y un poder político casi exclusivos. En la historia continúa siendo el actor excepcional de un período en el que un hombre de Dios, valiéndose de los principios de la reforma gregoriana, cuya influencia persistía en los espíritus, podía, por decisión personal, dedicarse en cuerpo y alma a la defensa de un Occidente cristiano administrado provisionalmente por la Iglesia, o bien aceptar esta misión de manos de papas, reyes y príncipes.

El contexto político y social de comienzos del siglo XII, que aún conoció reinos poco estables y poderes locales en plena reestructuración antes de las primeras manifestaciones de la centralización monárquica y las reivindicaciones de los municipios urbanos, explica en parte el margen de poder en manos de la Iglesia. Aun así es necesario comprender cómo y por qué se apropió Bernardo de Claraval de ese margen de iniciativa y se convirtió rápidamente en el hombre más célebre de su tiempo y en el árbitro de una época que buscaba desesperadamente jefes capaces y dignos de confianza.

El abad de Claraval se benefició ante todo de un irresistible ascendente personal. Sin hacer hincapié en las leyendas y los milagros que le atribuye una hagiografía que en realidad oculta sus verdaderos méritos, hay que otorgarle un excepcional talento de organizador y líder. La primera manifestación de su poder de convicción, cuando persuadió a sus hermanos y a sus parientes para que le acompañasen a Císter, no deja de ser un ejemplo significativo de un carisma excepcional.

Bernardo de Claraval tuvo también la genialidad de poner su obra bajo el signo de la pureza, reivindicada por el movimiento de reforma monacal y especialmente por la orden del Císter. En los siglos precedentes la pureza de costumbres y el altruismo no habían sido características propias de los prelados, con lo que la Iglesia había perdido todo su crédito y poder.

Finalmente, en sus escritos sobre los *Grados de la humildad y de la acción*, Bernardo de Claraval descubrió el mecanismo psicológico de

Abadia de Sedlec (República Checa). Bernardo de Claraval, el "Doctor Mellifluus", predicando.

*El culto mariano
de los cistercienses*

Derecha:
*Abadía de Zlata Koruna
(República Checa).*

Página siguiente:
*Abadía de Zdar
(República Checa).*

su "tensión interna", nacida de un deseo de renuncia al mundo por humildad y de una voluntad de actuación en el mundo por caridad.[1] A este respecto es innegable que el año 1118 vivió "en una cabaña que recuerda las chozas que se les asigna a los leprosos en la encrucijada de los caminos"[2], rehusando todo alimento en una exaltación de humildad y de ascetismo, lo que fue una prueba iniciática que él se impuso para probar su fe y su voluntad de triunfar sobre una muerte segura. Esta hazaña se convirtió en el origen de un "aura mediática" que se expandió en seguida por todo el mundo cristiano con la fuerza que se atribuía entonces a las proezas de los protegidos de Dios.

La defensa de los pobres   La pureza de su obra empezó por ejercerla Bernardo de Claraval para favorecer a aquel pueblo que luchaba por ganarse el pan. Mientras en el año 1124 escribía su famosa *Apología a Guillermo*, centenares de campesinos eran alimentados a diario a las puertas de su abadía. El discurso del abad cobró acentos revolucionarios:

"La iglesia relumbra por todas partes, pero los pobres tienen hambre. Los muros de la iglesia están cubiertos de oro, pero los hijos de la iglesia siguen desnudos. Por Dios, ya que no os avergonzáis de tantas estupideces, lamentad al menos tantos gastos".

Me cerraréis la boca diciendo que no corresponde a un monje el juzgar; quiera Dios que también me cerréis los ojos para que no pueda ver. Pero aunque me callase, los pobres, los desnudos, los hambrientos se levantarían para gritar..."

El culto mariano   Bernardo de Claraval no ignoraba que su tiempo estaba marcado por la aparición de una nueva sensibilidad fundada en el descubrimiento del amor profano,

y especialmente el de la mujer. Muchos teólogos y prelados de la Iglesia oficial no veían en aquella evolución más que un pecado que conduce al infierno; así lo reflejan los juicios finales de los tímpanos.

Bernardo fue más lejos que los trovadores: colocó el amor en el centro de su teología mística y lo sublimó en la devoción a la Virgen, reina del Cielo. Los cistercienses mantuvieron a las mujeres fuera de sus monasterios, pero todas las abadías se pusieron bajo la advocación de Nuestra Señora y la entonación del *Salve Regina* (la antífona de Puy) pasó a ser, bajo la influencia de Bernardo de Claraval, el rito final de la jornada en todas las comunidades cistercienses. Preso en el juego de su fantástico talento de escritor, Bernardo de Claraval, "Doctor Mellifluus", desarrolló hasta el infinito el tema del amor de Dios y de su Iglesia en la sorprendente serie de sus ochenta y seis *Sermones sobre el Cantar de los Cantares*.

UN MONJE FUERA DE SU MONASTERIO

Para Bernardo de Claraval, formado en los principios que sustentan la Cristiandad, la labor política y la obra religiosa no podían sino confundirse si el lugar de la Iglesia en el mundo dependía de ello, incluso en detrimento de sus votos monásticos que debían mantenerlo tras el muro de su abadía.

No obstante, su capacidad de intervención se sustentaba en ellos. Su poder no estaba vinculado a ningún título hereditario, ni lo había conquistado por la fuerza, ni lo había adquirido con dinero. Ese poder sólo existía unido al aura que irradiaba la pureza de su vida de monje. Y él lo sabía, lo explotaba y hacía hincapié en este hecho. Dejaba que la leyenda adornase su imagen llena de milagros y maravillas para gloria de Dios. Un monje menudo y famélico, mal vestido con el famoso hábito de lana virgen

de los cistercienses, vomitando el escaso alimento que tomaba, sin más escolta que la de un secretario que escribía al dictado durante sus caminatas, ¿cómo no iba a estar en el punto de mira en las asambleas de prelados vestidos de púrpura y señores con armadura?

El cisma de Anacleto La defensa del "verdadero" papado movilizó a Bernardo de Claraval desde 1130 a 1137 e hizo del abad uno de los políticos más importantes de su época. Dos Papas habían sido elegidos al mismo tiempo. Reyes y príncipes encargaron al abad de Claraval que solucionase aquella situación. Éste reconoció la legitimidad de Inocencio II frente al antipapa Anacleto II porque era el más digno y no porque hubiera sido elegido de forma más canónica. Tras muchos años de negociaciones, acabó por ganar su causa. El cisma no movilizó

los ejércitos, lo que habría otorgado excesivo poder al vencedor en detrimento de la Iglesia. Un monje concedió el triunfo al "único que merece ser llamado universal".[3]

La Segunda Cruzada (1146-1151) Con la Segunda Cruzada, Bernardo de Claraval desempeñó el papel político más importante de su vida. Siempre en vanguardia cuando el orden establecido que él creía querido por Dios estaba amenazado, era el candidato para asumir el cargo de predicador de una nueva "guerra santa". Pero "el fracaso en que terminó estaba inscrito en la forma en que fue emprendida [...]. Los fallos de los cruzados no fueron los únicos responsables de la derrota. La ignorancia del predicador a propósito de las cuestiones temporales que se planteaban, su tendencia manifiesta a pasar por alto la realidad con la

que se enfrentaba, persuadido como estaba de que tenía que plegarse a unas reglas soberanas que él consideraba la expresión de una verdad contra la cual nada podía prevalecer, el desprecio de las circunstancias, [todo ello amenazaba] con desembocar en unos resultados lamentables, cosa que ocurrió".[4]

EL FIN DEL REINO DE BERNARDO DE CLARAVAL

Mermado por la enfermedad, aislado en el seno de una orden que veía disminuir su influencia, afligido por la muerte de sus amigos (Suger y Thibaut de Champaña en 1151, Eugenio III en 1153), Bernardo de Claraval regresó a su abadía para encontrar allí la serenidad. El santo volvía a ser un hombre que dudaba y que se preguntaba si no había sido la "quimera de su siglo"...

Murió el 20 de agosto de 1153 y los grandes del mundo entero acudieron a Claraval para su inhumación en la iglesia abacial, frente al altar de Nuestra Señora. Era una canonización popular y espontánea, que los monjes esperaban que se hiciese muy prontamente oficial. A tal efecto se comenzó a escribir en vida suya la *Vita sancti Bernardi*. ¿Fue esa precipitación o el exceso de hagiografía del documento lo que indujo al papado a solicitar una nueva redacción y luego complementos de los legajos? Hubo que aguardar a la canonización de Tomás Becket en 1173, que Roma consideraba prioritaria. Finalmente, la glorificación de Bernardo de Claraval llegó en 1174.

Los monjes de Claraval demolieron el santuario de cabecera plana de la iglesia abacial y la sustituyeron por un ábside con deambulatorio y nueve capillas radiales enmarcadas en un muro circular. Era la exaltación de los monjes de Claraval, deseosos de proporcionar un santuario luminoso al que consideraban el fundador de la orden. Al mismo tiempo reemplazaron la cubierta románica original por una bóveda de ojiva. Así pues, la ceremonia de canonización de San Bernardo se celebró en una iglesia gótica recién terminada.

Superior:
Abadía de Fontenay (Borgoña), Virgen de Fontenay. *Escuela borgoñona del siglo XIII.*

Derecha:
Abadía de Portalegre (Portugal). La muerte de San Bernardo. *Azulejos del taller de Lisboa, comienzos del siglo XVIII.*

LA ARQUITECTURA MONÁSTICA SEGÚN BERNARDO DE CLARAVAL

EN REALIDAD, LA CONSTRUCCIÓN CISTERCIENSE SE LO DEBE TODO. SAN BERNARDO ES SIN DUDA EL PATRÓN DE ESTA VASTA OBRA Y, COMO SE HA DICHO, EL MAESTRO DE LA MISMA, PORQUE ESTE ARTE ES INSEPARABLE DE LA MORAL QUE ÉL ENCARNÓ Y QUE QUERÍA IMPONER A TODA COSTA AL UNIVERSO, Y, EN PRIMER LUGAR, A LOS MONJES DE SU ORDEN.

GEORGES DUBY, *L'ART CISTERCIEN* [1]

LA ARQUITECTURA CISTERCIENSE PRIMITIVA

La expansión fulgurante de la orden cisterciense se tradujo en el inicio de centenares de obras que, sin embargo, no eran las abadías de piedra y ladrillo que conocemos. Cuando un abad y sus doce primeros monjes[1], generalmente acompañados de algunos conversos o legos, llegaban al lugar de su futuro monasterio, comenzaban por vivir en cabañas de leñadores, en un regreso simbólico a la ermita, durante un primer período de adaptación, lo cual permitía, si el emplazamiento elegido no era excelente, mudarse sin dificultad. Si se revelaba adecuado para la vida monacal, se edificaba de inmediato una capilla, así como las primeras construcciones comunitarias, obras escuetas con paredes de madera o adobe con carácter provisional. Entonces ya se podía acoger novicios y llevar una verdadera vida comunitaria conforme a los principios de la regla.

A falta de documentos y excavaciones arqueológicas suficientes, conocemos mal la arquitectura de los primeros edificios construidos por la generación de los "pioneros" cistercienses. Modestas, provisionales y establecidas sin duda a medida que aumentaban las necesidades de la explotación, aquellas construcciones debieron de constituir una especie de caserío sin un

DATOS DE FUNDACIÓN DE ABADÍAS Y FECHAS DE INICIO Y TÉRMINO DE LOS TRABAJOS ABACIALES

1. Las diez primeras abadías de la orden

ABADÍA	FUNDACIÓN	FILIACIÓN	INICIO Y TÉRMINO DE LOS TRABAJOS
Císter	1098		1140–1150
La Ferté	1113	Císter	1140–1160 / 1210–1220
Pontigny	1114	Císter	1140–1170
Claraval	1115	Císter	1135–1145
Morimond	1115	Císter	1150–1160
Preuilly	1118	Císter	1170–1200
Trois-Fontaines	1118	Claraval	1160–1190
Fontenay	1119	Claraval	1139–1147
Bonnevaux	1119	Císter	1140–1240
Bourras	1119	Pontigny ?	?

2. Algunas abadías del norte de Francia y de Bélgica fundadas antes de 1150

ABADÍA	FUNDACIÓN	FILIACIÓN	INICIO Y TÉRMINO DE LOS TRABAJOS
Vaucelles	1131	Claraval	1191–1235
Ter-Duinen	1138	Claraval	1214–1262
Clairmarais	1140	Claraval	1225–1257
Cercamp	1141	Pontigny	1221–1262
Villers	1146	Claraval	1210–1240 / 1250–1272
Loos	1146	Claraval	1223–1251 / 1279–1289
Aulne	1147	Claraval	1200–1250
Cambron	1148	Morimond	1164–1196 / 1214–1240

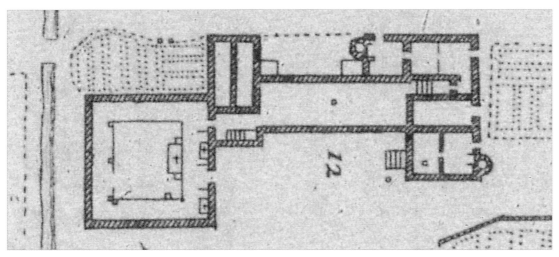

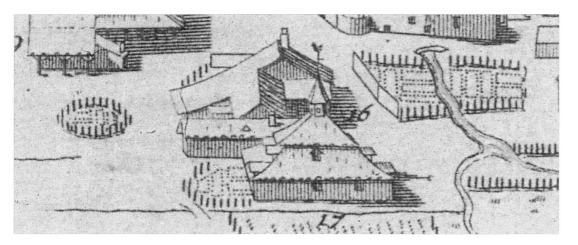

Superior:
Abadía de Claraval
(Champaña).
El Monasterium Vetus
(1115–1134) tal como
aún existía en 1708.
(Grabado de Dom
Milley, B.M. Troyes).

Página siguiente:
Algunas abadías cister-
cienses enteramente
románicas (como la de
Le Thoronet, en
Provenza, cuyo claustro
aparece aquí) encarnan
tradicionalmente el
ascetismo y la simplici-
dad de las construccio-
nes de la orden.

24 metros de largo y es poco probable que su cubierta originaria fuera en bóveda.

Las excavaciones de algunas iglesias primitivas iniciadas antes de 1140 han sacado a la luz unas basílicas modestas, sin transepto ni ábsides, con naves entre machos rectangulares revestidos de madera, como es el caso de Rein (Estiria, 1129), Taglieto (Liguria, 1120) y Tintern Major (País de Gales, 1131).

En Claraval, el *Monasterium Vetus* (Claraval I) ocupaba todavía un lugar destacado en el plano y las famosas perspectivas que dibujó dom Milley en 1708. No pasaba de ser una especie de granja a la que se había adosado una capilla de planta cuadrada (17 x 17 m), con un deambulatorio que delimitaba un espacio central, sin duda construido en piedra. El edificio estaba cubierto por un techo de cuatro aguas en pagoda, cortadas por un alero medianero y coronadas por un pequeño campanario sobre linternilla. Hermoso trabajo de carpintero, que debió de sustituir uno o dos siglos más tarde una construcción original de la que nada se sabe.

De hecho, lo provisional duraba una generación. Al comienzo de la orden era necesaria al menos una veintena de años para que las abadías saliesen de la fase de dominio territorial, roturación, avenamiento y puesta en explotación, y para que acumularan capital suficiente, procedente sobre todo de donaciones, antes de pensar en la construcción "de fábrica" de una abadía que se pretendía fuera definitiva. Entonces los trabajos podían durar varias décadas y hasta quedar interrumpidos durante largo tiempo si los donantes se mostraban menos generosos. Así, algunas abadías estuvieron en obras durante más de un siglo.

GÉNESIS DE LA ARQUITECTURA CISTERCIENSE

Fue Bernardo de Claraval quien emprendió la primera gran obra de la orden poniendo en 1135 la primera piedra de la gran iglesia abacial y del monasterio medieval conocido bajo el nombre de Claraval II. Incluso Císter esperó a 1140 para comenzar a construir su iglesia abacial, más de cuarenta años después de su fundación.

plan rector, aunque sí rodeado de un muro de protección de madera o, en todo caso, de setos.

No obstante, los oratorios ya eran objeto de un cuidado particular. En Císter la capilla de piedra del monasterio primitivo fue consagrada en 1106, según la mención que figura en la fachada. En el siglo XVIII todavía se visitaba dicha capilla "bastante pequeña, abovedada y muy bonita".[2] Constaba de una sola nave de

Conviene retener esa fecha de 1135. Esteban Harding ya no era abad de Císter desde 1133; murió al año siguiente, cuando el Capítulo general trataba por vez primera después de la *Apología* los problemas arquitectónicos y decorativos. ¿Habremos de concluir que Esteban Harding frenó mientras pudo la realización de grandes construcciones en la orden, temeroso de que no fueran conformes al espíritu de pobreza de los padres fundadores? ¿Recelaba acaso de que la orden repitiera la experiencia cluniacense y se hundiera en el espíritu de competencia y de refinamiento inherente a los períodos de expansión arquitectónica? Bernardo de Claraval, valiéndose de su influencia espiritual sobre la orden, no iba a dejar de luchar para que la simplicidad fuese la palabra clave de la arquitectura cisterciense. Pese a lo cual, ¿no tuvo Esteban Harding el presentimiento de que el hecho mismo de construir con materiales duraderos inevitablemente comportaba el riesgo de ceder a la fascinación de las construcciones desmesuradas, con presupuestos financieros importantes, que movilizarían en exceso el espíritu de las comunidades futuras?

Bernardo de Claraval tal vez lo presintió también cuando Godofredo de La Roche

Vaneau, prior de la abadía, que no sabía dónde alojar a los monjes y los conversos pese al fuerte ritmo de fundaciones de filiales, le suplicó que construyese Claraval II.

Un programa arquitectónico a su medida
Dado que la orden estaba condenada a construir, se imponía al menos encuadrar aquel movimiento general en un entramado de deberes y recomendaciones que permitieran a los abades de las filiales disponer de construcciones adecuadas a la vida monástica según Císter. Así nació, bajo la fuerte presión de un Bernardo de Claraval convencido de que era preciso evitar ciertas desviaciones, el programa que se iba a imponer a los arquitectos de las nuevas abadías cistercienses. Naturalmente, no había nada escrito, ya que el saber arquitectónico era entonces un dominio reservado que se transmitía oralmente en el seno de unas corporaciones cerradas.

Y, como todo programa, el de las abadías conllevaba un esquema funcional definidor de la organización general de las mismas, que por comodidad puede designarse como el plano tipo, y recomendaciones arquitectónicas relativas especialmente a la solución formal, la decoración y cuanto constituye el espíritu de un proyecto.

Un programa arquitectónico respetado
Al acceder a los lugares en los que se ocultan muchas abadías cistercienses se descubre una constante: un mismo esquema funcional y una misma solución formal se adoptaron en Fontenay (Borgoña), en Poblet (Cataluña), en Maulbronn (Alemania) y en Fountains (Inglaterra), lo que constituye una ilustración evidente de que su arquitectura era el resultado de un "proceso de fabricación" que respetaba la primacía fundadora de un mismo programa. Entre los cistercienses, constructores de unas 750 abadías de hombres y de innumerables granjas, bodegas, molinos, forjas y casas comunales, el programa se impuso de una manera sistemática y quedó indefectiblemente inscrito en los paisajes, las construcciones o las ruinas que subsisten después de más de ocho siglos de la intervención de los monjes constructores.

Cuando se conoce la capacidad de persuasión que necesita todo maestro de obras para que no se modifique su programa en el curso de la construcción y para facilitar su ejecución a medida que el arquitecto y los obreros se topan con obstáculos nuevos y con dificultades inesperadas, se puede calibrar hasta qué punto la arquitectura cisterciense lleva la marca de un vigoroso control de las obras.

El programa y la regla Para Bernardo de Claraval y los cistercienses, se trataba de construir un monasterio que proporcionase a los monjes un marco adecuado a una intensa vida comunitaria. Por lo mismo, el programa sólo podía traducir en realidad la regla de San Benito. Por lo demás, en el artículo dedicado a la construcción de las abadías, los *Capitula* (IX. 6/7) recuerdan la doctrina básica del Císter: "A fin de que se mantenga para siempre una unidad indisoluble entre las abadías se ha establecido en primer lugar que todos entiendan de la misma manera la regla del bienaventurado Benito y no se aparten un ápice de la misma". Así, la regla generó el programa, que a su vez originó todo el plan. La regla, siempre muy concreta, preveía casi todo sobre la organización de los lugares, pero haciendo hincapié en el espíritu que debe desprenderse de la misma. Para los cistercienses y para Bernardo de Claraval, el ascetismo y la pobreza que los monjes practicaban en su vida diaria constituían el espíritu del Císter, que la arquitectura debía reflejar (toda arquitectura revela así una cultura o una ética), favoreciendo a su vez el desarrollo de una vida monacal todavía más próxima a la perfección (toda arquitectura está, pues, sancionada por el uso). Por haber hecho una lectura diferente de la *Regla*, Benito de Aniane y los cluniacenses construyeron iglesias suntuosas rebosantes de obras de arte.

Ascetismo y pobreza en arquitectura
En arquitectura la pobreza equivale con demasiada frecuencia a lo precario, cosa que no querían los cistercienses, en oposición a los grandmontanos. Sus construcciones tenían que durar y resistir al tiempo. Ascetismo no era pobreza.

"Hay que ponerse de acuerdo eu la noción de pobreza. Hablemos más bien de *desnudez*. La sabiduría cisterciense no hacía concesiones sobre la calidad de los materiales, la perfección de la ejecución y la elección de los tipos de construcción más probados."[3]

El espíritu del Císter era, pues, eliminar toda ostentación y "lo vano superfluo", adoptar siempre la solución más simple y empobrecer en la medida de lo posible todas las formas artificiales del vocabulario constructivo, consideradas únicamente concesiones a una moda arquitectónica.

Los *Capitula* (XXXVI) lo resumen todo acerca del arte: "Prohibición absoluta de tener esculturas. En cuanto a las pinturas, sólo se permite tenerlas sobre las cruces, que a su vez no pueden ser más que de madera".

Superior:
Chauvigny, iglesia colegiata de Saint-Pierre (Poitou). Capitel del Dragón (la muerte) devorando a un cristiano. Segunda mitad del siglo XII.

Página siguiente:
Abadía de Alcobaça (Portugal). Sala de los reyes. Panel nº 7, que representa a los agrimensores delimitando el terreno de la abadía donado por el rey. Azulejos de comienzos del siglo XVIII.

Exaltación bernardina del programa cisterciense   Como buen maestro de obras, Bernardo de Claraval renovó incansablemente sus directrices. Sus cartas, copiadas y recopiadas, se leían en todas las abadías de la orden. La más célebre de todas, y que inició un conflicto entre Císter y Cluny, versó también sobre la arquitectura y las artes decorativas. Se trata de la *Apología a Guillermo* (1123–1125), uno de los textos en que mejor se expresa el gran talento de escritor de Bernardo de Claraval.[4] Después de haber lamentado "la altura excesiva de los oratorios, su longitud desmesurada, su anchura superflua y sus adornos suntuosos", estigmatiza a Cluny, aun admitiendo que "todo ello busca glorificar a Dios". Hizo una condena y todos entendieron que sería necesario actuar a la inversa de cuanto denunció. Nada debía desviar la vista y el espíritu de la idea de Dios.

Sin embargo, no habría que limitar el pensamiento del abad de Claraval a un punto de vista maniqueo que rechazaba toda forma de arte. ¿Acaso no cincelaba su prosa como cualquier escritor cuidadoso de los efectos literarios? La *Apología* ha de leerse como las palabras de un doctor de la fe en las que la deuda con los pobres supera a las preocupaciones estéticas, anacrónicas a comienzos del siglo XII. Basándose en San Pablo, Bernardo hacía la distinción entre los hombres "espirituales" y los hombres "carnales" y sobreentendía que la arquitectura de los claustros y la de las parroquias podían ser diferentes:

"San Bernardo denuncia el bestiario oriental y el bestiario pagano, como por lo demás lo habían hecho los concilios antes que él [...]. Toda esa imaginería era muy poco cristiana [...]. Que las catedrales de la segunda mitad del siglo XII se convirtieran en 'biblias de piedra', que los claros episodios del Evangelio reemplazaran en los pórticos a los temas del Apocalipsis y las oscuras historias del Antiguo Testamento, que las sirenas y los grifos cedieran por doquier el puesto a Cristo, la Virgen y los santos, todo ello se debió a la radiante autoridad de San Bernardo."[3]

CONTROL DE LAS OBRAS Y DOMINIO DEL OFICIO

El sistema de "gobierno" de la orden del Císter –descentralización amplia y fuerte control– fue determinante para el respeto de la estética cisterciense. Así, Bernardo de Claraval dio ejemplo implicándose en la construcción de las abadías que visitaba. La leyenda dorada del santo querría que no hubiera sido más que un místico inmerso en sus oraciones (capaz de costear durante toda una jornada el lago de Ginebra sin ver el agua). Sabemos por el contrario que era capaz de propuestas muy concretas: supo, por ejemplo, hacer modificar el emplazamiento de la primera abadía de Villers para adaptarla mejor a los imperativos hidráulicos del lugar.

De hecho, el respeto del programa derivó en buena parte de la adhesión que le prestó cada abad creador de una nueva abadía. Bernardo de Claraval transmitió a sus filiales el mensaje arquitectónico que él mismo había aplicado para construir su abadía. Todos los abades se reunían cada año en Císter para el Capítulo general, donde la arquitectura estaba en el orden del día de los debates.

Los cillereros, "maestros de obra delegados" Al cuidado de los talleres de las abadías estaban los monjes cillereros, a cuyo cargo estaba el control diario de las obras y de cuanto se refiere a la vida económica de la comunidad. Algunos han escrito su nombre en las páginas de la historia debido a su competencia, en especial Gerardo, el cillerero de Claraval, hermano de Bernardo. A su muerte, el padre abad le lloró e hizo de él este elogio:

"En asunto de edificios, campos, jardines, ríos, artes o trabajos agrícolas, ¿qué había que le resultase extraño a Gerardo? Sabía dirigir sin esfuerzo a los albañiles, los herreros, los labradores, los zapateros y los tejedores."[5] Entre los albañiles que él dirigía es necesario distinguir los que aseguraban el control de la obra y los que la ejecutaban (los canteros y los destajistas), unidos en una misma corporación, aunque con responsabilidades diferentes en la obra.

Superior:
*Estufa de la abadía
de Salem (Alemania).
El taller de cantería.*

Derecha:
*Miniatura de monjes
carpinteros.
Manuscritos de Císter,
Morales sobre Job, de
San Gregorio. Principios
del siglo XII. (B.M.
Dijon, ms 170, folio 59)*

agitur · ut in eius quoq; increpatio
ne dila-bant̄ · ad quā taḿ increpa
tione quasi sub quadā reuerentia
descendunt · Unde sophar subiecit
dicens · Doctrinā qua me arguis
audiam · & sp̄s intelligentie meę
respondebit michi · Ac si apte dicat ·
Tua quidē uerba audio · sed an re
cte plata sint · sp̄u meę intelligen
tię discerno · Ham qui docentis uer
ba despiciunt · doctrinā eius non
ad adiutoriū sed ad occasionē cer
taminis sumunt · ut audita potius
iudicent quā sequant · Hiis itaq; sub
quodā moderamine p̄missis · in apta

AMILI BEAT
Iob nequaq̄ puersi eē potuerint
sophar naamattis uerba testant̄ ·
qui de ore ei terrorē uenturi iudicii

1

2

3

4

Izquierda:
Estufa de la abadía de Salem (Alemania). La galería del arquitecto.

Izquierda exterior:
Marcas de destajistas
1. Abadía de Salzedas (Portugal). Una arquitectura renacentista iconoclasta recubre unas columnas románicas de bella factura.
2. Abadía de Buildwas (País de Gales).
3 y 4. Abadía de Hore (Irlanda).

EL DOMINIO DEL OFICIO EN LAS ABADÍAS CISTERCIENSES

Viollet-le-Duc recuerda en su *Dictionnaire*[6] que en el caos de la Alta Edad Media los monasterios gigantes, que preservaban el saber gracias a sus bibliotecas y sus escuelas, disponían de un cuerpo de maestros de obras encargados de proyectar los edificios y de vigilar la construcción. Esa función de arquitecto, para emplear el término actual, surgió en el monasterio durante la construcción de las catedrales, confiadas todas a los maestros de obras formados en los talleres de arquitectos independientes o en las "casas de obra" existentes en el seno mismo de las grandes obras.

¿Contaban también los cistercienses con arquitectos entre los monjes y los conversos o tuvieron que recurrir a maestros de obra independientes? Es una cuestión que se debate desde hace mucho tiempo. Una cierta hagiografía no ha dejado de difundir el mito de la autoconstrucción por los monjes, olvidando que no se improvisa un arquitecto o un cantero aunque la regla contemple la práctica de todos los oficios y pese a que ciertos grabados medievales presenten a los monjes y conversos en actitud constructora. Eso forma parte de la leyenda de la orden, que recuerdan los monjes miniaturistas. De hecho, los monjes o los conversos no podían consagrar muchos años de formación como oficiales antes de pasar a maestros y asumir el riesgo de construcciones tan importantes como una iglesia abacial. Además, a los monjes no les era posible garantizar en una obra un trabajo continuado, eficaz y rentable. En efecto, la jornada monástica estaba fragmentada por las distintas horas del oficio divino y era el *opus dei* el que tenía prioridad.

Según Marcel Aubert, Bernardo de Claraval empleó en su construcción de Claraval II a los monjes arquitectos Achard y Geoffroi de Ainai y después los envió a otros lugares de su filiación.[7] Resulta difícil compartir esa tesis. ¿No eran solamente excelentes organizadores encargados de problemas financieros y humanos, que no podían dejar de personarse en las obras más importantes? Alain Erlande-Brandenburg recordó hace algunos años que las tareas respectivas de maestro de obras y de arquitecto siempre las habían practicado profesionales. Esto es de sentido común cuando se conoce la preparación técnica que se le exige a quien dirige una obra importante y a quien la concibe. Por lo demás, fue en aquella época cuando se puso en marcha una organización de obras con un *operarius*, que a menudo se confundía con los arquitectos.[8] A Gerardo, Achard y Geoffroi se les cita con el título de *operarius*. En cualquier caso, el propio Marcel Aubert recoge numerosos textos que confirman la presencia de maestros de obra laicos y asalariados en las obras de las abadías. Las marcas de los canteros, que persisten en los pilares o las bóvedas de las abadías, refuerzan dicha tesis.

Marcas de destajistas

Derecha e inferior:
*1 y 2. Abadía de Claraval
(Champaña).
3. Abadía de Poblet
(España).
4. Abadía de Veruela
(España).*

Página siguiente:
*Abadía de Sénanque
(Provenza).*

1

2

3

4

Miniatura con monjes leñadores. Manuscritos de Císter. Morales sobre Job, *de San Gregorio. Principios del siglo XII (B-M. Dijon, ms 173, folio 41)*

ANÁLISIS DEL PROGRAMA BERNARDINO

A la muerte de Bernardo de Claraval, la orden había creado 351 abadías por toda Europa y un centenar de ellas estaban ya en construcción. Por lo demás, esta sola cifra basta para rebatir la tesis de la autoconstrucción gracias a maestros de obras y a canteros salidos de las comunidades monásticas. ¿Cómo habrían podido formarlos a todos?

La influencia de los principios aplicados por Bernardo de Claraval desde la construcción de su abadía fue a todas luces considerable. Gracias a la publicación del enorme *Recueil de plans d'églises cisterciennes*[9] por Anselme Dimier podemos comprobar que las 69 filiales de Claraval fundadas antes de 1153 respetaban todos los principios del programa que el célebre abad había adoptado. Sin embargo, la misma opción arquitectónica se encuentra en Císter y en la mayor parte de las abadías de otras líneas de filiación. La regla que sustenta la norma pudo inscribirse en el paisaje.

1. La regla y el lugar de construcción

"El monasterio se construirá de tal manera que todo lo necesario, es decir, el agua, el molino y el huerto, esté en el interior del monasterio y allí se ejerzan los diferentes oficios."

Regla, C. 66. 6

"Que no se construya ningún monasterio en las ciudades, los castillos y las villas (dominios agrícolas)."

Capitula, IX. 2

El desierto-bosque Para Roberto de Molesme y sus discípulos, la aplicación de la regla estaba impregnada de la nostalgia de la ermita en el "desierto", que el propio Benito conocía y ansiaba (C.1.5).

En el Occidente medieval, el desierto es el bosque. Los cistercienses lo convirtieron, pues, en su Tebaida. Allí podían encontrar "las vastas soledades", tan caras a los contemplativos, y también la madera, que era entonces el material de base para los "diferentes oficios". El desierto-bosque había conservado el carácter mítico de

templo de los cultos paganos y de refugio para los siervos fugitivos, los carboneros, los buscadores de miel silvestre y otros "montaraces" que erraban por el bosque. Resultaban sospechosos para los sedentarios y daban al bosque un aire de marginalidad que siempre sedujo a los ermitaños y que aún agradaba a los cenobitas.[10]

Entre los Vosgos y Morvan, Ardena y la meseta de Langres, el bosque medieval había conservado la densa espesura de la vieja selva gala del septentrión que impresionó a los romanos y a la que denominaron Galia cabelluda. Claraval, Morimond y Pontigny no eran más que calveros importantes en el corazón de aquellos lugares cargados de "terrores legendarios" que también había que combatir con la oración.

Los monjes blancos estuvieron presentes en todos los bosques de Europa, como muchas otras comunidades monásticas que roturaban para obtener tierras o para conseguir madera para la construcción, leña y herramientas. Frente a esta situación general, los cistercienses reaccionaron y gestionaron sus bosques, preservando su porvenir mediante una política de aprovechamiento de los mismos. Bien amojonado con piedras altas que llevaban las armas de las abadías y cruzado por veredas bien cuidadas, el bosque cisterciense se convirtió en un modelo de gestión que recogería en parte la "reforma forestal" iniciada por Colbert.

El agua de los valles La vida autárquica del monasterio impuso a los cistercienses la búsqueda sistemática de lugares forestales bien irrigados. Sabían que el agua abundante condicionaba la posibilidad de un aprovechamiento directo y efectivo. De ahí que no fundasen ninguna abadía sobre una colina como Vézelay, cuya vista orientaba la marcha de los peregrinos.

"Bernardus valles, colles Benedictus amabat, Franciscus vicos, magnas Dominicus urbes."

Los abades cistercienses de nueva promoción fueron enviados por toda Europa para organizar nuevos asentamientos y comenzaron por estudiar atentamente los pequeños valles de la

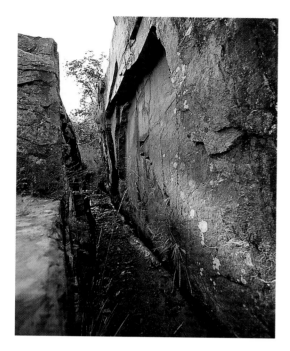

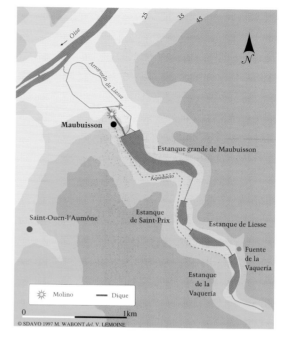

región a la que habían sido llamados por algún obispo o por algún señor del lugar. Contrariamente a lo que solía hacerse, rechazaron a menudo los lugares famosos que les habían destinado, prefiriendo los calveros cultivables e irrigados por ríos que podían canalizar. En efecto, éstos tenían que accionar las muelas de los molinos o los fuelles de los martinetes, permitir las abluciones que lavaban el sudor del trabajo, evacuar las letrinas y alimentar los viveros para criar también las carpas que constituían una buena parte de la alimentación de los monjes y de los pobres que acudían a llamar a la puerta de la abadía. También había que captar una simple fuente para aplacar la sed de los monjes, mas ella sola no podía bastar para justificar una implantación monástica.

La importancia de un buen lugar era tal que la mayor parte de las abadías empezaban por un asentamiento provisional, a la espera de construir la iglesia definitiva en el lugar que mejor respondiera a los imperativos hidráulicos de la abadía. Así, Claraval I (1115–1134) fue transformada en dependencias veinte años después de su fundación. Lo mismo ocurrió con los primeros asentamientos de Villers-en-Brabant, Acey (en el Franco Condado) y Le Thoronet (en Provenza). Si el lugar elegido acababa resultando mal irrigado, los monjes eran capaces de abrir canales importantes que requerían trabajos a

menudo complejos, habida cuenta de los medios técnicos de la época. La obra maestra de los "ingenieros hidráulicos" de la orden se sitúa en Obazine (Limousin). Una comunidad de eremitas se afilió a Císter en 1147. Instalada en la pendiente de una colina elevada, ocupaba un lugar inadecuado para la vida cisterciense, pero convenía preservar las construcciones existentes. Se decidió en consecuencia captar el agua de un torrente a 1.700 metros de la abadía encauzándolo por el "canal de los monjes" a través de las rocas. Esta agua alimentó un vivero de peces, limpió las alcantarillas de cocinas y letrinas, y movió el molino harinero que la regla de San Benito impone a cada monasterio, un molino de paños y sin duda un "molino de hierros".[11]

La proximidad de los arroyos se tradujo en diferentes soluciones para la implantación de construcciones monacales.[12] Los monjes blancos se protegieron a menudo de las crecidas instalándose en alguna terraza sobre el río. Esto sucede en Pontigny, en Huerta y en Zwettl. Conducir el agua hasta la abadía exigía la creación de un tramo de canal, que tomaba el agua más arriba del lugar elegido. En el caso de las abadías instaladas en el fondo de un valle, se creó una presa para canalizar el exceso de las precipitaciones (Fontenay) o, por el contrario, para disponer permanentemente de una cantidad suficiente de agua mediante un estanque (Fontmorigny).

De izquierda a derecha:
• *Canal de los monjes de Obazine (Limousin), (aprovechamiento del Coyroux) en la montaña sobre la abadía.*
• *Abadía de Alcobaça (Portugal). El pilón de* *agua corriente de la "cocina moderna", siglo XVII.*
• *Abadía de Maubuisson (Île-de-France). Mapa de las instalaciones hidráulicas más arriba de la abadía.*

Un canal de salida avenaba el flujo de agua hacia el punto bajo del monasterio. Más excepcional es el caso del monasterio de Sittichenbach, donde dos galerías profundas abiertas en los esquistos recogen el agua de infiltración para alimentar un estanque y accionar un molino.

Hubo una connivencia entre los cistercienses y el agua, que, como siempre en la Edad Media, tenía un valor simbólico. El agua del bautismo, que lava el pecado original, es también el agua del Génesis en el origen del mundo. Era natural que el agua estuviera presente en la toponimia de las abadías cistercienses.[13] Fontenay, Trois-Fontaines, Fontfroide (*Fons frigida*), Aiguebelle (*Aquabella*), Belaigue (*Bella aqua*), Auberive, Haute-Fontaine, Aubepierre, Bonnefontaine, Bonaigue (*Bona Aqua*) y hasta Sénanque (¿*Sane aqua o sine aqua?*)... Y el agua fluyó por los valles de Claraval (*Claravallis*), Vauluisant, Vauclair, Le Val, Bonnecombe, Valsauve, Valsainte, Bellevaux, Bellecombes, Bonneval, Bonnevaux, Valbonne y Valbenoîte.

Emplazamiento de la abadía de Claraval (Champaña).
Un valle aislado en el bosque y bien orientado este-oeste: un arroyo, estanques y una fuente no contaminada:
los márgenes de la gran ruta de las ferias de Champaña.
Según J.M. Musso, ACMH.

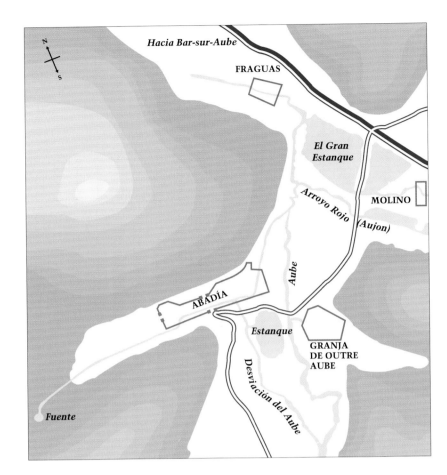

EL AGUA EN CLARAVAL

"Un brazo de río, que atraviesa los numerosos talleres de la abadía, recibe bendiciones en todas partes por lo útil que resulta... El río empieza por lanzarse con ímpetu en el molino, donde se afana mucho y se remueve, tanto para triturar el trigo bajo el peso de las muelas como para agitar la criba hasta separar la harina del salvado. Y ya llega al edificio inmediato, donde llena la caldera y se entrega al fuego, que lo hace hervir para preparar la cerveza de los monjes cuando las vendimias han sido malas. El río no se da por satisfecho. Los batanes colocados cerca del molino lo llaman a su vez. Estaba preparando el alimento de los monjes, pero ahora piensa en vestirlos. No se niega a nada de cuanto se le pide. Y levanta o baja alternativamente esos martillos pesados, esos mazos o, mejor dicho, esos pies de madera, ahorrando así a los hermanos grandes fatigas... Cuántos caballos se extenuarían y cuántos hombres agotarían la fuerza de sus brazos en los trabajos que hace por nosotros el río generoso, al que debemos nuestra ropa y nuestro alimento. Cuando ha hecho girar con un movimiento acelerado tantas ruedas veloces, sale echando espuma; se diría que está exhausto. Al salir de allí entra en la curtiduría, donde prepara el cuero necesario para el calzado de los hermanos; allí muestra tanta actividad como cuidado. Después se divide en una gran cantidad de pequeños brazos para visitar los diferentes servicios buscando por todas partes diligentemente a cuantos precisan de su asistencia, no privándoles jamás de su ayuda, ya se trate de cocer, tamizar, moler, regar, lavar o triturar. Finalmente completa su obra llevándose las inmundicias y dejándolo todo limpio."
Descriptio monasterii claravallensis,
Patrologia latina, tomo 185, 570A/571B

El acceso a la abadía Cuando el bosque está bañado por un río, nunca se halla muy lejos de alguna carretera. Ocurre así que las abadías cistercienses a menudo estaban próximas a la red viaria de la época. Para aislarse del mundo se sumergían en el bosque, pero con frecuencia a sólo unos centenares de metros. Císter, que se pretendía perdida en los pantanos, está a una hora de marcha (unos cinco kilómetros) de la carretera ducal que corta el Vougue a la altura del pueblo actual de Saint-Bernard. A ella se llega siguiendo el río.

Pero las "primogénitas" estaban más cerca de los caminos. El "camino de La Ferté" conduce a Saint-Ambreuil, a menos de cuatro kilómetros. La puerta de Morimond da directamente a la carretera, aunque muy pequeña, entre Damblain y Fresnoy. Lo mismo ocurre con Pontigny, situada en el puente sobre el Serein, que sirve de paso de frontera entre el condado de Auxerre y el condado de Champaña. Este emplazamiento no dejaba de tener un trasfondo político.

El paraje de Claraval es aún más sorprendente a este respecto. Bernardo no lo escogió únicamente porque suponía la oportunidad inmobiliaria de una donación por parte de su primo Josbert el Pelirrojo, vizconde de La Ferté, ya que su familia poseía muchos otros terrenos que podían convenir a una abadía cisterciense. Sin duda alguna, la tierra de Claraval, situada en un valle perpendicular al Aube entre dos colinas muy boscosas, es rica gracias a los aluviones del río y su orientación este-oeste no permite que le falte sol. Pero el verdadero motivo de la elección del emplazamiento de Claraval fue su situación respecto de los caminos. La antigua vía de Agripa entre Lyón y Reims, la gran ruta de enlace entre Italia e Inglaterra, pasaba a menos de un kilómetro. Los condes de Champaña protegían aquella ruta, que se había convertido en el mayor eje de la Europa mercantil, pues enlazaba las ferias de Champaña. A catorce kilómetros, Bar-sur-Aube, una de las cuatro ciudades feriales, abría cada año sus puertas a los viajeros de todos los países cristianos de Occidente. Claraval tenía una casa consistorial en Bar-sur-Aube, donde Bernardo de Claraval estaba en el corazón de Europa.

Abadía de Poblet (España). La capilla de los forasteros. San Benito recomendó: "Todos los huéspedes que lleguen serán recibidos como Cristo, porque él dirá un día: Yo fui vuestro huésped y vosotros me recibisteis" (Regla C. 53.1). De ahí que todas las abadías cuenten con una hospedería, aunque fuera del cuadrado monástico para no perturbar la vida de la comunidad.

2. La regla y la clausura

"¿Cuáles son los instrumentos para obrar bien?

Ante todo amar a Dios

En cuanto al taller donde los pondremos en práctica con diligencia, es la clausura del monasterio".

Regla, C. 4. 1/78

"En la puerta del monasterio se colocará a un monje de edad madura, experimentado [...] y cuya sensatez le impida correr de acá para allá.

Si es posible, el monasterio se construirá de tal manera que los monjes no estén obligados a salir de la clausura, lo que en modo alguno conviene a su alma".

Regla, C. 66. 1 y 7/8

"Será sometido a castigo quien ose franquear la clausura del monasterio para ir al sitio que sea".

Regla, C. 28. 7

"No se construirá nada fuera de la portería."

Capitula, IX. 5

"Se prohibe al monje habitar fuera de clausura. De hecho, el monje, para quien el claustro debe ser, según la regla, la vivienda propia, puede ir a las granjas cada vez que se le envíe, pero jamás para vivir allí largo tiempo."

Capitula, XVI. 1/2

La abadía cisterciense es un espacio cerrado y la clausura no fue jamás simbólica. Todos los edificios del monasterio, incluidos los talleres y los huertos, tenían que estar situados en un recinto, al abrigo de las miradas de extraños. En la época de Bernardo de Claraval, buena parte de los muros de clausura eran todavía de madera. Posteriormente, todos se construirían con piedra o ladrillo, reforzados con torretas de defensa o atalayas para proteger la abadía de las bandas armadas que arrasaban la campiña.

Por ese lugar simbólico de intercambio entre el interior y el exterior llegaban los príncipes llevando sus donaciones y los pobres en busca de alimento. Las porterías del siglo XII que todavía se conservan son construcciones sencillas de planta cuadrada y con dos entradas abovedadas: una para los carruajes y otra para los peatones. Nadie eludía la vigilancia del portero, pues sólo había una puerta. Anexa a la portería se encontraba la capilla de los "forasteros", adjetivo que se aplicaba a cuantos no formaban parte de la comunidad de los monjes ni de la de los conversos. En cuanto a la misa de los domingos y días festivos, dicha capilla acogía a los huéspedes de la abadía que recalaban en la hospedería de los hombres o en la de las mujeres. Acogía asimismo a las personas de ambos sexos que formaban parte de la familia; es decir, los servidores y las gentes de los contornos inmediatos. Estas personas tenían que acudir normalmente a la misa de la iglesia parroquial, aunque estuviera lejos.

Pese a que el monasterio prefiguraba la "Jerusalén celeste", los monjes no adoptaron el símbolo de las doce puertas (Apocalipsis 21).

El encierro no era aleatorio pero tampoco era la "prisión por deudas" de las celdas carcelarias. El muro era también la protección, el refugio, una promesa de serenidad vinculada a la seguridad, el límite deseado de un territorio elegido y sagrado. También se daba allí la ambigüedad del alejamiento del mundo.

1

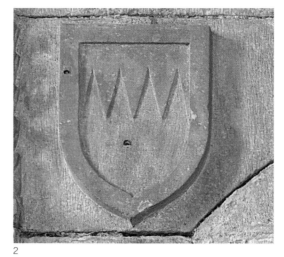

2

3

4

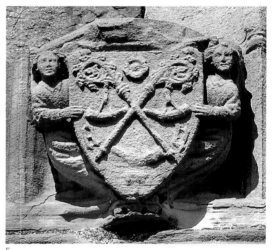

5

Escudos de armas

1. *Abadía de Hore (Irlanda).*
2. *Abadía de Kilcooly (Irlanda).*
3. *Abadía de Fontenay (Francia).*
4. *Abadía de Ter Doest (Bélgica).*
5. *Abadía de Melrose (Escocia).*
6. *Abadía de Heiligenkreuz (Austria).*
7. *Abadía de Tarouca (Portugal)*

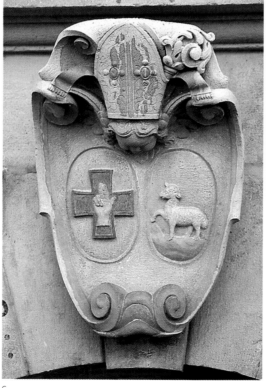

6

7

LOS MUROS

"Si yo fuera jardinero, el muro me interesaría más que el jardín o, más bien, el jardín no existiría sin el muro [...]. A ese muro yo volvería sin cansarme, diciéndome que detrás de él no hay nada o casi nada: un estruendo cuyo tumulto es apenas perceptible o, ¿por qué no?, regiones maravillosas, pero que no despiertan en lo más mínimo mi curiosidad [...]. Si yo fuera jardinero, tocaría ese muro como el enfermo que tras una buena muerte tiende su mano al ángel."

Pierre Sansot, *L'Espace et son double*

"Me gustan los lugares cerrados, bien delimitados, que eliminan cuanto les rodea y crean un universo enteramente al alcance de la vista y que se puede inventariar cómodamente. Yo encuentro alivio en la clausura."

Jean Dubuffet, *Bâtons rompus*

"Crear espacios cerrados, he ahí un gran sueño humano. Reencontrar el encierro de los primeros reposos es un deseo que renace en cuanto se sueña con tranquilidad... Tan pronto se analiza el complejo de Jonás (en el vientre de la ballena) éste adquiere un valor de bienestar. El complejo de Jonás marca después todas las figuras de los refugios con ese signo primitivo de bienestar dulce, cálido, inexpugnable. Es un verdadero absoluto de intimidad, un absoluto del inconsciente dichoso."

Gaston Bachelard,
La Terre et les rêveries du repos

EL RECLUTAMIENTO DE LOS MONJES CISTERCIENSES

Los monjes blancos aplicaban las normas sociales de su tiempo: había que dar pruebas de pertenecer a la nobleza para entrar en su monasterio como monje de coro. Aunque exigían a sus novicios que supieran leer latín, no siempre se cumplía con este requisito si las circunstancias políticas exigían otra cosa. Así Gilbest d' Apremont, poderoso señor, quiso entrar en la orden en Villers-en-Brabant. Resultaba difícil no aceptarlo con el pretexto de que era analfabeto (*illeteratus*), así que, por lo menos, aprendió de memoria algunos salmos, cuyo significado no entendía. En el coro a veces le invadía el aburrimiento y entonces mascaba un grano de pimienta para despertarse. A la inversa, los cistercienses admitieron entre ellos a algunos clérigos no pertenecientes a la nobleza por ser buenos *litterati*.

3. La regla y el cuadrado monástico

"No se ha de enviar a un abad novel a un lugar nuevo sin al menos doce monjes [...] y sin haber antes erigido estas construcciones: el oratorio, el refectorio, el dormitorio, la hospedería y la portería, de manera que tan pronto como lleguen a su destino puedan servir a Dios y vivir según la regla."

Capitula, IX, 4

La tradición del claustro   No se daba indicación alguna sobre "la planta de conjunto" de las abadías. Extrañarse por ello es olvidar el poder de proyección de la tradición como complemento de las directrices explícitas. Es un hecho constante que la regla y sus interpretaciones no traten de cosas obvias en un mundo tan ritual como el de la Edad Media. Bernardo de Claraval no especificaba nada si la tradición era explícita.

Cuando los cistercienses empezaron a construir sus abadías, después del año 1135, los benedictinos tenían más de un siglo de experiencia.

Los padres fundadores de Císter conocían los principios, pues habían sido benedictinos. Para Bernardo de Claraval, que había visitado todas las grandes abadías de su tiempo, no había motivos para evitar ciertas tradiciones de la abadía benedictina, empezando por el claustro, inspirado en la finca agrícola carolingia, nacida a su vez de la *villa* con atrio central de la colonización galo-romana. Los cistercienses participaron así en la cultura del claustro, un espacio cerrado con construcciones dentro de otra zona rodeada de muros, que fue la base de la composición arquitectónica de los monasterios del siglo XII, pese a que la columna vertebral correspondía a la iglesia abacial, construida simbólicamente en el punto culminante del conjunto y lejos del río.

Pero la abadía cisterciense no era sólo un claustro adosado a una iglesia, ya que lo que la caracterizaba era la distribución inmutable de las diferentes funciones en los edificios que formaban el "cuadrado monástico". Una distribución establecida, sin duda, según criterios funcionales, mas también sociológicos.

Dos monasterios en la misma abadía
La abadía constaba de dos monasterios, el de los monjes de origen noble y el de los conversos, religiosos indispensables para la autarquía económica del conjunto.[14]

De esta manera, aparte de la iglesia y el coro, básicamente reservados a los monjes, la abadía estaba formada por dos construcciones diferenciadas e incomunicadas entre sí, una para cada comunidad. Al este se encontraba el edificio de los monjes, cuyo trasepto les permitía acceder directamente a la iglesia, y al oeste se levantaba el de los conversos, abierto a la portería y al mundo secular en el que desarrollaban su actividad.

La planta bernardina del cuadrado monástico   Dado que surgió de la tradición, se ajustó a la regla, respondió a la voluntad de una jerarquía directiva y fue establecida por un colectivo que predicaba la obediencia como una virtud, la organización funcional y social de las abadías cistercienses definida por Bernardo de Claraval a partir de la construcción de su abadía se reproduciría durante muchos siglos en las demás con las únicas variantes debidas a la adaptación al lugar y a los individualismos locales de la puesta en práctica. Incluso Císter reprodujo a partir de 1140 la planta de Claraval. Entretanto, Bernardo hizo poner en marcha las obras de Fontenay (iglesia construida entre 1139 y 1147), la niña de sus ojos. Visitó la obra repetidas veces. Podemos considerar Fontenay como el prototipo de la abadía cisterciense, porque Claraval pronto

resultó desmesurada, una verdadera ciudad monástica en permanente construcción con unos ochocientos monjes y conversos, asalariados, huéspedes y pobres. Así que cuanto sabemos de Claraval, cuanto vemos en Fontenay y todos los análisis de las construcciones cistercienses realizadas después en Europa legitiman la existencia de un programa funcional para las construcciones del cuadrado monástico y su organización espacial. Es lo que por comodidad se llama "la planta tipo".

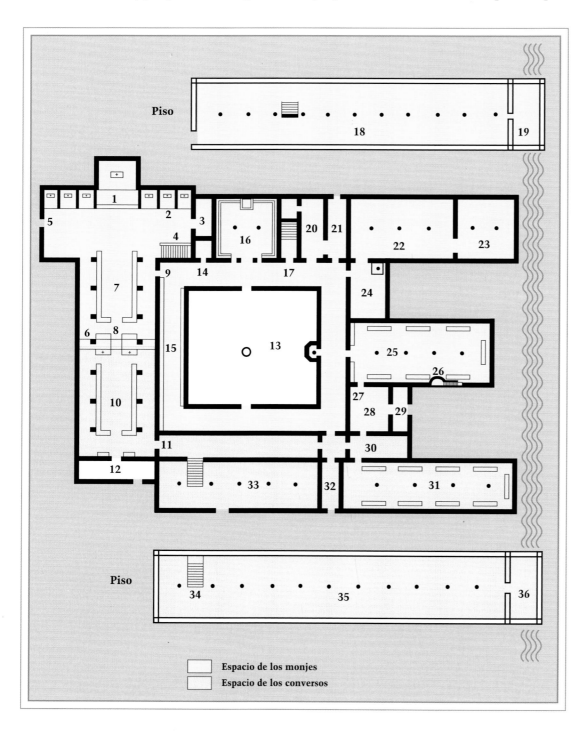

Espacio de los monjes
Espacio de los conversos

LA ABADÍA CISTERCIENSE SEGÚN BERNARDO DE CLARAVAL

Programa funcional de las construcciones del cuadrado monástico y su organización espacial (la planta tipo)

1. Santuario y altar principal.
2. Capillas del transepto y altares secundarios.
3. Sacristía.
4. Escalera de maitines.
5. Puerta de los muertos.
6. Clausura alta.
7. Coro de los monjes.
8. Banco de impedidos y enfermos.
9. Puerta del claustro (para los monjes).
10. Coro de los conversos.
11. Puerta del callejón de los conversos.
12. Nártex.
13. El patio del claustro con el pozo y el lavabo.
14. El *armarium*.
15. Galería de la *collatio* (*banquetas*).
16. Sala capitular.
17. Escalera de día hacia 18 y 19.
18. Dormitorio de los monjes.
19. Letrinas.
20. Locutorio o auditorio de los monjes.
21. Paso de los monjes.
22. Sala de los monjes (*scriptorium*).
23. Sala de los novicios.
24. Calefactorio con su chimenea.
25. Refectorio de los monjes.
26. Púlpito del lector.
27. Torno.
28. Cocina.
29. Despensas.
30. Locutorio o auditorio de los conversos.
31. Refectorio de los conversos.
32. Pasaje de los conversos.
33. Bodega.
34. Escalera de los conversos hacia 35 y 36.
35. Dormitorio de los conversos.
36. Letrinas.

• La iglesia abacial La iglesia cisterciense deriva de la tradicional planta basilical en forma de cruz latina. Como las iglesias primitivas, está orientada *ad orientem* (hacia el Oriente). El simbolismo de esa disposición se inscribe en la tradición de las religiones que adoran al Dios del nuevo día, como lo hicieron los primeros cristianos para diferenciarse de los judíos, que tenían que dirigir sus miradas hacia el templo de Jerusalén. Así pues, la cabecera de la iglesia cisterciense tiene aberturas con ventanas u ojos de buey a fin de que el sol ilumine el santuario.[15]

El santuario El santuario (1) alberga en su centro el altar mayor. Al aplicar al ritual de la misa la simplicidad querida por Císter, el espacio es reducido. Sin embargo, todas las miradas han de converger en el oficiante y verlo bien. De ahí que el santuario se eleve a una altura equivalente a dos o más escalones respecto del suelo de la iglesia, con un peldaño

más para el altar. El altar mayor de las iglesias del siglo XII es un simple armazón de piedra sobre el que descansa una losa grabada con las cinco cruces de la consagración. Colocada en la cabecera, la cruz procesional, un sencillo trabajo de carpintería con la imagen de Cristo, es la única decoración autorizada por los *Capitula* XXVI, que limitan así mismo el lujo de los lienzos del altar y de los objetos de culto:

"Los lienzos del altar y las vestiduras de los ministros no serán de seda, excepto la estola y el manípulo. La casulla será de un solo color. Todos los ornamentos, los vasos sagrados y los utensilios del culto no llevarán oro, ni plata, ni piedras preciosas, salvo el cáliz y el copón, que podrán ser de plata dorada."

Regla C. XXV

El santuario se cierra con una cabecera plana. Se trata de una particularidad formal de la arquitectura cisterciense de inspiración bernardina. No obstante, muchos historiadores

han atribuido demasiada importancia al significado de esa famosa cabecera lisa, que no es sino la respuesta evidente que puede dar un albañil a cualquier maestro de obras con un presupuesto limitado y que aprueba toda simplificación de las formas arquitectónicas. La cabecera plana no fue un invento de los cistercienses. Aunque el ábside circular había sido desde Constantino la cabecera por excelencia de los lugares de culto cristianos, fueron numerosas las iglesias de la campiña borgoñona que, desde el siglo XI, adoptaron la cabecera plana sin más motivo que la falta de recursos.

Practicado en el muro sur, un nicho credencia de medio punto contenía las vinajeras y un pequeño lavabo, por lo general con dos orificios: uno para el agua de la purificación de los vasos sagrados, que se vaciaba hacia el exterior, y "el otro para el agua de las abluciones posteriores a la consagración de la hostia, que se perdía en los cimientos, en una tierra santa".[18]

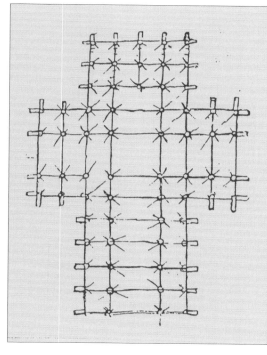

Izquierda exterior:
Abadía de Silvacane (Provenza). La nave de la iglesia abacial con bóveda de cañón apuntado está ritmada con arcos perpiaños apoyados sobre medias columnas interrumpidas, según la costumbre cisterciense, sobre "ménsulas" a tres metros del suelo.

Izquierda:
Planta de una iglesia ad quadratum, *según el* Album *de Villard de Honnecourt.*

VILLARD DE HONNECOURT

El genial Villard de Honnecourt, al trazar a comienzos del siglo XIII el esquema inicial de una "iglesia desguarnecida de la orden del Císter", tal como era en el siglo XII, nos mostró que la cabecera plana bernardina no era sin duda más que una transformación formal de una reflexión conforme a los usos de las "logias masónicas" en su enfoque del concepto de la planta de la basílica.

La iglesia cisterciense se inscribe en una serie de cuadrados organizados según una relación entre la longitud de la nave y la anchura del transepto. Cualquiera que sea la relación, lo que importa es la aproximación evidente entre ese cuadrado arquitectónico y el cuadrado simbólico de la Ciudad según el Apocalipsis (I,14), el del cosmos de la tradición esotérica y también el del "hombre cuadrado" de Hildegarda de Bingen, abadesa de Rupertsberg, que buscó el respaldo de Bernardo de Claraval para justificar sus visiones".[16]

El vasto deambulatorio cuadrado construido alrededor del santuario original de cabecera plana, de la que se dotan numerosas iglesias cistercienses a finales del siglo XII y comienzos del XIII (Císter II, Morimond II, Ebrach, Byland...) a fin de incrementar el número de capillas, es una adaptación particularmente fiel de la planta bernardina a las nuevas exigencias[17] que copia exactamente el esquema de Villard de Honnecourt.

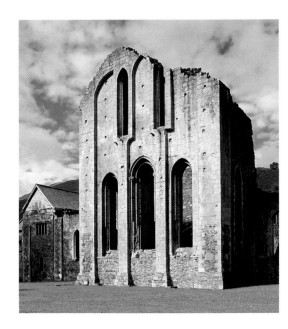

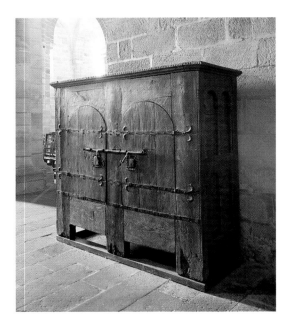

Superior, de izquierda a derecha:
* *Abadía de Valle Crucis (País de Gales). La cabecera plana del santuario de la abadía.*
* *Abadía de Obazine (Limousin). El armario litúrgico de la sacristía data del siglo XII.*

Inferior:
* *Abadía de Silvanes (Rouergue). La escalera de maitines.*

En el mismo muro se encuentra un armario para los instrumentos del culto (vasos y libros), cerrado con una puerta de madera, y un segundo armario para el "reservado eucarístico" y a veces también para las reliquias de la abadía.

El transepto   Es un gran vestíbulo en el que se encuentran las capillas (2), necesarias para las misas privadas de los monjes sacerdotes.

Por lo general hay dos en cada brazo, a veces tres, adosadas al muro derecho de levante y separadas unas de otras para que los celebrantes no se molesten. Muchos monjes no eran sacerdotes y éstos no estaban obligados a celebrar la misa todos los días, lo cual explica la pequeña cantidad de altares "individuales". Para aumentar su número, la iglesia abacial de Claraval II disponía de capillas a ambos lados del transepto.

Las tres puertas del transepto   La puerta de la sacristía (3), que sigue estando en el aguilón sur, da a una habitación de pequeñas dimensiones, débilmente iluminada y a veces sin ventana. Es el *vestiarium* para la ropa interior y las vestiduras sacerdotales guardadas en nichos abiertos en los muros o muebles de carpintería de talla.

La puerta del dormitorio de los monjes está en la parte superior de la escalera de maitines (4). Los monjes que llegaban de su dormitorio la utilizaban para los oficios de la noche. Era recta, como todas las escaleras de aquella época, y ancha porque los monjes iban en doble fila procesional. Siempre se adosaba al muro occidental del crucero.

La puerta de los muertos (5) da al cementerio de los monjes, un recinto pequeño rodeado por un muro bajo. Cuando un monje agonizaba, toda la comunidad acudía a su cabecera. El moribundo yacía acostado en una estera cubierta de cenizas en forma de cruz.

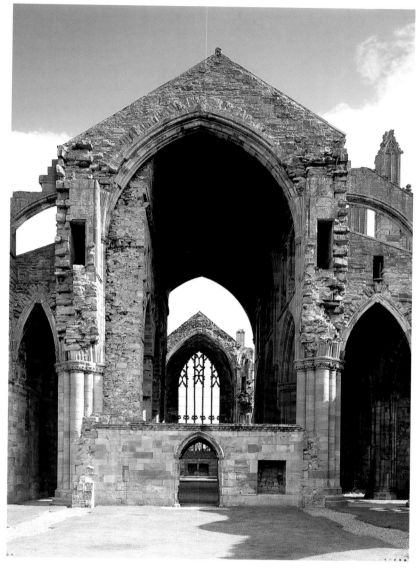

Izquierda exterior:

*Abadía de Flaran
(Aquitania). La puerta
de los difuntos.*

Izquierda:

*Abadía de Melrose
(Escocia). La nave de la
iglesia y la "clausura
alta" que separa el coro
de monjes (bajo la
bóveda no demolida)
del coro de conversos.*

Después del oficio de difuntos se le inhumaba, sin ataúd, vestido con la túnica y la cogulla, con el capuchón sobre el rostro. Su tumba, en dirección este-oeste como la iglesia, se señalaba con una cruz de madera en el lugar que ocupaba la cabeza. Teóricamente, no se aceptaba ninguna sepultura en la iglesia y ningún laico, ni siquiera un bienhechor, podía ser enterrado en el cementerio de los monjes.

La nave La nave cisterciense se sitúa entre naves laterales. Puede sorprender porque la liturgia reformada había reducido la importancia de las procesiones y había proscrito la asistencia a los oficios de los fieles llegados de fuera, razón por la cual no había necesidad de espacios de circulación lateral. Por otra parte, algunas iglesias abaciales pequeñas son de nave única: L' Étoile, Grosbot, Boschaud, Le Pin... Pero la orden construía siempre iglesias espaciosas para acoger comunidades en fuerte crecimiento, con una nave central muy ancha para agregar filas de sillas de coro; de ahí el refuerzo obligatorio de las naves laterales.

Finalmente, al igual que la abadía en la que vivían por separado dos comunidades, la nave estaba cortada por una "clausura alta" (6) que delimitaba dos coros netamente diferentes.

El coro de los monjes El coro de los monjes (7) consta de unos asientos apoyados en los pilares de los primeros tramos y que ocupan también una parte del transepto. Estos asientos se giran para permitir que el padre abad y su prior se sienten frente al santuario. Las sillas, con su asiento móvil y su "misericordia", se asignaban a los monjes en función de su antigüedad en el monasterio, con lo que éstos tenían los mismos vecinos de silla durante toda su vida religiosa. En aquellos asientos transcurría una parte esencial de los días y las horas del monje de coro.

Los días y las horas "Nada prevalecerá sobre el servicio de Dios *(opus dei)*. A la hora del oficio divino, tan pronto se oiga la señal, se dejará todo lo que se tiene entre manos y se acudirá a toda prisa."

Regla, C. 43

"Me levanto en medio de la noche a darte gracias y siete veces al día te alabo por tus juicios justos."
Salmo 119-*Elogio de Dios* (62-164)

San Benito había organizado los días y las horas del monasterio respetando ese texto. Todo estaba, pues, previsto con la precisión y la humanidad habituales de la regla.

"En el período invernal, es decir, desde el 1 de noviembre hasta Pascua, se levantarán a la hora octava de la noche, de manera que duerman un poco más de la mitad de la noche y se levanten despejados.

Desde Pascua al 1 de noviembre, el horario estará reglamentado de tal modo que –tras un intervalo muy corto durante el cual los hermanos saldrán para aliviar sus necesidades naturales– a la celebración de las vigilias sigan inmediatamente las laudes, que deben oficiarse al amanecer."

Regla C. 8.1/4

La *Regla* prosigue desde C. 8 hasta C. 20 para decir:
– Cuántos salmos hay que cantar durante las horas nocturnas.
– Cómo celebrar la alabanza nocturna en verano.
– Cómo celebrar las vigilias el domingo.
– Cómo celebrar las laudes.
– Cómo celebrar las laudes los días ordinarios.
– Cómo celebrar las vigilias de las fiestas de los santos.
– En qué momento se dice aleluya
– Cómo celebrar el oficio de Dios durante el día
– Cuántos salmos se han de cantar a esas mismas horas.
– En qué orden se han de cantar los salmos.
– La actitud debida durante la salmodia.
– La reverencia debida en la oración.

La hora y las campanas El control del tiempo tenía una importancia capital para los monjes. El maestro de la hora era el sacristán. Durante el día, consultaba un cuadrante solar. No obstante, durante la noche y los días nublados tenía que recurrir a otro sistema para medir el tiempo. Evidentemente, no contaba con ningún tipo de reloj mecánico; su invención data de finales del siglo XIII o principios del XIV y fue Dante el primero en mencionarlo en la literatura, recordando su función religiosa: "Un reloj llama a la esposa de Dios a cantar maitines..."[19]

En los monasterios se utilizaba con mucha destreza la clepsidra, aquella ancestral máquina de agua inventada dos mil años antes por los egipcios y los chinos y que, por lo demás, se utilizó más en la antigüedad que en la Edad Media. No nos ha llegado ninguna clepsidra intacta pero se conoce bien el funcionamiento de la que había en la abadía de Villers-la-Ville.[20] El sacristán sabía modificar la duración de las horas según las estaciones y determinar los

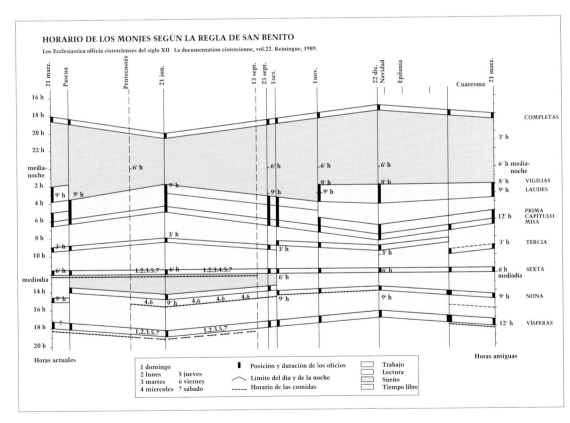

HORARIO DE LOS MONJES SEGÚN LA REGLA DE SAN BENITO
Los Ecclesiastica officia cistercienses del siglo XII La documentation cistercienne, vol.22. Reiningue, 1989.

*Abadía de Vyssi Brod
(República Checa).
Los asientos barrocos del
coro de los monjes.*

EL HORARIO DE LOS MONJES

La distribución del tiempo entre el *opus dei*, la *lectio divina*, el trabajo y las ocupaciones de la vida cotidiana resultaba compleja porque se debían tener en cuenta múltiples criterios, ante todo la posición del sol en el cielo. La división romana de la jornada continuaba utilizándose y la duración de las horas diurnas y nocturnas evolucionaba cada día. No eran iguales entre sí y a las nuestras más que en los equinoccios. El horario variaba así mismo con los días de la semana (liturgia del domingo), con la importancia de los santos venerados, con los períodos litúrgicos (cuaresma) y con las estaciones (en invierno no había siesta). Además, la jornada del monje siempre fue objeto de adaptaciones según las circunstancias locales o históricas y según las interpretaciones sucesivas de la regla. Como la duración de los oficios apenas variaba en función de las circunstancias, las modificaciones del horario afectaban sobre todo a la duración del sueño (más largo en invierno) y del trabajo (mayor en verano).

El horario de los monjes
según los *Ecclesiastica officia* cistercienses del siglo XII.

horarios variables de los oficios. Había instalado una campana que, por medio de un mecanismo de escape, le permitía, a la hora fijada, despertar a la comunidad para las vigilias.

Entre los cistercienses, el sacristán disponía de tres campanas para regular la jornada. La campana grande de la iglesia anunciaba las misas, las comidas y los oficios a los que asistían los conversos. Como éstos podían encontrarse en los campos, se aceptó que la campana pudiera suspenderse en un campanario, aunque su peso se limitó a 500 libras para que el sacristán pudiera tocarla solo. Para evitar caer en la ostentación, sólo se admitía un campanil de madera. No obstante, muchas abadías construyeron pronto campanarios de piedra.

Los monjes obedecían a una segunda campana llamada "del reloj" e instalada bajo una pequeña arcada en el muro aguilón del transepto adosado al dormitorio. Anunciaba el comienzo de la jornada y los oficios propios de los monjes de coro.

Finalmente, después de que el sacristán hubiera tocado a comer, el prior del monasterio tomaba el relevo llamando para el benedícite y la acción de gracias con la tercera campana, situada en un campanil encima del refectorio y cuya cuerda colgaba al lado de su asiento.

El trascoro de los monjes   El coro de los monjes comprende detrás de los asientos, pero delante de la "clausura alta", un trascoro (8) para los ancianos, los impedidos o los enfermos, así como los monjes debilitados por la sangría.

Todos estos monjes, con buena o mala salud, accedían al claustro por la única puerta que durante el día permitía la comunicación entre la iglesia y el resto de la abadía y que daba a la galería del capítulo (9).

El coro y el callejón de los conversos
El coro de los conversos (10) ocupa los tramos al oeste de la nave. Desde allí se podían escuchar los oficios, pero sin ver el altar mayor. Había altares secundarios instalados junto a la "clausura alta" para que el domingo pudieran oír misa los conversos de la abadía y todos los que llegaban procedentes de sus graneros.

Los conversos accedían a su sección por una puerta (11) que daba a un callejón reservado para ellos, un largo corredor sin ventanas y a cielo abierto, que se extendía a lo largo de la galería oeste del claustro. ¿Es que los conversos eran poco respetuosos o demasiado sucios como para permitirles que atravesasen el claustro? En un conjunto arquitectónico donde cada elemento había sido largamente meditado y donde se buscaba la economía, esta construcción es un testimonio de la segregación social en la abadía. Algunos grandes señores y clérigos muy cultos, como Milon de Montbard, tío de Bernardo de Claraval; Alain de Lille, célebre rector de una escuela episcopal y Salomón de Austria, príncipe heredero, consiguieron transgredir el "tabú" y se hicieron conversos por verdadera humildad.

A finales del siglo XII el Capítulo general prohibió que los nobles fueran conversos.

El pórtico de la iglesia   A menudo la nave se prolongaba más allá de la fachada oeste mediante un simple porche (12), que cobijaba una pequeña puerta lateral. Como rara vez recibían a huéspedes importantes, los monjes de las primeras abadías habían suprimido cualquier función de recepción en el pórtico. Los nártex son escasos y la fachada sólo presenta las aberturas de unas ventanas estrechas o de pequeños ojos de buey, por lo general con un compás ternario como símbolo de la Trinidad. Esta sencillez debía de parecer provocativa, ya que las iglesias de los benedictinos o de los obispos mantenían la teatralidad de las fachadas frontispicios (Notre-Dame la Grande en Poitiers) y la vocación iconográfica de los tímpanos, los parteluces de puerta y los intradós de arco de los grandes pórticos (Moissac, Souillac, Beaulieu-sur-Dordogne, Autun, Conques y Vézelay).

Superior:
Abadía de Byland (Inglaterra). Vestigios del callejón de conversos.

Izquierda:
• *Abadía de Zlata Koruna (República Checa). Cuadrante solar.*
• *Abadía de Casamari (Italia). La campanita de llamada del claustro, que, junto con otras tres, marcaba la jornada monástica.*

Claustro de la abadía de Noirlac (Berry).

El claustro A un lado, la iglesia, siempre según las normas de la orden, ocupa el punto más alto del monasterio. Al otro, las construcciones de servicio a lo largo del río. Y en el

Superior:
*Abadía de Valvisciolo
(Italia). Claustro y pozo
central.*

Inferior:
*Abadía de Staffarda
(Italia). El* armarium.

centro, el claustro, frente a la nave, al sur o al norte de la misma según la configuración del lugar. Marcel Aubert ha analizado escrupulosamente todas las plantas de conjunto para concluir lo siguiente: "El número de abadías en las que el claustro está al sur de la iglesia, y por consiguiente expuesto al sol, parece un poco mayor que los casos en los que es a la inversa".[21] Parece, no obstante, que en el norte de Europa –cada vez que era posible– se prefería la exposición del claustro al sol (como en Claraval, Fontenay, Císter...) y que, por el contrario, en las regiones más cálidas se utilizaba la sombra de la nave para refrescarlo (como en Fontfroide, en Sénanque y en Le Thoronet...).

Salvo excepciones, el claustro es de planta cuadrada o casi cuadrada (entre 25 y 35 metros de lado) y está rodeado de una galería continua, como un pórtico central, que se abre con una arquería simétrica a un patio. En la intersección de los cuatro parterres de césped, que en conjunto forman un cuadrado –siempre el cuadrado–, hay un pozo o una pila (13) para recoger el agua de lluvia. Algunos ven en ello la marca del "omphalos (ombligo) o centro del cosmos, por donde pasa el eje del mundo, la escalera espiritual cuyo pie se hunde en el reino de las tinieblas inferiores".[22] El claustro, lugar de meditación, como una especie de jardín zen... En forma más prosaica, los monjes acudían allí a lavar su ropa sacando agua del pozo y poniéndola a secar en la hierba del patio, y allí se tonsuraban regularmente.

La galería oriental Era la galería del claustro más utilizada por los monjes, pues comunicaba con la iglesia, adonde acudían siete veces al día, así como con todas las estancias en las que transcurría su vida cotidiana.

Los monjes la recorrían una y otra vez, pero siempre sin hacer ruido y en silencio. La regla propone a los religiosos "el amor al silencio", como ya lo practicaban los ermitaños y los padres fundadores del monacato. Benito no prescribe un silencio absoluto. Permite hablar en caso de necesidad, porque no da ningún significado místico al hecho de callar sino tan sólo una importancia moral. Ante todo, para cultivar la humildad, pues sólo el maestro

habla e instruye. Después, para practicar la caridad, ya que si se habla mucho no se puede evitar el pecado. Benito recuerda esta frase terrible del profeta: "La muerte y la vida están en poder de la lengua" (C. 6.5). Para comunicarse en caso de necesidad sin romper el silencio o simplemente para dialogar sobre el trabajo que debían hacer, los cistercienses utilizaban el lenguaje de los signos, que ya se empleaba en Cluny desde comienzos del siglo X. La codificación de un léxico de 296 signos, hacia el año 1005, por el monje cluniacense Ulrico permitió la difusión de este nuevo lenguaje en los monasterios de la congregación de Hirsau, que se convirtieron en ardientes propagadores del mismo. "Pero fue en Císter donde se practicó con el mayor rigor."[23] El lenguaje gestual de los monjes para la comunicación diaria no era el de los sordomudos, que mediante una sucesión de letras o de sílabas permite un discurso conexo que incluye nociones abstractas. Los monjes expresaban simplemente una "onomatopeya óptica" por medio de un gesto codificado o de la mímica.

El armario "No se debe enviar a un abad novel a un lugar nuevo [...] sin los libros siguientes: un salterio, un himnario, un manual de oraciones, un antifonario, un gradual, una *Regla* y un misal."
Capitula, IX

Se usará en todas partes el mismo texto para el misal, el texto de los Evangelios y de las Cartas, el manual de oraciones, el gradual, el antifonario, el himnario, el salterio, el leccionario, la *Regla* y el calendario.
Capitula, X

Todos esos textos, enumerados en un orden poco cartesiano, eran indispensables para la vida litúrgica de la comunidad.

En la puerta de la iglesia los monjes podían encontrar, en un nicho practicado en el muro de la galería oriental, los libros necesarios para la meditación (*lectio divina*). Dicho armario (14), que a veces se agrandó a costa de la sacristía situada detrás, contenía así mismo las obras conservadas por el chantre de la comunidad.

El chantre velaba por todos aquellos libros manuscritos, que se elaboraban en el *scriptorium* de la abadía y de los que sólo existían pocos ejemplares. Su responsabilidad sobre el *armarium* iba ligada al papel capital de la salmodia en la liturgia de las horas canónicas. Los monjes cantaban muchas horas al día, como Esteban Harding, que al parecer había cantado yendo de Escocia hasta Roma y después desde Roma hasta Molesme para encontrar el tono adecuado de la salmodia. Esta declamación, cantada *recto tono*, con algunas inflexiones melódicas muy cortas, requería, en efecto, un gran dominio musical. Las escalas modales del canto gregoriano, sucesivamente introducidas bajo el papa Gregorio Magno hacia el año 600 y reformadas por los carolingios antes de que lo hicieran entre los cistercienses Esteban Harding y más tarde Bernardo de Claraval, presentaban una complejidad real.[24]

El monje vivía al ritmo de aquel hechizo lírico, que debía impregnar hasta sus horas de silencio. Esta omnipresencia del canto en la vida litúrgica no podía sino influir en la arquitectura e inducir a los maestros de obras a dar preferencia a todas las soluciones que permitieran la mejor acústica sin ecos. En la decisión de abovedar las iglesias abaciales ciertamente influyó el profundo deseo de los cistercienses de dirigir a Dios la salmodia más pura.

LOS LIBROS SANTOS DE LOS CISTERCIENSES

Para la liturgia de la misa:

• El misal, que contiene los textos de las oraciones y las descripciones de los actos litúrgicos referentes a la misa de todos los días del año (ordinaria, propia de santos y propia de la época).

• El texto de los cuatro Evangelios, de los Hechos de los Apóstoles y de las veintiuna Cartas (de las que catorce son de San Pablo) que forman el Nuevo Testamento.

• El gradual (o antifonario de la misa), que contiene los cantos de ésta.

• El leccionario, que contiene las lecturas de la Biblia escogidas para la misa y la celebración de los sacramentos.

• El manual de oraciones, que agrupa las plegarias de imploración a Dios.

Para la liturgia de las "horas":

• El himnario, que introduce cantos líricos y poéticos de profesión de fe en la liturgia.

• El salterio, que reúne los ciento cincuenta textos del libro de los Salmos de la Biblia, base de la plegaria monástica desde el origen del monaquismo debido a su dimensión profética; su totalidad se salmodiaba en el oficio monástico a lo largo de la semana.

• El antifonario del oficio divino que contiene los cantos de la liturgia de las horas.

LAS ÁNFORAS DE VITRUBIO

La búsqueda de la mejor acústica en las construcciones o los espacios destinados al teatro o a la música se remonta a los griegos y tiene más de veinticinco siglos. Empírica primero y cada vez más científica desde Pitágoras (siglo VI antes de nuestra era), la acústica no les era desconocida a los cistercienses. Sus maestros de obras, como profesionales competentes, instalaban –siguiendo las recomendaciones de Vitrubio– vasijas de cerámica en forma de ánforas, con una profundidad de 10 a 35 centímetros, en la pared de las bóvedas de las iglesias abaciales y de las capillas en construcción. Sumergidas entre el cascajo, esas vasijas presentaban un orificio que perforaba con discreción el paramento interior de la cubierta del edificio. No parece que hubiera una regla sobre su disposición, que se revela lineal o dispersa, ni sobre su número, que podía llegar a cien en el mismo edificio. No obstante, estudios recientes, realizados en los lugares que todavía cuentan con estas instalaciones y donde se han conservado sin taparlas con revoques poco afortunados, demuestran que tenían efectos positivos según su emplazamiento, dando mayor intensidad al canto coral (prolongación y amplificación del sonido) y limitando a la vez el eco.[25]

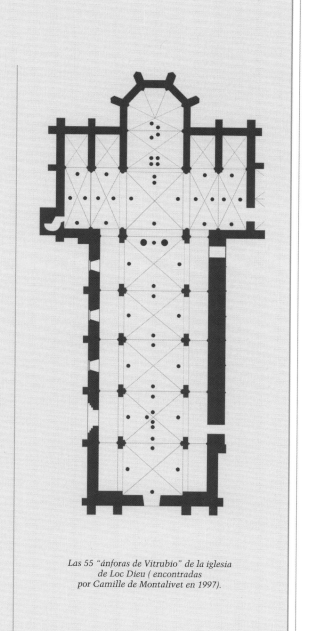

Las 55 "ánforas de Vitrubio" de la iglesia de Loc Dieu (encontradas por Camille de Montalivet en 1997).

Abadía de Fontfroide
(Languedoc).
La sala capitular,
finales del siglo XII.

La sala capitular "Siempre que sea necesario tratar asuntos importantes del monasterio, el abad convocará a toda la comunidad y dirá de qué se trata. Después de escuchar la opinión de los hermanos, deliberará en su presencia y hará lo que juzgue más útil [...]. Los hermanos darán su parecer con toda humildad y sumisión [...] dejándose guiar por el maestro que es la regla [...]. Sin embargo, el abad lo hará todo en el temor de Dios y observando la regla."

Regla, C. 3. 1/10

Siempre hay asuntos importantes que tratar, incluso en un monasterio recogido en sí mismo, porque toda vida comunitaria oculta tensiones que hay que solucionar de inmediato para impedir que cundan rumores o conflictos perjudiciales para la vida espiritual. Por ello, el abad convocaba a la comunidad cada mañana en la sala capitular (16), también llamada sala del capítulo porque éste abría siempre la sesión con la lectura y el comentario de un capítulo (*capitulum*) de la *Regla*. Era una buena introducción para el "capítulo de culpas" (*culpae*), en el que cada monje se acusaba de sus infracciones a la regla. "En un grupo de hombres cuya vida se regula con el mayor detalle, donde por norma cada uno exige el máximo de sí mismo, se atribuye como pecado la menor bagatela, no pasa nada por alto y menos aún se perdona, los motivos para culparse son innumerables."[26] En la época de Bernardo de Claraval, la autoacu-

sación se completaba con la "proclamación": toda falta contra la regla podía ser denunciada por un hermano (*delatio*) y merecer un castigo (ayuno intensificado, exclusión de los oficios, castigo corporal). Las faltas graves entraban naturalmente en el ámbito de la confesión no pública y el culpable podía ser sancionado con la pena de prisión (dentro del monasterio) y hasta con la expulsión.

Era en la sala capitular donde los monjes, en caso de defunción, destitución o dimisión de un abad, procedían a la elección de su sucesor. Ese proceso "democrático", aunque ciertamente muy limitado por la presencia e influencia del padre abad, constituye una de las innovaciones de la orden cisterciense y una de las razones de su eficacia. Aunque fuera elegido, el abad seguía siendo el *pater familias* a la romana, vigilante y responsable.

"El abad debe saber que el padre de familia considerará como una falta del pastor cualquier deficiencia que encuentre en las ovejas."

Regla, C. 2-7.

La arquitectura de la sala capitular reflejaba la dignidad de su función. Una puerta de claraboya y dos vanos libres en el centro de la galería oriental posibilitaban la entrada de las personas y de la luz. También permitían a los conversos asistir desde el claustro a los sermones generales que el abad predicaba en las

grandes festividades. De hecho, los conversos, privados del derecho de voto, no podían franquear la puerta de la sala capítular más que en dos ocasiones: al hacer su petición de entrada en el noviciado y el día que profesaban.

Tres ventanas en el muro exterior permitían la entrada de la luz matinal, cuando la comunidad se reunía después de prima. La sala era cuadrada y estaba rodeada de una doble fila de banquetas. Frente a la puerta, la silla simple y digna del abad. En el centro, entre las columnas que sostenían la cubierta, había un facistol.

La escalera de día y el dormitorio de los monjes Los monjes la utilizaban (17) para ir al dormitorio (18) por la noche o a media jornada para la "meridiana" en la estación calurosa, que justificaba la siesta. También la utilizaban para ir a las letrinas (19), generalmente instaladas en el extremo del dormitorio, encima de un canal que permitía tener siempre limpio ese lugar de difícil mantenimiento.

"Cómo dormirán los monjes.
Cada uno dormirá en un lecho individual.
Todos dormirán en el mismo dormitorio [...].
Dormirán vestidos."

Regla, C. 22. 1/5

En el dormitorio los monjes dormían con la túnica y las perneras puestas, pero se quitaban los zapatos de cuero grueso, la cogulla (hecha de lana virgen, que se utilizaba sin teñir como prueba de sencillez y que les valió el nombre de "monjes blancos") y el escapulario negro (en su origen un mandil de trabajo colocado sobre la túnica). La ropa se colocaba en una barra grande de madera, que corría a lo largo del dormitorio y que servía de guardarropa.

El dormitorio sólo contaba con una tabiquería baja entre los jergones, pero sin cortinas que permitieran aislarse del lado del pasillo central. Prueba de ello es la leyenda de la Virgen que bendice a los monjes durante su sueño y se aparta de algunos que duermen demasiado desvestidos.

El hecho de disponer de un jergón "propio" constituía más bien una innovación. En el

Abadía de Royaumont (Île-de-France). Edificio de las letrinas (siglo XIII) construido sobre un canal de avenamiento.

siglo XII dormir bajo la misma manta era el sino común de todas las familias, los pobres en sus barracas y los señores en la única estancia de su torreón. Incluso en los hospitales dormían tres o cuatro por lecho. Mas cuando las costumbres civiles evolucionaron, los monjes se resintieron sensiblemente de su situación comunitaria: "El dormitorio era uno de los lugares de privilegio para la mortificación monacal [...] y se comprende por qué los religiosos lucharon tanto para no dormir más en común".[27] Los Capítulos generales de la orden frenarán la ineluctable evolución hacia la celda, pero desde el siglo XIII se instalarán cortinas en los dormitorios.

La higiene de los cistercienses Se sabe todavía poco del grado real de higiene que se daba en las primeras abadías cistercienses, aunque todo hace pensar que no era muy alto. Un relato de Cesáreo de Heisterbach informa que un señor que quería ser novicio entre los cistercienses dudó en franquear la puerta del monasterio debido a la suciedad de los monjes. Cuando se conocen las instalaciones para evacuar las aguas residuales de los monasterios cistercienses, queda claro que los lugares debían de limpiarse y lavarse correctamente. Pero no así los monjes. Mientras que la arquitectura cisterciense se caracterizaba por un rigor excepcional en la asignación de los lugares construidos, eliminando toda estancia con funciones polivalentes, no existía ninguna

sala destinada a los baños. Por lo demás, las costumbres, que describen con una minuciosidad casi "paranoica" todos los actos de la vida cotidiana, incluyendo cómo tenderse en el jergón, cómo bajar el capuchón de la cogulla sobre el rostro para acudir a las letrinas, cómo afeitarse y tonsurarse o cómo efectuar una sangría, nada dicen del aseo de los monjes. Se lavaban las manos y tal vez la cara en el lavabo del claustro antes de entrar en el refectorio. Las únicas abluciones codificadas se desarrollaban una vez por semana, el sábado por la noche, durante la ceremonia del *mandatum*, en la que, por humildad y caridad, los monjes se lavaban mutuamente los pies.

Benito de Nursia "concede" los baños a título excepcional. Sin embargo, Bernardo de Claraval no los prevé en su programa arquitectónico, porque los baños tenían entonces fama de ser lugares inmorales. La desnudez

espantaba tanto a los padres fundadores del Císter que los monjes no podían quitarse las perneras para dormir y en el *mandatum* debían arreglárselas para que no se les vieran los pies desnudos, ocultándolos bajo la túnica. Sin duda, los monjes consideraban la suciedad corporal como una prueba suplementaria que habían de sobrellevar, siguiendo el ejemplo de Benito de Aniane, devorado por los piojos que corrían por su piel arrugada y falta de cuidados.

El locutorio "Es conveniente confiar al abad el reglamento de su monasterio.

Sin embargo, si lo considera adecuado, el propio abad, con el consejo de los hermanos temerosos de Dios, elegirá a un monje y lo nombrará prior. Dicho prior ejecutará con deferencia lo que su abad le encomiende."
Regla, C. 65-14/16

Derecha:
Abadía de Poblet (España).
Lavabo del claustro.
El edículo hexagonal fue
construido hacia 1200.
Las dos pilas superpuestas
son de mármol.

Inferior:
Abadía de Furness
(Inglaterra). Fachada del
dormitorio de los monjes,
siglo XII.

El prior administraba la comunidad desde su "despacho", que ocupaba un estrecho tramo del edificio de los monjes al lado de la escalera de día, lo que le permitía ordenar sus legajos en el espacio que quedaba libre debajo de los escalones. En ocasiones se ordenaban en una caja fuerte, con puerta de madera y grandes cerraduras de metal forjado a fin de proteger el "tesoro" de la abadía, que eran sus cartas de fundación y de las propiedades, así como las cédulas de profesión de los monjes. Una banqueta de piedra permitía al prior recibir a los monjes implicados en la organización de los oficios, a los novicios que necesitaban consejo, a los copistas y también a cuantos trabajaban, para marcar la pauta de sus faenas. En este lugar se podía hablar, era el locutorio (20), y, como el prior escuchaba, era también el *auditorium*.

En el Claraval de los tiempos de Bernardo, muy pronto dispuso el prior de una gran estancia, dada la importancia de la abadía. Así, el abad instaló a su secretario Nicolás en el antiguo locutorio. Una buena parte de los más bellos textos bernardinos se dictaron en aquel severo camaranchón, que contrastaba con la prosa iluminada con imágenes simbólicas y cuya armonía provenía de la magia del verbo de las cartas y los sermones del "Doctor Melifluus".

El paso hacia la enfermería, los jardines y los huertos "Del trabajo manual cotidiano. El ocio es el enemigo del alma. Por ello, a ciertas horas, los hermanos tienen que dedicarse al trabajo manual."
Regla, C. 48.1

Cuando acudían a trabajar al *scriptorium* para copiar los libros santos o accedían al jardín e incluso, de manera excepcional, a los campos, los monjes utilizaban el paso (21).

A juicio de Benito de Nursia, el primer motivo del trabajo manual no era ganarse la vida sino huir del ocio. La experiencia había demostrado que las abadías que se mantenían gracias a los campesinos y las donaciones abandonaban, a pesar de su dedicación al *opus dei* y a los oficios interminables, el espíritu del monacato primitivo. De ahí que los cistercienses defendieran la autarquía, que por lo demás la regla evocaba favorablemente. Sin embargo, el trabajo vinculado a ese tipo de explotación lo compartían los monjes y los conversos.

"Si las condiciones de los lugares o la pobreza exigen que se ocupen ellos mismos de las cosechas, los monjes no deben entristecerse, porque es entonces cuando de verdad son monjes, cuando viven del trabajo de sus manos, como nuestros Padres y los Apóstoles."
Regla, C. 48. 7/8

"Los monjes de nuestra orden deben subsistir gracias al trabajo de sus manos, el cultivo de las tierras y la cría de sus rebaños. En consecuencia, se nos permite poseer, para nuestro uso personal, estanques, bosques, viñas, pastizales, terrenos alejados de las viviendas seglares y animales [...]. Para explotar, cuidar y mantener en condiciones todo eso podemos tener, cerca del monasterio o más lejos, graneros que vigilarán y administrarán los conversos."

Capitula, XV- 2

Los monjes, aunque no pasaran el día entero en las sillas del coro, como ocurría en Cluny, debían con todo consagrar unas seis horas al *opus dei* y a la *lectio divina*, y ello a intervalos cercanos que impedían trabajar lejos de la iglesia. Como de todos modos no era deseable que saliesen de la clausura ("El monje puede ir a las granjas cada vez que se le envíe, pero nunca para habitar allí largo tiempo", *Capitula*, XV-2) y, finalmente, como era preferible ocuparlos en labores propias de su condición,

las abadías cistescienses reservaban a los monjes el cuidado de enfermos, el jardín monástico y la copia de manuscritos.

"El cuidado de los enfermos debe ser una prioridad, a quienes se servirá como si se tratara del propio Cristo. Por lo tanto, el abad debe procurar que no sufran ningún tipo de negligencia. Se reservará una estancia aparte a los hermanos enfermos y se les asignará un enfermero temeroso de Dios, diligente y dedicado. Se les ofrecerá el uso de los baños todas las veces que convenga. También se permitirá a los enfermos muy debilitados comer carne para que recuperen fuerzas."

Regla, C 36. 1/10

Todas las abadías construyeron enfermerías importantes porque los monjes enfermos eran numerosos. La higiene deficiente, las sangrías intempestivas, un régimen alimenticio desequilibrado y un ascetismo a menudo excesivo no podían favorecer una buena salud general.

El paso conducía sin dificultad a la enfermería, siempre situada al este del monasterio a fin de que los vientos dominantes de poniente se llevasen los efluvios lejos del claustro. En las grandes abadías, la enfermería se organizó, con el paso de los años, como un monasterio anexo alrededor de un "claustro pequeño".

Los jardines y huertos "El monasterio se construirá de tal modo que [...] el jardín esté dentro del claustro [...]. En el jardín (como durante el oficio de Dios) el monje tendrá siempre la cabeza agachada, los ojos bajos..."

Regla, C. 66-6 y 7-63

En cada monasterio, además del huerto con árboles frutales, había varios jardines cultivados y mantenidos de manera regular, mientras que el claustro, lugar de recogimiento, era un sencillo herbazal.

El huerto, donde "verdean las plantas de las hortalizas que brotan bien", según comenta el autor de la planta de Saint-Gall al enumerar las dieciocho variedades recomendadas a los monjes para abastecer sus cocinas vegetarianas: cebollas, puerros, coles, arañuela (condimento), perejil, perifollo, chalotes, lechugas, ajos, habas y guisantes... Faltaban naturalmente las patatas, los tomates y las judías, que llegarían a Europa tras el descubrimiento de América.

Cerca de la enfermería se abría otro jardín de dimensiones más modestas, el *herbularius*, el famoso jardín de simples que hace soñar a los

Izquierda:
Estufa de Salem
(Alemania).
Monjes en el jardín y en
el huerto de la abadía.

Página anterior:
Abadía de Furness
(Inglaterra).
La enfermería.

aficionados a la medicina natural. Allí se cultivaban plantas que podían utilizarse como medicamentos, "simplemente", sin preparación alguna. Las especies cultivadas eran numerosas y quedamos sorprendidos al encontrar la rosa (que calma los nervios) y la azucena (contra las mordeduras de serpiente). También se cultivaba la adormidera, porque una esponja empapada en una infusión de esta planta alivia el sufrimiento de los heridos. Hoy podemos admirar la reconstrucción de un bello jardín de simples enmedio de las ruinas de la abadía de Vauclair. El padre Courtois y su grupo de arqueólogos han reconstruido un jardín en damero a partir de los resultados de unas excavaciones realizadas en Orval y en el mismo lugar de Vauclair. Allí se cultivan cuatrocientas plantas.[28]

LA FARMACOPEA DE LOS MONJES

La tisana de eneldo es excelente para el estómago. Una infusión fuerte de angélica es diurética y depurativa. La asperilla en infusión es un tranquilizante. La bergamota en tisana relaja. La betónica cura los trastornos de la respiración. La infusión de aciano calma la irritación de los ojos. La tisana de borraja es magnífica contra las afecciones de garganta. La manzanilla en tisana ayuda al estómago. Cuidado con la digital, que es altamente tóxica. La tisana de hisopo es excelente para los problemas respiratorios. La lavanda en tisana calma los dolores de cabeza. La mejorana en tisana es estupenda contra los dolores reumáticos. La menta sirve para mejorar el gusto de otras plantas en tisana. La hoja de romero machacada elimina el mal aliento. La infusión de ajedrea facilita la digestión. La salvia oficinal es indispensable para el estómago. La infusión de caléndula cura las quemaduras y las pequeñas lesiones cutáneas. Contra la fiebre, tisana de saúco. La infusión de tomillo es maravillosa para la tos.

La sala de los monjes y el calefactorio

"En cuanto a la capilla del abad Roberto y otros objetos que se había llevado consigo al abandonar Molesme para ir al Nuevo Monasterio, que todo quede en propiedad de los hermanos del Nuevo Monasterio, salvo un leccionario que guardarán hasta la fiesta de San Juan Bautista para hacer una copia."

Pequeño Exordio, decreto de Hugo, legado del Papa. VII.8

Así, en Císter hubo, por necesidad, una escribanía (*scriptorium*) desde la fundación de la abadía. Sin libros sagrados no podía haber una liturgia fundada en la lectura. Cuando se evalúa la enorme demanda de libros generada por las abadías de nueva creación, se comprende que el trabajo principal de los monjes fuese la copia en pergaminos y vitelas (para los libros sagrados). Cuando, mucho tiempo después de su fundación, las abadías se convirtieron en establecimientos de gran importancia, dicha actividad se ejercía en construcciones dedicadas a ese uso exclusivo, de la misma manera

que se reservaba un claustro para los novicios. No obstante durante largo tiempo y en todas las abadías, las copias se efectuaban en la sala de los monjes (22) y su calefactorio anexo (24).

Desde el final del Imperio romano se escribía en pergamino. Así se transmitió toda la literatura antigua en ejemplares siempre únicos mediante un sistema de reproducción totalmente artesanal, que movilizaba una muchedumbre de copistas laicos, pero sobre todo religiosos, que copiaban, comentaban, anotaban e ilustraban con iluminaciones o miniaturas todo el saber escrito recibido en herencia. Una aventura fascinante. "Algunos monjes letrados, totalmente ignorados por gentes que ya no hablaban latín, intentaban preservar los textos latinos –porque pese a todo no dejaban de ser los herederos de la cultura latina–. Durante siglos copiaron textos cristianos, así como paganos, y los iluminaron, tal vez para ilustrar a los innumerables seres que no sabían leer."[29]

Las bibliotecas de Císter y Claraval, a todas luces mucho más completas que las de las pequeñas abadías, que se enfrentaban a la

roturación de sus tierras y a la construcción de sus primeros edificios, contenían un fondo que sobrepasaba los simples textos religiosos. A mediados del siglo XII Císter poseía un centenar de "códices" (el códice, a diferencia del rollo que se utilizó largo tiempo, permitía encuadernar las hojas de pergamino escritas por ambas caras). Claraval inventarió 300 y se organizó para producir, según el plan diseñado por Bernardo, un total de 1.800 obras (de las que 1.400 permanecen en la biblioteca de Troyes). Los autores cristianos están ampliamente representados, así como Cicerón, Virgilio, Terencio, Plinio y todos los autores latinos que Bernardo había estudiado en Châtillon.

La Gran Biblia de Claraval, acabada en 1151, sigue siendo la obra maestra querida por San Bernardo. El pergamino, está adornado con iniciales azules y rojas de rasgos geométricos. El abad había proscrito el oro y las representaciones de personajes y había recomendado una estricta monocromía.

Página anterior:
Abadía de Sénanque (Provenza).
El calefactorio con la única chimenea de la abadía. El pedestal de la única columna (restaurada en el siglo XIX) está decorado con cuatro tortugas que señalan los cuatro puntos cardinales.

Inferior:
Abadía de Fontenay (Borgoña).
La sala de los monjes, con numerosos y grandes ventanales que permitían a los copistas trabajar con luz natural.

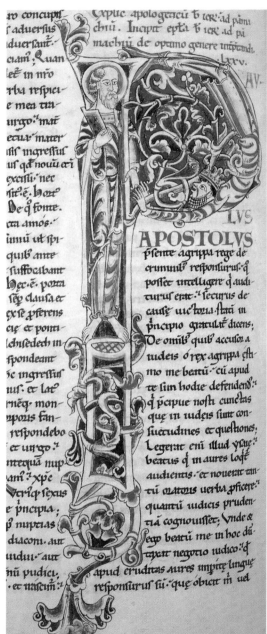

*Evolución del estilo
de las miniaturas
cistercienses*

De izquierda a derecha:
• *El primer estilo
"fantástico" de Esteban
Harding. (B.M. Dijon,
ms folio 103v)*
• *El segundo estilo
"bizantino" de Císter.
(B.M.Dijon, ms 135,
folio 107v).*
• *El tercer estilo
monocromo de
Claraval. (B.M. Troyes,
ms 128, folio 1)*

Ese estilo monocromo, que se respetaría durante muchos decenios en las escribanías de la orden, se oponía a las miniaturas pintadas en Císter hasta 1140, mientras la influencia de Bernardo de Claraval no prevaleció sobre la inclinación profunda de Esteban Harding por la exuberancia y el colorido. En un primer período, hasta la *Apología a Guillermo* de 1124, el primer estilo de Císter admite "el humor, lo grotesco, lo maravilloso y lo cotidiano, interpretados con un agudo sentido del detalle, unido a una soberbia libertad de línea".[30] Conocemos la *Biblia* de Esteban Harding de 1109, las

Morales sobre Job de 1111 y los *Comentarios sobre los Salmos* de San Agustín. Luego, Esteban Harding, influido aunque no totalmente convencido por la austeridad de Bernardo de Claraval, impone un segundo estilo de Císter, grave e idealizado, con influencias bizantinas. Los *Comentarios sobre la Biblia* de San Jerónimo son representativos de ese estilo.

Tan bella actividad suponía que las abadías disponían de pieles de animales en número suficiente y que los conversos, bajo la dirección del chantre, dominaban el oficio de pergaminero, que consistía en descuartizar los animales,

Abadía de Villers-la-Ville (Bélgica).
El refectorio de los monjes era tratado como una iglesia, porque la refección comunitaria era otra misa.

lavar las pieles en el agua del río, sumergirlas en un baño de cal para quitarles los pelos, tenderlas en un caballete, blanquearlas con creta y apomazarlas. Esos gestos se encuentran descritos e ilustrados en la *Encyclopédie* de Diderot y d'Alembert. Todavía en el siglo XVIII se desarrollaban las mismas operaciones para preparar el curtido de la piel de encuadernar.

Evidentemente hacían falta grandes rebaños de ovejas para proveer de pieles a los copistas de las abadías. En 1121 Claraval fundó una granja especializada en la ganadería. Su rebaño sobrepasaba las mil cabezas. Los cistercienses se aficionaron a esa actividad y rápidamente se convirtieron en los amos del mercado de la lana tanto en el continente como en Inglaterra.

La tarea de los copistas era pesada, con un rendimiento de cinco a seis folios en cuatro por día. La vista se cansaba pronto y los monjes copistas habían de tenerla buena, al no existir todavía los anteojos ni las lupas. A lo largo de su vida, un copista podía reproducir cuarenta obras y necesitaba muchos años para copiar una *Biblia*. Con la afluencia de los encargos se dio una cierta especialización: copistas,

correctores, miniaturistas y encuadernadores se repartían la tarea.

Las tintas se preparaban en el calefactorio a base de tierras o de piedras (malaquita), estigmas de flores (azafrán) o raíces de plantas (rubia). A cada color se le incorporaba un excipiente y un pegamento. Una especie de alquimia introdujo una mejora permanente en la fabricación de las tintas, mientras que un trabajo muy minucioso presidía la preparación de pinceles, estiletes de hueso, plumas de oca, rascadores (para borrar las erratas), compases y reglas.

¿Habría existido el calefactorio sin la actividad de copia de manuscritos en las abadías cistercienses? Los días de invierno se permitía a los copistas que fueran a calentarse las manos delante del fuego de leña. En Borgoña y en Champaña, donde se instalaron las primeras filiales de Císter, esta tolerancia resultaba indispensable debido al duro y largo invierno. También se permitía que los monjes acudieran al calefactorio para engrasar el cuero de su calzado. Finalmente, cuando se realizaban sangrías, el calefactorio se convertía en una especie de anexo de la enfermería.

Noviciado Los novicios se integraban en la comunidad y vivían al ritmo de los monjes. Aprendían el arte de copiar al mismo tiempo que el arte de dar gracias a Dios. De ahí que el noviciado (23) fuese un anexo de la sala de los monjes. "En la orden, la tradición nunca ha dejado de asignar a los primeros noviciados el extremo del ala oriental: los abades inspectores de los siglos XVII y XVIII lo señalaban claramente cuando tenían que describir el estado de las salas más o menos ruinosas de una abadía antigua.[31] La prueba duraba un año bajo la dirección espiritual de un maestro de novicios." (Regla, C.58-6).

El refectorio "Para la comida diaria creemos que bastan dos guisos en la mesa, de manera que quien no haya podido comer de uno, lo haga del otro. Que basten, pues, dos guisos para todos los hermanos y, si las hay, se agregarán frutas u hortalizas verdes. Una libra larga de pan bastará cada día y, tanto si hay una sola comida (cuaresma) como si son dos, todos se abstendrán totalmente de comer carne."
Regla, C. 39. 1/4

LA COGULLA Y EL PUDOR

La cogulla, larga y amplia, era la vestimenta por antonomasia del coro. Mas como las túnicas antiguas no pasaban de las rodillas –como los vestidos de los campesinos– y los cistercienses no usaban calzoncillos (no previstos por la regla), llevaban la cogulla también en el refectorio, donde cada uno tenía a un hermano enfrente...

"El hermano que haya cometido una falta comerá solo."
Regla, C. 24-3

Los monjes comían juntos en un refectorio (25), que tenía que estar cerca de las cocinas, las cuales a su vez debían estar próximas al río o a las instalaciones hidráulicas de saneamiento. El refectorio se levantaba en el lado opuesto de la iglesia y se llegaba a él por la galería del claustro, el cual daba al lavabo monumental que destacaba en el patio.

Como los cistercienses construyeron siempre sus abadías con una perspectiva de expansión, los refectorios eran salas importantes que, salvo raras excepciones, se extendían en forma perpendicular a la galería del claustro para no ocupar todo el espacio entre el edificio de los monjes y el de los conversos. Unas mesas largas corrían a lo largo de los muros. Los monjes, sentados en banquetas, comían en silencio y el "monje de semana" les traía los platos. Éste los recogía en el torno (27) abierto en el muro de la cocina y que en diversos sitios se llamaba "providencia". Por lo general, había un púlpito (26) instalado en un nicho del muro occidental del refectorio, al cual se subía por una escalerilla abierta en el espesor del muro. Un lector

Derecha:
Abadía de Alcobaça (Portugal).
El púlpito del lector y su escalera en el espesor del muro occidental.

Izquierda superior:
Abadía de Tintern Major (País de Gales).
El torno del refectorio de los monjes.

Izquierda inferior:
Abadía de Fountains (Inglaterra).
El refectorio de los monjes sobre el río.

designado cada semana por el abad leía en latín algunos pasajes de la Biblia, entre el *Benedicite* y el *Deo gratias* que marcaban el comienzo y el final del ceremonial (*Regla*, C.38.1/12).

La comida, con este ritual, se asemejaba a un oficio religioso. Los monjes acudían en procesión después de haberse lavado las manos juntos en el gran pilón del lavabo. Por esta razón, los refectorios son objeto, como la iglesia y la sala capitular, de una arquitectura cuidada y casi espectacular.

El régimen vegetariano impuesto por la regla es, como la apostilla del dormitorio, uno de los temas de debate que recurren regularmente en el seno de la orden a lo largo de los siglos. En la tradición de los padres del desierto, la carne se consideraba un excitante y se seguía la recomendación de los mismos.

Sin embargo, ningún texto bíblico apoyaba la prohibición de la carne, salvo quizá la nostalgia de un paraíso en el que Adán y Eva fueron vegetarianos y la del mundo justo en el que los animales vivían en paz con los hombres (Isaías XI, 6-9), mientras que el mundo nuevo surgido del Arca admite que el hombre puede sembrar el terror sobre la tierra y en el cielo: "Y todo lo que tiene movimiento y vida os servirá de alimento: todas estas cosas os las entrego, así como las legumbres y hierbas" (Génesis IX,3).

La fuente del claustro   "El abad verterá agua sobre las manos de los huéspedes. Después de esa ablución se dirá el versículo: Oh Dios, hemos recibido tu amor en medio del templo."

Regla, C. 53. 12/14

Cada vez que el lugar lo permitía, el agua pura no provenía del río ni de los canales abiertos por los monjes, sino de un manantial al abrigo de toda contaminación captado río arriba de la abadía y canalizado hasta la fuente del claustro, frente a la puerta de entrada del refectorio.

Esa agua excepcional, símbolo de la pureza que los cistercienses buscaban en todo, justificaba el lujo de una fuente bien diseñada y no sólo la instalación de un sencillo depósito. Un pabellón, a menudo poligonal, la albergaba. El agua subía por una columna central y alimentaba una pila en alto, de la que descendía por una serie de pequeños orificios provistos de caños o grifos hasta un pilón en la parte inferior, desde el que llegaba a las alcantarillas del monasterio. El pabellón se convirtió en un pretexto para que los arquitectos demostrasen

Abadía de Valmagne (Languedoc).
El rumor del agua que cae de pila en pila da una dimensión al silencio del claustro.

su capacidad para concebir "una obra efectista", la única que se les permitía realizar en el seno de la abadía. No queda ningún pabellón de las primeras abadías, pero Viollet-le-Duc ha reconstruido el espléndido "lavabo" de Fontenay.[32]

• La circunscripción de los conversos

"Para explotar, cuidar y mantener en buen estado [las propiedades de la abadía] podemos tener en las proximidades del monasterio, o algo más lejos, algunos graneros, que serán vigilados y administrados por los conversos.

De estos conversos nos hacemos cargo en calidad de prójimos y ayudantes nuestros, de la misma manera que acogemos a los monjes. Para nosotros son hermanos y participan de nuestros bienes espirituales, así como materiales, con el mismo derecho que los monjes."

Capitula, XV-2 y XX-2

Los conversos (convertidos) eran religiosos sometidos a la estricta disciplina cisterciense y se encargaban de los asuntos materiales de la abadía. Se les encontraba, pues, en el seno mismo del monasterio, ocupados en las tareas domésticas, en los talleres de artesanía situados entre los muros monásticos y en los graneros fuera de la abadía.

El estatuto de los conversos

La institución de los conversos no fue una innovación cisterciense, pero ninguna otra orden antes que ellos había empleado tan gran número ni con tanto éxito durante al menos dos siglos.

En tiempos de Benito de Nursia los monjes participaban en los trabajos agrícolas y manuales. No obstante, después de Benito de Aniane el culto ocupaba el tiempo de los monjes en su totalidad y los monasterios, que aceptaban sin reserva el sistema feudal, se mantenían gracias a sus campesinos. Para librarse de las obligaciones políticas y sociales derivadas de esta situación, los reformadores del siglo XI, Juan Gualberto de Vallombreuse y los primeros cartujos o grandmontanos, integraron servidores en el seno de sus comunidades. Esteban Harding compuso los *usus conversorum*, que regulaban la vida de los conversos, y los Capítulos generales los reformaban puntualmente. Los conversos se reclutaban entre los campesinos del lugar, todavía inmersos en la miseria en el siglo XII, a pesar de un inicio de modernización real de los métodos agrícolas. Entre los cistercienses encontraban alimento y una seguridad que no les garantizaban los señores feudales. Además, su fe y la buena fama de la orden favorecían el reclutamiento.

Tras un año de noviciado, en el que aprendían de memoria las oraciones básicas y los elementos de la disciplina monástica, los conversos hacían los mismos votos que los monjes. Sin embargo, tenían que continuar siendo analfabetos, se les prohibían los libros, se les excluía de la administración del monasterio y no podían llegar a monjes. "Son zafios y continuarán siéndolo. Rezarán un poco más, pero a su manera, de forma muy sencilla. Ofrecerán el esfuerzo de su cuerpo [...]. Los monjes de coro y los laicos se hallan, por tanto, en dos niveles. Aunque entre ambos vive el amor que une a los hermanos, se interpone una barrera estanca: no se pasa de un grupo a otro y cada uno vive en circunscripciones separadas."[33] A mediados el siglo XII, en Claraval había 300 monjes y 500 conversos; en Vaucelles, 100 monjes y 130 conversos; en Pontigny, 100 monjes y 300 conversos, en Rievaulx, 140 monjes y 500 conversos...

La cocina

La cocina (28) era uno de los escasos lugares de encuentro entre monjes y conversos, porque allí se preparaba la comida de unos y otros, que en teoría era la misma (*Usos de los conversos*, C. 14). Al monje cocinero de semana le ayudaba el converso encargado de la limpieza de esta estancia y responsable

Estufa de Salem (Alemania). Conversos en oración durante la labranza.

así mismo del horno del pan que se encontraba en las dependencias de la abadía.

Las cocinas cistercienses incluían los dos tipos de chimeneas conocidos en la Edad Media: la chimenea adosada, que se ha venido utilizando hasta nuestros días, y la chimenea central con su gran campana, que hoy no pasa de ser un modo de calefacción anecdótico. Al lado de la cocina estaban las despensas (29).

El locutorio de los conversos

"Se elegirá como cillerero del monasterio a un miembro de la comunidad con experiencia, tranquilo, sobrio, que no sea un gran comilón, ni altanero, ni inquieto, ni injusto, ni corto de miras, ni despilfarrador, sino temeroso de Dios y que sea como un padre para toda la comunidad."
Regla, 31. 1/3

El cillerero se encargaba de toda la vida material de la abadía y a él correspondía la tarea de dirigir a los conversos y los asalariados de la misma, que intervenían según las necesidades, por ejemplo como obreros agrícolas estacionales o durante los trabajos de construcción.

Como el prior para los monjes, también el cillerero tenía su locutorio (30) para los conversos y unos bancos de piedra y un armario para depositar los legajos. Él distribuía el trabajo y presidía el capítulo semanal de los conversos, la mayoría de las veces en representación del abad.

Los domingos y en las grandes festividades, los conversos abandonaban las granjas para oír misa en la iglesia abacial. El trayecto de ida y vuelta tenía que recorrerse en un día; de ahí la prohibición de construir graneros a más de diez kilómetros de la abadía (y también, en teoría, la presencia de capillas en los graneros alejados).

El cillerero iba también a inspeccionar los talleres y los graneros. Gerardo, el cillerero de Claraval, merece el elogio del *Gran Exordio* porque "comía con los conversos, se contentaba con su alimento, bebía agua como ellos y no permitía fácilmente que se le sirviera nada especial fuera de las porciones ordinarias".[34]

El edificio de los conversos

En todos los casos, el edificio de los conversos incluía en la planta baja el refectorio (31) y una bodega semienterrada (33), separados por el paso (32) que permitía salir al exterior; en el primer piso se hallaba el dormitorio (35), una nave inmensa que era siempre la estancia más grande de la abadía: la mayoría de los conversos vivían en los graneros, pero había que albergarlos y alimentarlos cuando regresaban al monasterio.

Con la defección de los conversos en los siglos XIII y XIV, el ala que ocupaban se dedicó a otros usos. Como quedaba cerca de la portería, se le hicieron reformas y acabó transformándose en hospedería, palacio abacial, biblioteca o simplemente en granero...

Tras la Revolución francesa las dependencias de los conversos se salvaron por lo general de las destrucciones, incluso cuando los demás edificios servían de canteras. Los industriales o los agricultores convertidos en propietarios dispusieron de inmensos espacios para la producción o para utilizarlos como almacenes. En Claraval, la administración penitenciaria, que transformó la abadía en cárcel en 1808, instaló durante un siglo maquinaria pesada en el edificio de los conversos.

De izquierda a derecha:
• *Abadía de Arouca (Portugal).*
La cocina con campana central, como en Alcobaça y también en Longpont.
• *Capilla del granero vitícola (que se llama la Bodega) de Claraval,*
Colombé-le-Sec (Champaña).
Muy alejados de la abadía, los conversos permanecían en el lugar los domingos ordinarios.
• *Estufa de Salem (Alemania).*
Conversos en la cocina.

*Abadía de Fountains
(Inglaterra).
Bodega del edificio
de los conversos.*

Segregación social, unidad arquitectónica

Los cistercienses, tan intransigentes con el uso de los edificios y con la manera de habitarlos, que llegaron al extremo de plasmar en la piedra la arcaica segregación de los conversos, no la tuvieron en cuenta en la calidad constructora. Todas las construcciones eran merecedoras del mismo esmero y de la misma solidez. No había diferencia entre el dormitorio de los monjes y el de los conversos. La forja de Fontenay constituye todavía un testimonio mejor: un espacio de trabajo es tan sagrado como uno litúrgico y la coherencia se da entre todas las construcciones pues la arquitectura cisterciense constituye una totalidad.

4. La regla y el territorio de las abadías

"Para explotar, cuidar y mantener en buen estado [las propiedades de la abadía] podemos tener en las proximidades del monasterio, o algo más lejos, algunos graneros, que serán vigilados y administrados por los conversos.
Capitula, XV-2

Los cistercienses rechazaron el régimen de explotación feudal por disconformidad con el mundo. Perdieron así las rentas, los diezmos y otros derechos comunes, que por lo demás autorizaba su estatuto de monjes. La búsqueda de tierras sin cultivar los condujo lejos de los centros agrícolas, pero les permitió disponer de grandes territorios. En ocasiones expulsaron, en nombre de su necesidad de soledad, a los campesinos que ocupaban bienes alodiales. Así, se condenaron a la autarquía. Según los fundadores, la autosuficiencia era prueba de virtud, de ascetismo. Sin embargo, ¿la pusieron en práctica alguna vez los monjes?

Superior:
Abadía de Bouchet,
cerca de Valence.
La bodega monástica
sirve todavía hoy para
almacenar los vinos.

Derecha:
Abadía de Fontenay
(Borgoña).
La hermosa fragua
del siglo XII.

El éxito extraordinario de la economía cisterciense es el ejemplo histórico más perfecto de una explotación de aprovechamiento directo tanto agrícola como industrial. Un espíritu emprendedor fuera de lo común fue una cualidad de los abades y de los cilleros cistercienses. Éstos contaban con una mano de obra motivada por la fe, que no impidió las revueltas del siglo XIII pero que favoreció durante muchos decenios un trabajo constante y de buena calidad. Mano de obra barata, mas no gratuita –toda vez que era "alojada, alimentada y aseada"–, pero de un coste muy inferior al de los trabajadores más explotados de la época. Sin olvidar el sistema de los graneros, modelo de expansión por adición sucesiva de unidades de producción descentralizadas.

La economía cisterciense modeló el espacio según sus principios de organización. Todavía hoy, los paisajes rurales y las construcciones agrícolas dan testimonio de su originalidad y perfección. Después de Robert Fossier,[35] que fue pionero en la toma de conciencia de esa dimensión específica de los monjes blancos, y gracias al coloquio sobre "el espacio cisterciense" celebrado en Fontfroide en 1993[36], ya no es posible definir una abadía cisterciense reduciéndola al cuadrado monástico de la iglesia abacial y del claustro. Por el contrario, se trata de un conjunto complejo, que estructura un territorio a partir de un polo de vida religiosa, el cual incorpora *in situ* unas actividades artesanales y unos graneros agrícolas o industriales.

• El espacio de las dependencias

Una buena parte de la vida económica de la abadía transcurría en el recinto que delimitaban el muro del cercado y el cuadrado monástico. Fontenay ha conservado varios edificios construidos desde el origen de la abadía. Allí se puede ver todavía la tahona y su horno de pan, el palomar, el molino de cereales y grano y la forja, terminada antes de finalizar el siglo XII.

El palomar En la época feudal, la construcción de un palomar, como la de un horno de pan, era un privilegio exclusivo del señor del lugar. Fontenay tenía el "derecho de pichón" y pudo sacar del mismo provecho o sustento gracias a los huevos o a la carne, ya que las aves de corral, al no ser cuadrúpedos, no entraban en la prohibición de comer carne. El palomar de piedra se diferenciaba de la palomera de madera, limitada en altura y en capacidad de hornillas, y cuya propiedad sólo se permitía a los granjeros con 26 fanegas de tierra. Así pues, todas las abadías mantenían un palomar con varios centenares de hornillas, accesibles por una escalera de caracol, siempre un hermoso trabajo de carpintería. El palomar de Fontenay es una torre cilíndrica con techo cónico, cerrado por un grueso muro de albañilería, rodeado a media altura por un cordón en forma de saledizo para proteger de los roedores la pequeña buhardilla reservada a los pichones.[37]

La fragua Es poco frecuente que las instalaciones siderúrgicas se implantasen en el espacio de las dependencias debido a las molestias que producían y a la abundancia de las materias primas que se habían de acarrear (mineral y madera). En Fontenay, por otra parte, no hay más que una fragua, pero tan importante y bella que ha sido el campo de investigación elegido por el equipo de Paul Benoît, quien, imitando a los pioneros de la historia de la técnica como Bertrand Gille[38], ha demostrado la importancia excepcional de la siderurgia monástica y

Izquierda:
Abadía de Morimondo (Italia).
El palomar.

Superior:
Abadía de Maulbronn (Alemania).
El espacio de las dependencias alberga todavía hoy numerosos edificios de servicio, encerrados en un antepatio.

Derecha:
Abadía de Fontenay
(Borgoña).
El salto de agua
de la fragua.

Página siguiente:
Abadía de Villers-la-
Ville (Bélgica).
La cervecería (vistas
interior y exterior).
La tradición de los
monjes cerveceros se
remonta a la Edad
Media, ya que el agua
doméstica a menudo
estaba contaminada.

especialmente de la cisterciense. En Fontenay, el emplazamiento de un salto de agua de 2,60 metros con un caudal muy abundante, indispensable para accionar un martinete, determinó la implantación de la forja situada a unos 500 metros de la minera de Munières y que hizo prosperar una explotación siderúrgica entre un horno de cuba baja en el bosque de Grand Jailly y una fragua en el río. La construcción comprende, en una extensión de 55 metros, cuatro salas abovedadas, cada una con dos tramos separados por cuatro columnas. Se calcula que la primera data de la década de 1130 y que el salto pasaba a través de ella cuando se puso en marcha la red hidráulica. Las otras tres se construyeron seguramente años más tarde para albergar un martinete y los fogones que servían para recalentar lupas y lingotes antes de la forjadura.[39]

Los talleres Con la triunfal expansión económica de los cistercienses después de 1150, el espacio dedicado a las dependencias no hizo más que crecer y embellecerse, ocupando una superficie muy superior a la del cuadrado monástico. Allí se encontraban el recinto de los albañiles, de los canteros y escultores; los talleres de otros artesanos de la construcción, carpinteros, ebanistas, cerrajeros, así como tejedores, zapateros y zurradores, sin olvidar a los pergamineros. Los *Usos de los conversos* recuerdan que los talleres seguían siendo lugares de silencio, como el cuadrado monástico, del que de alguna manera eran la prolongación espiritual.

• **El espacio de los granjeros** El granero era la unidad de producción de base en las abadías cistercienses. Hoy la palabra

designa una gran construcción cerrada que sirve para guardar las cosechas de una explotación agrícola. Para los cistercienses designa el paraje mismo de la explotación, cualquiera que sea su función. Se conocían graneros de cereales, graneros vitícolas y graneros mineros.

Cuando las tierras cultivables rodeaban la abadía, se construía un granero en el mismo interior del espacio de las dependencias, como ocurrió en Claraval. A pesar de esto, la importancia de los graneros residía precisamente en el hecho de poder explotar las propiedades lejanas. Bajo la autoridad única del cillerero, sustituido en cada hórreo por un "maestro de graneros" (*grangiarius*), un converso elegido por su experiencia y su dedicación, las abadías pudieron organizar la producción y la expansión a partir de unidades territoriales homogéneas de 200 a 300 hectáreas, a menudo especializadas en función de sus características geológicas o climáticas. Esta forma de organización explica el éxito de la economía cisterciense. "Sustituye al fundo feudal con una eficacia muy superior. El sistema feudal dividía los vastos territorios señoriales en unidades aisladas y virtualmente independientes, donde los campesinos, limitados por su condición servil y por los derechos de los señores, se entregaban a sus procedimientos primitivos sin plan alguno de envergadura ni organización de conjunto, ya que el interés del señor se reducía estrictamente a la percepción de las rentas [...].

Un complicado e ineficaz sistema de derechos y deberes mutuos, fundado en costumbres inmemoriales, primaba sobre las consideraciones económicas."[40] En los graneros el número de conversos se adecuaba al de las tareas que habían de llevar a cabo, con la ayuda ocasional de los monjes durante la cosecha, en la que también podían intervenir jornaleros asalariados.

El éxito del sistema de los graneros se puso de manifiesto desde la década de 1130, cuando los señores feudales descubrieron que los cistercienses explotaban con provecho las tierras, a menudo sin valor aparente, que les habían sido donadas, sobre todo bosques, landas y zonas pantanosas. La preparación para el cultivo de territorios abandonados mediante el drenaje o el regadío fue la gran obra de las abadías de la orden a mediados del siglo XII. Tres ejemplos, entre otros muchos, merecen recordarse. Desde 1138, la abadía de Chiaravalle, cerca de Milán, regaba las tierras áridas de su propiedad gracias a un canal que se alimentaba de las aguas del Po. En 1144 el conde de Rothenbourg donó a los cistercienses de Walkenried unas tierras pantanosas, que desecaron en algunos años para convertirlas en las famosas "praderas de oro" de la cuenca turingia. A partir de 1139, la abadía de Dunes empezó a convertir en suelo fértil las cerca de diez mil hectáreas de desierto arenoso de la costa flamenca, que explotaría dos siglos después con sus veinticinco graneros. De hecho, los cistercienses no roturaban tantas tierras

LA GRANJA DE CLARAVAL
EN OUTRE-AUBE

A. Puerta que da al bosque y a la fuente de San Malaquías.

B. Arroyuelo de la fuente de San Malaquías (que se precipita en el Aube a 200 metros).

C. Granero de cinco naves (desgraciadamente desapareció en un incendio en 1986) y otro de siete naves, cuyos cimientos se aprecian en una foto aérea.

D. Edificio del capataz del granero y de los conversos, que subsiste. Fue remodelado.

E. Construcciones agrícolas, una de las cuales subsiste. Fue remodelada.

F. Portería (de Claraval) y hospedería, que aún subsisten. Fueron remodeladas.

G. Muro de clausura, que todavía subsiste en parte.

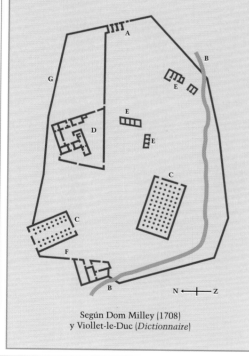

Según Dom Milley (1708)
y Viollet-le-Duc (*Dictionnaire*)

GRANEROS Y BODEGAS
DE CLARAVAL

Durante su período abacial, Bernardo de Claraval fundó cinco graneros. Se crearon diez entre 1150 y 1200, otros cinco en el siglo XIII y más de veinte en los siglos siguientes.

El primero, Fraville (municipio de Arconville, a unos cinco kilómetros de Claraval), se benefició en 1122 de una exención del diezmo. Esta generosa decisión a favor de la "pobre" abadía de Claraval por parte del riquísimo abad cluniacense Pons de Mergueil anticipó la exención general de tasas que en 1032 otorgó a los cistercienses el papa Inocencio II. Desde 1156, otro Papa intentó abolir este privilegio, porque los obispos y las demás congregaciones perdían sus ingresos a medida que las donaciones acompañaban la expansión cisterciense. Hubo que esperar al concilio de Letrán (1215) para regular la situación: los bienes adquiridos para dicha fecha —ya muy considerables— conservaban la inmunidad fiscal, mientras que los nuevos se someterían a la ley común.

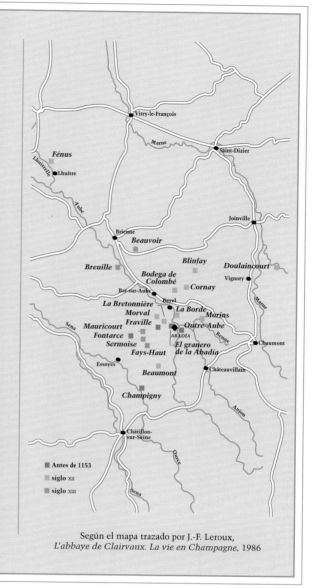

Según el mapa trazado por J.-F. Leroux,
L'abbaye de Clairvaux. La vie en Champagne, 1986

Cada granero comprendía, además de los edificios de explotación, un dormitorio y un refectorio, una vivienda para el *grangiarius* y, por supuesto, una capilla. No obstante, el Capítulo general prohibió que se dijese misa en ella para que los conversos volvieran a "sumergirse" en la atmósfera de la abadía una vez por semana con motivo de la misa dominical y la de las grandes festividades.

Los granjeros más alejados se convirtieron en una especie de reproducción reducida de la abadía, con muro de cerca, huertos, jardín y horno de pan. La edificación principal concentraba bajo su techo inmenso la mayor parte de las funciones aunque también había allí una portería y una casita de huéspedes, consecuencia de la hospitalidad debida al viajero rezagado. "Por ello ardía una lámpara toda la noche en un pequeño nicho practicado encima o al lado de la puerta de aquellas edificaciones rurales, como un fanal destinado a guiar [al viajero] y a infundirle valor."[41]

La tradición se mantuvo durante siglos. En la casa de huéspedes del granero de Outre-Aube encontró refugio Juana de Arco cuando acudía a Chinon con la pequeña tropa del señor de Baudricourt. Los monjes de Claraval denegaron la hospitalidad a aquella mujer vestida de soldado, pero los conversos del granero vecino la acogieron. Outre-Aube se ha convertido en un caserío donde todavía se mantienen muchos edificios y muros originales.

como suele creerse, pero es cierto que las hacían cultivables. Para los monjes blancos, el bosque era un capital que no se podía dilapidar y ellos supieron aprovecharlo para conservar una buena reserva de leña, de grandes árboles para la construcción y de monte bajo para pastos de los rebaños.

CAPÍTULO VI

LA ARQUITECTURA ROMÁNICA DE LA PRIMERA ÉPOCA CISTERCIENSE

¿Cómo iban a traducir en volumen los arquitectos de las abadías el gran programa funcional erigido en dogma por Bernardo de Claraval?

Como en todas las épocas, los maestros de obras disponían de referencias formales del patrimonio arquitectónico existente y de las técnicas constructivas del momento. Además, había que referirse a las mismas conciliándolas con Císter y la *Apología*. Bernardo de Claraval, o los padres abades que se consideraban sus discípulos, supieron sin duda elegir a maestros de obras convencidos de ser los mediadores de la regla, poco preocupados por cualidades técnicas o soluciones formales no justificadas por aquel programa intransigente. La responsabilidad del arquitecto seguía revistiendo importancia: la adaptación de la instalación a las exigencias del lugar, la toma de decisiones a la hora de elegir la altura y la cubierta –lo que constituye la esencia misma de la arquitectura–, la selección de los materiales y el control de su utilización. Esta última tarea era muy importante para una comunidad en que la perfección de la obra ejecutada tenía un valor espiritual.

En 1135, cuando Bernardo de Claraval aceptó iniciar las obras de su gran abadía (Claraval II), la arquitectura románica había alcanzado su perfección formal. Los canteros dominaban su técnica desde hacía un siglo, la "fachada armónica" estaba en corcondancia con la estructura desde hacía cincuenta años y la bóveda había surgido por doquier desde comienzos del siglo. Aunque dominaban a la perfección la bóveda de medio punto y la de cañón apuntado, la de aristas se encontraba aún en un estadio experimental. En 1125, en la iglesia más grande de la Cristiandad, proyectada por Hugo en 1077, se hundió una bóveda recién construida. Fue una llamada a los innovadores para recordarles que la ley de la gravedad seguía existiendo.

Antes que cualquier otra abadía de la orden cisterciense, Claraval desarrolló entonces la planta funcional bernardina según los cánones de la arquitectura románica de su tiempo. Lo que queda de las primeras construcciones de la iglesia madre no permite confirmarlo, pero la iglesia abacial y el claustro de Fontenay (1137–1147) se construyeron al mismo tiempo que Claraval II (1135-1145) y constituyen una prueba del vocabulario arquitectónico utilizado por los cistercienses durante el primer decenio de su epopeya constructora.

LA IGLESIA DE FONTENAY

La iglesia de Fontenay, de planta basilical, presenta una nave de ocho tramos con bóveda de cañón apuntado, reforzada con vigas maestras. Está apuntalada por las naves laterales con bóvedas de cañón transversales, una solución arcaica que no elimina los contrafuertes exteriores pero que permite una iluminación lateral de la nave. En efecto, como todas las pequeñas iglesias borgoñonas del siglo XI, la de Fontenay no dispone de vanos altos por encima de las arcadas. Faltan las tribunas y el triforio.

Nada de capiteles labrados ni bases de boceles múltiples, ningún boato y sí una marcada simplicidad. El santuario, también con bóveda de cañón apuntado aunque menos elevado que la nave, permite la apertura de cinco ventanales en el muro diafragma que domina el crucero del transepto y la iluminación del coro de los monjes. En el empobrecimiento aparente de la arquitectura irrumpe la luz, que juega incansablemente con la forma de los volúmenes y con el color de las piedras del edificio.

EL CLAUSTRO DE FONTENAY

El claustro, de la misma década que la iglesia, conjuga la fuerza tradicional de las construcciones románicas y una elegancia ligada una vez más a la armonía de la arquería. Su bóveda de cañón apuntado y continuo presenta escotaduras cóncavas a los lados, mientras las galerías se abren al patio central por vanos de medio punto, agrupados de dos en dos bajo un arco de descarga apoyado en pesados machones y sostenidos por parejas de columnitas cortas, que descansan sobre un murete bajo. Los capiteles apenas están más revestidos de hojas de agua que los de la iglesia (véase fotografía de la página siguiente).

LOS PROGRESOS TÉCNICOS DE LA DÉCADA DE 1140: NACIMIENTO DEL GÓTICO

Cuando se abrieron los talleres de las primeras abadías cistercienses y se consagraron las iglesias de Claraval y Fontenay, muchos obispos y abades benedictinos proyectaron reconstruir o agrandar las edificaciones del siglo XI para adecuarlas al estilo arquitectónico de la época.

LA LUZ CISTERCIENSE

"Que los cristales sean blancos, sin cruces, sin colores."
Capitula

Entonces la luz era blanca gracias a un vidrio incoloro, que los arquitectos de las iglesias cistercienses recortaron siguiendo las líneas sencillas de follajes estilizados para engastarlos después con plomo negro. Nada de figuras ni de motivos historiados en vidrio de color, como comenzaba a hacerse a mediados del siglo XII. No obstante, la luz se hizo todavía más blanca al reflejarse en los muros enjalbegados con una lechada de cal para proteger la piedra (que, sin embargo, los cistercienses adornaban con falsas juntas ocres, sin que se sepa a qué se debe esta coquetería). El Capítulo general luchó con éxito durante todo el siglo XII contra la tentación del color, que invadía progresivamente las abadías cistercienses. Los maestros vidrieros del siglo XIII acabaron por seducirlos como lo habían hecho con los canónigos de las catedrales. Los vitrales blancos de las iglesias cistercienses constituyen en la actualidad el núcleo de varias investigaciones y hasta debates.

A propósito de los vidrios colocados por Pierre Soulages en 1994 en los ventanales de la iglesia benedictina de Conques, se evocaron las placas de alabastro que todavía iluminan las iglesias cistercienses de Aragón y de Navarra. ¿No ha escrito recientemente Georges Duby: "Es posible que sólo exista una pintura cisterciense, la de Soulages?"[1] Las líneas negras que estrían sus vitrales tienen una fuerza y un rigor que podrían sostener la metáfora, aunque su misma presencia se contrapone a la neutralidad decorativa recomendada por Bernardo de Claraval. Paradójicamente, aunque alaba la obra y la larga investigación emprendida por Soulages, Georges Duby señaló lo inadecuado de la elección de Conques, recordando simplemente que los monjes de aquella iglesia de peregrinación no eran cistercienses y que en consecuencia "se habían dedicado a trasladar a las ventanas el abigarramiento figurativo de las miniaturas"[2], de la misma manera que enseñaban la Biblia sobre los capiteles y los tímpanos historiados de su basílica. Mientras que Soulages trabajaba en Conques, Jean Ricardon lo hacía en Acey, donde los monjes quisieron crear, en el año 1992, nuevos vitrales para su iglesia del siglo XII y colocaron a su maestro vidriero ante un dilema: "No caer en la caricatura al imitar fríamente un tiempo pasado y no negar el espíritu cisterciense de los lugares, aun utilizando las técnicas de nuestro tiempo".[3] Se utilizaron y trabajaron vidrios de grandes dimensiones mezclando las técnicas de la grisalla sobre vidrio (gris, negra, azul, blanca), de los esmaltes vitrificables y del esmerilado por proyección; un método ejemplar en principio, pero cuyo resultado es una obra que inevitablemente destaca demasiado en el lugar. Así mismo, en las abadías de Mont des Cats y Sénanque, Thyerry Bethune y Louis-René Petit probaron respectivamente métodos interesantes (bloques de vidrio espeso). Ambos dialogaron mucho con los monjes de aquellas abadías llenas de vida y se esforzaron por integrarse en la esencia de la arquitectura a la vez que le daban, al compás de las horas, unos ambientes siempre renovados. Pero fue tal vez Jean-Pierre Raynaud quien encontró la verdad de la luz cisterciense, ocho siglos después de Fontenay, en los vitrales "blanco sobre blanco" que en 1977 concibió para Noirlac: "El arte cisterciense llega a lo más complejo por lo más simple, a lo irracional por la razón, a la dulzura por la fuerza [...]. ¿Perseguía Jean-Pierre Raynaud otra meta cuando buscaba la perfecta plenitud en el rechazo de todo artificio y en el despojamiento completo? [...] Modestia frente a la obra desnuda. En Noirlac la armonía es pasmosa."[4]

Sus arquitectos hubieron de resolver el doble reto de construir "sólo en piedra" iglesias o edificaciones monásticas más altas, grandes y luminosas, sin aumentar por ello el coste de las construcciones. La respuesta únicamente podía llegar con una revolución técnica. "Fue durante el decenio de 1140 cuando la arquitectura gótica se definió a través de tres monumentos: Saint-Denis, Sens y Angers."[5] Esta definición, motivo continuo de las violentas críticas de los expertos, pone en juego un conjunto de innovaciones técnicas, como el muro de aparejo simple descargado; la bóveda de ojiva de arcos cruzados que traslada los empujes sobre los pilares, los tirantes de hierro que estabilizan las fuerzas laterales, la elevación en tres niveles (gran arcada + tribuna y triforio + ventana alta) que permite la máxima iluminación y el arbotante que sustituye al contrafuerte del muro de contención, a menudo insuficiente para estabilizar las cargas.

Todas estas técnicas no nacieron el mismo día, ni tampoco cuando se utilizaron por primera vez en común en una misma construcción. Es difícil precisar la fecha de invención de algunas de ellas: durante mucho tiempo se creyó que el primer crucero de ojivas se había realizado en 1093 en Durham, cuando es el resultado de experiencias intentadas en Saint-Étienne de Caen hacia 1120.[6] Se pensó que el arco ojival no era más que un refuerzo de la bóveda de aristas, lo que tal vez fue cierto en algunos casos, pero que se revela inexacto cuando se recorren las ruinas de iglesias antiguas en las que subsiste el "esqueleto" gótico mientras que las bóvedas se han hundido. De hecho, la arquitectura gótica

proviene también de un estado de espíritu abierto a las experiencias y lógicas nuevas, de aceptar la desaparición de los tabiques y de la transparencia de los volúmenes. Erwin Panofsky escribió un texto definitivo sobre el tema en su *Architecture gothique et pensée scolastique*[7], en cuya introducción se encuentra otro texto sobre el papel que pudo jugar en la misma evolución de la arquitectura un maestro de obras tan decidido como Suger, abad de Saint-Denis y luego regente, y el único hombre capaz de inquietar a Bernardo de Claraval.

EL EDIFICIO DE LOS CONVERSOS DE CLARAVAL

En el calendario de la construcción de Claraval II, la iglesia fue sin duda prioritaria, como el claustro y la residencia de los monjes de coro. En la consagración de la iglesia abacial en 1145 tal vez no se había iniciado el ala de los conversos, pero tanto la lógica de la construcción como el análisis de su vocabulario autorizan a datarla hacia 1150. Probablemente fue la última construcción que Bernardo de Claraval vió antes de su muerte y debió de constituir el objeto de un esmero especial por parte de aquéllos que la edificaron.

La iglesia abacial románica y el claustro ya no subsisten, pero el edificio de los conversos sí se ha conservado.

El edificio perpendicular a la iglesia abacial constituye el ala occidental del cuadrado monástico con una extensión aproximada de 80 metros y consta de dos niveles, cada

uno dividido en tres naves de catorce tramos. El nivel inferior semienterrado, corresponde a los dos usos tradicionales de bodega y refectorio, separados en el octavo tramo por el paso. La planta superior albergaba el dormitorio. El armazón de un tejado a dos aguas coronaba el conjunto. Las fachadas deben su armonía a los tramos con contrafuertes, que reciben los arcos de descarga de medio punto, como en la bodega de Dijon o en la enfermería de Ourscamp.

El arquitecto desconocido que concibió el edificio conocía las innovaciones técnicas del primer arte gótico y para asegurar la bóveda de la bodega utilizó arcos de medio punto cruzados según el sistema ojival.

Marcel Auber mantuvo las ménsulas cónicas de la bodega para iniciar a mediados del siglo XII la típica técnica cisterciense de dejar caer los arcos del lado de los muros sobre ménsulas empotradas. Así se podía ampliar la superfície de las bodegas, los dormitorios, los refectorios y la de la iglesia.

En la planta, el dormitorio de los conversos da una impresión de inmensidad porque las tres naves se extienden sin tabique sobre cerca de 80 metros y abarcan una superficie cercana a los 1.500 metros cuadrados. La restauración emprendida descubrió una piedra clara en los arcos y revoques de cal en las bóvedas de aristas.

Es una suerte que en el edificio de los conversos de Claraval se haya conservado una de las más bellas salas abovedadas de aristas de la arquitectura cisterciense, así como una bode-

Páginas precedentes:
Abadía de Fontenay (Borgoña).
Nave de la iglesia y el claustro.

Página anterior: vidrieras
Obazine, Limousin,
Noirlac, Berry, Sénanque,
Provenza, Acey,
Franco Condado.

Derecha:
Cuatro estilos de bóveda,
según Glossaire, Zodiaque.

Bóveda de cañón de medio punto   *Bóveda de cañón apuntado*   *Bóveda de crucería*   *Bóveda ojival*

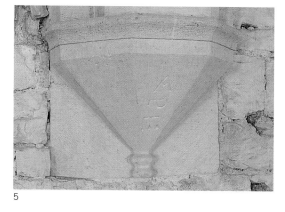

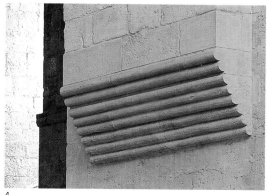

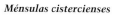

Ménsulas cistercienses

1. *Flaran (Aquitania).*
2. *Valmagne (Languedoc).*
3. *Casamari (Italia).*
4. *Santes Creus (España).*
5. *Claraval (Champaña).*
6. *Kaisheim (Alemania).*
7. *Poblet (España).*
8. *Veruela (España).*
9. *Chiaravalle della Colomba (Italia)*

Página anterior:
*Abadía de Claraval II.
La bodega del edificio de
los conversos, hacia 1150.
(véase fotografía del
dormitorio, página 30)*

EL PODER Y LA GLORIA

LOS CISTERCIENSES DESDE 1153 HASTA 1265

Tras el fallecimiento de los padres fundadores, la orden cisterciense continuó y amplió su desarrollo. A lo largo de un siglo, todos los principios de organización establecidos por Esteban Harding y todos los terrenos en que Bernardo de Claraval intervino y sobresalió siguieron siendo las referencias de los monjes blancos. En la unanimidad, preservada al menos hasta 1265, cuando el conflicto entre Císter y Claraval se hizo inevitable y patente, los cistercienses prosiguieron su expansión por Europa. Cada vez fueron afirmando más su presencia en la escena política y religiosa. Su poder económico se reveló tan notable como su influencia sobre la evolución de la arquitectura.

CAPÍTULO VII

LA EUROPA CISTERCIENSE

EL PRINCIPIO MISMO DEL DESARROLLO DE LA ORDEN *SE* CONVIRTIÓ INEVITABLEMENTE EN OBJETO DE DEBATE EN EL *SENO* DEL CAPÍTULO GENERAL. *SIN* EMBARGO, PARECE EVIDENTE QUE ESTEBAN HARDING FRENÓ EL RITMO DE CREACIÓN DE NUEVAS ABADÍAS HASTA *SU* DIMISIÓN EN 1133. EL CRECIMIENTO SE AVIVÓ EN *SEGUIDA* ALENTADO POR BERNARDO DE CLARAVAL, AUNQUE A *SU* MUERTE, EN 1153, *SE* INTENTÓ DE NUEVO FRENARLO. DESPUÉS, LA EXPANSIÓN PROSIGUIÓ HASTA FINALES DEL SIGLO XIII.

EVOLUCIÓN DEL CRECIMIENTO

Recuerdo de la primera expansión Con Esteban Harding, la orden aplicaba escrupulosamente "sobre el terreno" los principios de la *Carta de caridad*. Las nuevas abadías se inscribían en el sistema de filiaciones para responder al auge del reclutamiento y establecían relaciones de colaboración con los obispos y los señores locales. Las cuatro "primogénitas" (La Ferté, Pontigny, Morimond y Claraval), fundadas entre 1113 y 1115, tenían sin duda la misión de dispersarse pero el abad de Císter controlaba todavía las nuevas implantaciones. En quince años, desde 1115 hasta 1130, aceptó unas treinta fundaciones, es decir, dos abadías nuevas por año.
No obstante, después de 1130 el movimiento conoció un crecimiento acelerado y en tres años Claraval y Morimond fundaron otras cuarenta filiales. Ese ritmo, que comportaba más de diez fundaciones anuales, se mantuvo durante veinte años. El impulso dado por Bernardo de Claraval y Gautier de Morimond (antiguo prior de Claraval) fue apoyado por Raynard, antiguo monje de Claraval elegido para el cargo supremo de la orden. Las cifras hablan por sí solas: en 1150 la orden agrupaba 322 abadías y los contactos que ya se habían establecido en esa fecha originaron la cantidad de 351 fundaciones en 1153, año de la muerte de Bernardo.

La segunda expansión y la duplicación de las implantaciones En 1152, Bernardo de Claraval, enfermo y afectado por el fracaso de la Cruzada, no acudió al Capítulo general, el cual fue presidido por Gossuin, un nuevo abad proveniente de una abadía con vínculos directos con Císter, la madre siempre prudente, pero ajena a las cuatro primeras filiales, con tradición emprendedora. El Capítulo criticó la afiliación reciente de congregaciones completas de benedictinos, incluso "reformadas", como la orden de Savigny, que se vinculó a

Císter con 29 de sus abadías (1147). Aquel Capítulo general decretó limitar el número de fundaciones de nuevas abadías, lo cual suponía rechazar las instancias que llegaban de toda Europa, del Papa, de los obispos, de los reyes y de los príncipes. La expansión no se detuvo, aunque ello comportaba todos los riesgos inherentes a las instituciones gigantescas, y especialmente la tentación de autonomía por parte de las abadías demasiado alejadas de Borgoña y que casi se sustraían al control de su abadía madre.[1]

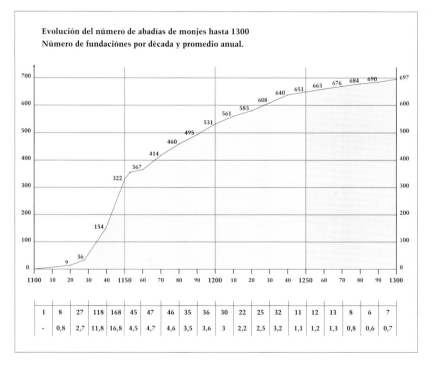

Evolución del número de abadías de monjes hasta 1300
Número de fundaciones por década y promedio anual.

	1	8	27	118	168	45	47	46	35	36	30	22	25	32	11	12	13	8	6	7
	-	0,8	2,7	11,8	16,8	4,5	4,7	4,6	3,5	3,6	3	2,2	2,5	3,2	1,1	1,2	1,3	0,8	0,6	0,7

Página 92:
Abadía de Santes Creus (España).

Página anterior:
Abadía de San Galgano (Italia). Iglesia, principios del siglo XIII.

Página siguiente:
Abadía de Alcobaça
(Portugal).
Fachada de los siglos
XVI–XVIII.

DISTRIBUCIÓN DE LAS ABADÍAS SEGÚN LAS FILIACIONES

FILIACIÓN	1150	1153	1200	1250
Císter	59		59	70
Morimond	83		138	165
La Ferté Pontigny	29		56	76
Claraval	151	169	270	339
TOTAL	322	351	523	651
Porcentaje de Claraval	47%	48%	51%	52%

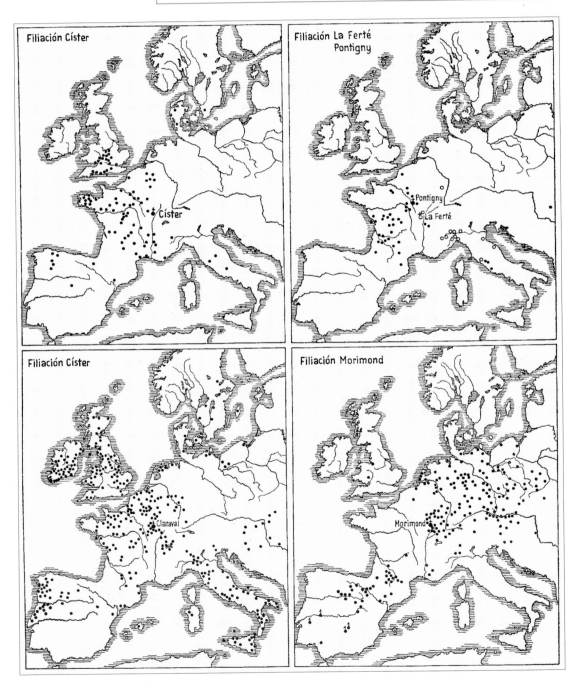

Filiación Císter

Filiación La Ferté Pontigny

Filiación Císter

Filiación Morimond

Cada año, por los caminos de Europa y deteniéndose en todas las abadías, "las cigüeñas de Císter" y su pequeño cortejo se dirigían hacia el Capítulo general, que se abría el 14 de septiembre, festividad de la Exaltación de la Santa Cruz. Algunos abades, que procedían de muy lejos, viajaban de este modo durante varias semanas. Se les dispensaba de acudir a Císter todos los años. De hecho, el Capítulo general no acogió nunca a más de un tercio de los abades. Por lo demás, en la sala capitular sólo había trescientos asientos

A finales del siglo XIII, la orden agrupaba 700 abadías. Fue su momento de apogeo. Las fundaciones posteriores fueron poco numerosas: cuarenta hasta el año 1500 y, desde entonces hasta la Revolución francesa, otras quince, que no igualaron el número de abadías destruidas o disueltas por las peripecias de la historia. En total, la orden del Císter había fundado 754 abadías de monjes, pero en el momento de la Revolución francesa no quedaban en activo más de 400.[3]

POR TODA EUROPA

La orden estuvo presente en todos los países de la Europa cristiana e incluso en Oriente Medio, pues los cistercienses siguieron a sus "hermanos", los templarios.

En Francia y fuera de ella   Francia se afianzó naturalmente como la tierra elegida por los cistercienses, con una implantación muy fuerte en las dos provincias de Borgoña y Champaña, de donde surgieron Císter y sus cuatro "primogénitas".

Sin embargo, mientras que a la muerte de Bernardo de Claraval en 1153 más de la mitad de las fundaciones de la orden (183 de 351) eran francesas, con posterioridad sólo suponían un tercio del número total de abadías (244 de 754). A partir de 1180 la orden consideró que era prioritaria su misión "colonizadora" en las fronteras de la Cristiandad y las fundaciones se desarrollaron, junto con las de los premostratenses, en Polonia, en Bohemia y en la península Ibérica de la Reconquista.[4]

De esta manera aumentó la presencia cisterciense fuera de Francia y 510 abadías enarbolaron los colores de Císter, especialmente en cuatro países: Inglaterra (65 asentamientos), Italia (98), España (57) y el Imperio (71), donde Morimond intervino gracias al relevo de cuatro hijas muy activas y fecundas: Kamp (con más de 50 filiales), Altenberg, Lucelle[5] y Ebrach. A partir de estas cabezas de puente, las abadías cistercienses llegaron también a la Europa del este.

Morimond y sobre todo Claraval La expansión sólo se mantuvo activa en Claraval y Morimond. Las filiales en relación directa con Císter eran poco numerosas, pues la casa madre estaba demasiado ocupada en tareas administrativas y en la organización anual del Capítulo. En cuanto a Pontigny y La Flerté, no experimentaron un reclutamiento susceptible de derivar en una expansión significativa.

Claraval, por el contrario, asumió una posición dominante. Su fuerte reclutamiento le permitió enviar monjes a todas partes. Con 339 fundaciones, su rama representaba en 1250 más del 52% de las abadías cistercienses. Su peso relativo había incluso aumentado tras un siglo (en 1150, sus 151 fundaciones sólo representaban un 47% de las abadías de la orden). Fuera de Francia, los claravalenses se beneficiaron de la acción eficaz de religiosos devotos de Bernardo de Claraval, al que habían conocido y admirado en sus viajes por Europa. Tras su incorporación a la filiación de Claraval (1147), los benedictinos de Savigny aportaron 13 abadías inglesas, y la amistad de Malaquías, obispo de Armagh, que acudió a Claraval para terminar sus días, supuso una floración de abadías irlandesas a partir de la "casa" de Mellifont (1142), que en menos de cincuenta años creó una red de 24 abadías. En Italia, sólo la abadía de Casamari (1140) generó 15 implantaciones, por obra sobre todo de su filial Sambucina de Calabria (1160). Poblet en Cataluña (1151) y Alcobaça en Portugal (1148) tuvieron también un papel importante en el desarrollo de Claraval más allá de los Pirineos.

Superior:

Miniatura del guerrero
que abate al dragón.
Manuscrito de Císter.
(B. M. Dijon, ms 173,
folio 20)

Página siguiente:

La abadía de
Royaumont, fundada
por el Císter y San Luis
en 1228.

CAPÍTULO VIII

LA GLORIA
POLÍTICA Y RELIGIOSA

A principios del siglo XIII la Cristiandad no percibía aún los indicios del gran cambio que iba a sacudir sus estructuras con la llegada de una población urbana y mercantil, dispuesta a aliarse con los clérigos de las universidades y a sostener un poder central fuerte. Esta nueva "trilogía" iba a romper la vieja "alianza" provincial de monje, señor y campesino. Sin embargo, quienes lo habían previsto, como Arnaldo de Brescia, fueron tenidos por iluminados. Ni la Iglesia ni los cistercienses se preocuparon en modo alguno. Tras la muerte de Bernardo de Claraval los monjes

blancos ocuparon un primer plano en la vida pública participando en las cruzadas y aconsejando a los reyes. La orden obtuvo su recompensa: el concilio IV de Letrán la eligió como modelo a imitar. Representó una gran satisfacción que los abades benedictinos fueran incitados a dotarse de estructuras calcadas de las del Císter, como las visitas regulares de los superiores y el Capítulo general. Se les aconsejó que invitasen a dos abades cistercienses para que les ayudasen, "pues hace mucho tiempo que los cistercienses acostumbran a reunir estos Capítulos".[1]

PASIÓN POR LA CRUZADA

El interés que Bernardo de Claraval mostró toda su vida por los asuntos militares había creado adeptos en la orden, a causa sin duda de que muchos de sus miembros habían sido reclutados entre los señores feudales. Durante decenios los cistercienses siguieron su ejemplo y se implicaron en todos los combates en que la defensa de la Cristiandad podía justificar su presencia:

• 1158: Morimond controla la orden española de los caballeros de Calatrava (en el siglo XV dos mil caballeros y seis encomiendas) y participa en la Reconquista.

• 1187–1193: tres prelados cistercienses predican la Tercera Cruzada. Pérdida de las abadías de Siria.

• 1202–1204: el abad de Vaux de Cernay se une a la Cuarta Cruzada como capellán general. Fundación de abadías en Rumania.

• 1180–1210: durante la Cruzada contra los albigenses, Arnaldo Amaury, abad de Císter, comparte el mando de un ejército de caballeros franceses y borgoñones con Simón de Montfort. Matanza de Béziers.

• 1190: el Papa confía a los cistercienses la misión de evangelizar Prusia y las provincias bálticas. Combates difíciles y fundación de nuevas abadías.

LOS CISTERCIENSES,
DIPLOMÁTICOS DE LA PAZ

Los hazañas militares de Arnaldo Amaury (en Béziers: "Matadlos a todos, Dios reconocerá a los suyos") inquietaron al Capítulo general.[2] Los monjes no tenían vocación de caudillos de guerra:

• 1218: el Capítulo general ordena el regreso a sus abadías de los monjes militares. El pragmatismo de los abades cistercienses los lleva a preferir el poder por la vía diplomática, a menudo más eficaz y por lo general menos cruel.

• 1159: cisma de Anacleto. Veinte abades cistercienses trabajan en el afianzamiento del tratado de Venecia (1177), para normalizar las relaciones entre "el sacerdocio y el Imperio".

• 1226–1270: reinado de San Luis, "rey cisterciense". Fundación de la abadía de Royaumont. Los abades cistercienses se encuentran en todos los frentes de la diplomacia.

LAS MUTACIONES ORGÁNICAS

Tras un siglo de existencia, la orden continuaba incrementando su gloria y su poder sin que graves problemas perturbasen su organización interna. Su constitución se reveló adecuada al desarrollo de sus implantaciones y de su papel político y económico. Sin embargo, el número

Abadía de monjes cistercienses de Tisnov (República Checa), también llamada Porta coeli *por su hermoso pórtico del siglo XIII.*

de los asentamientos y de las actividades sujetos al Capítulo general iba a traspasar el umbral crítico, tras el cual quedaría en entredicho el buen funcionamiento de la distribución de poderes, que constituía la originalidad y la fuerza de los cistercienses.

En el siglo XIII, la incorporación a la orden de numerosos grupos de "santas mujeres" iba a contribuir al desequilibrio cuantitativo de la institución. El peso desigualmente repartido de las filiaciones debilitó la autoridad central de la orden y contribuyó a la primera revisión a fondo de sus estatutos y de su funcionamiento.

La conversión a los estudios El éxito de las órdenes mendicantes (franciscanos y dominicos) se debió al papel que tuvieron en el desarrollo de colegios en todas las ciudades en busca de su identidad y expansión. Esteban de Lexington, abad de Claraval, se esforzó por eliminar la vieja tradición del "miedo a los libros", que paralizaba el saber de los cistercienses. Numerosos autores crearon una "literatura cisterciense" y los monjes blancos empezaron a frecuentar las universidades.

• 1237: algunos monjes de Claraval estudian en París.

• 1245: Claraval crea el colegio de San Bernardo en París.

Las monjas cistercienses La fama de los cistercienses no solo sedujo a reyes y príncipes, sino también a mujeres prendadas de la perfección religiosa que en el siglo XIII se agrupaban en comunidades más o menos anárquicas. Un ejemplo de este fenómeno de adhesión a los usos cistercienses por parte de cada vez más abadías de monjas lo constituye la incorporación en el año 1187 de la abadía real de Las Huelgas, en Castilla.

El fin de la unanimidad El número de abadías llegó a ser tan importante que hizo difícil la gestión del Capítulo general que se reunía cada año. Desde finales del siglo XII la institución de los "definidores" vino a dar respuesta a la necesidad de un peldaño mediador entre el abad y la asamblea. Su nombramiento fue un envite de poder y motivó el estallido de un conflicto entre la abadía de Císter y la de Claraval. En efecto, la rama claravalense, que conservaba su poder gracias al número de abadías filiales y su influencia en los terrenos político y económico, no se privó de cuestionar el papel preponderante del abad de Císter en el seno del Capítulo general. Tras las escaramuzas de 1215 y 1238, en 1262 estalló un auténtico conflicto. La bula *Parvus fons*, llamada "clementina" por haberla firmado Clemente IV el 5 de febrero de 1265, cerró el debate modificando numerosas normas de funcionamiento del Capítulo general y en concreto otorgó a Claraval una representación más acorde a sus deseos en el seno del definitorio.

Pero el conflicto no se podía solucionar con una sencilla reforma constitucional. De hecho, el gran problema del futuro era otro. ¿Cómo mantener en funcionamiento aquel gran cuerpo disperso en "líneas" que llegaban a los cuatro confines de Europa? La única solución llegó en los siglos siguientes con los agrupamientos nacionales de abadías, lo que provocó la fragmentación de la orden.

CAPÍTULO IX

EL PODER ECONÓMICO

La autarquía querida por la regla, puesta en práctica con la explotación directa de los graneros bajo la sabia dirección del cillerero y gracias a la mano de obra motivada y "gratuita"de los conversos –ayudados, cuando la necesidad lo requería, por los monjes o por asalariados– condujo progresivamente a los cistercienses, que vivían como pobres, a dotar a sus abadías de unas riquezas que ninguna otra institución de su tiempo conoció. Cuando, por falta de nuevas admisiones, el sistema de conversos perdió su eficacia en el siglo XIII, la "máquina económica" cisterciense estaba encaminada y prosiguió, pese a todo, su eficaz trabajo de enriquecimiento de la orden.

Los cistercienses, que huían de la seglaridad, se integraban de hecho en la misma en el ámbito del comercio. Fuera de las donaciones, por lo general de tierras, no disponían, al menos en los primeros tiempos, de ingresos en metálico, ya que no pagaban ni recibían diezmos. Así pues, sólo podían conseguir los productos que no fabricaban por sí mismos vendiendo una parte de sus cosechas. Ello hizo que el intercambio adquiriese una particular importancia en la economía cisterciense.[1] Muy pronto los monjes, que personalmente consumían poco, tuvieron mucho que intercambiar dada la calidad y al aumento de su producción. Con el crecimiento demográfico general, el comercio se convirtió en un factor básico y la economía cisterciense floreció particularmente durante el siglo que va de 1150 a 1250.

Se ha destacado a menudo la riqueza cisterciense por el papel que desempeñaron los monjes blancos en la revolución de las técnicas agrícolas e industriales, lo que permitió la prosperidad de las ciudades en el siglo XIII gracias a la producción excedente que conocieron entonces las zonas rurales. Es verdad que estuvieron en vanguardia, pero sin aportar por lo general innovaciones técnicas. Su talento les había llevado a adoptar a gran escala las innovaciones de su tiempo, a poner en marcha una organización racional del trabajo en los lugares de producción y a iniciar, a medio y largo plazo, auténticas políticas de abastecimiento o de comercialización.

LOS BIENES INMUEBLES

Las donaciones inspiradas por el sentimiento religioso constituyeron la primitiva base territorial de las abadías. Ésta era indispensable para los cistercienses, que –según el régimen feudal vigente– sólo podían alimentarse de su propia producción agrícola, es decir, de sus tierras.

Granja de Ter Doest (Bélgica).
Vistas interior y exterior.

"La tendencia natural de los religiosos a fomentar el número de donaciones debió de llevarles a infundir esa dirección caritativa en los piadosos sentimientos de los fieles. También era de temer que los religiosos buscasen emplear sus economías en adquisiciones en detrimento de los pobres, que tenían derecho a sus excedentes."[2] Sin embargo, eso es lo que ocurrió y tal vez sea significativo que la primera de todas las adquisiciones de bienes inmuebles de Claraval (el feudo de Cunfin) se produjera en 1153, inmediatamente después de la muerte de Bernardo.

Pronto se multiplicaron esas transgresiones de los principios. Por esta razón hubo que renovar, mediante un estatuto en 1157, la prohibición de adquirir molinos que no fueran para uso exclusivo de los monjes. En 1191, el Capítulo general reconocía que "la orden tiene fama de no dejar de adquirir bienes inmuebles y el afán de poseer se ha convertido en una plaga".[3] En consecuencia, en 1192 se prohibió la adquisición de inmuebles. Esta decisión se ratificó en 1215, aunque fue anulada en 1216. Se renovó una vez más en 1240 y de nuevo fue suspendida en 1248, aunque el Capítulo general tenía que autorizar las adquisiciones, disposición que al año siguiente se convertiría en simple amonestación contra el endeudamiento inmobiliario. En 1256, una nueva tentativa del Capítulo general era desvirtuada por algunas abadías, que enmascaraban como donación "de caridad" adquisiciones hechas con dinero. En 1289 la prohibición de adquirir bienes inmuebles ya no figura en el *Libro de las definiciones antiguas*.[4]

El ejemplo de Claraval y de Chaalis

Con sus cinco graneros fundados antes de la muerte de su primer abad en 1153 y los otros diez creados antes de 1200,[5] Claraval poseía unas 2.000 hectáreas de tierras cultivables a comienzos del siglo XIII. Las extensiones territoriales entre 1200 y 1280 permitieron agrandar las tierras laborables de cada granero hasta alcanzar las 200 hectáreas. Los siglos siguientes permitieron agregar cinco graneros aislados y otros siete en aldeas, transgrediendo los principios del Císter, que prohibían los asentamientos en lugares habitados.

"Al mismo tiempo que se violaban esos estatutos del Capítulo general, tampoco se respetaban las prescripciones de la *Carta de caridad*, que había prohibido a los monasterios cistercienses la posesión de ciertos bienes. En 1196 Claraval adquirió la iglesia de Bolonia. En 1231 le pertenecían tres poblados enteros con sus habitantes. En ocasiones también se vio a sus representantes comprando siervos aisladamente. En 1224, Gautier de Vignory le vendió el molino comunal de Longchamp. En fin, la lista de adquisiciones (pagadas con dinero después de 1221) de diezmos y censos sería demasiado larga de enumerar."[6]

El estudio de la red de graneros de la abadía de Chaalis (fundada en 1136 por Pontigny) confirma los datos relativos a Claraval. Los monjes establecieron un archipiélago de cinco graneros agropecuarios y forestales, ocho de cereales y tres bodegas; los primeros a menos de quince kilómetros de la abadía y los últimos a más de cincuenta.

En cuanto a la extensión del territorio, "parece que los graneros construidos en el siglo XIII correspondían a un terreno predeterminado [...]. Lejos de alcanzar las extensiones de las grandes explotaciones monásticas del Elba oriental, se deduce que la media de las explotaciones dependientes de Chaalis se sitúa entre las 200 y las 320–380 hectáreas aproximadamente en el caso de la más importante de las mismas, que era Vaulerent".[7]

Millares de hectáreas Jamás se sabrá exactamente la superficie total de los bienes inmuebles que poseían los cistercienses en Europa durante el siglo XIII al no poderse controlar la historia de numerosas abadías desmanteladas en el curso de los siglos. No obstante, es lícito asignar una decena de graneros a cada una de las setecientas abadías de monjes fundadas antes de 1300, lo que representa siete mil establecimientos (es decir, 1,4 millones de hectáreas, si la norma habitual era una superficie unitaria de 200 hectáreas). Esas cifras habría que incrementarlas teniendo en cuenta:

• Las superficies de bosques; por ejemplo, Foigny poseía catorce graneros, que sin duda cultivaban sólo 3.000 hectáreas de tierras laborables y praderas, cuando el resto de sus propiedades correspondía a unas 10.000 hectáreas de bosques.

• Los terrenos lindantes con las abadías de monjas (asunto nada baladí, aunque los monasterios de religiosas –novecientos según los cálculos actuales– no poseyeran más que uno o dos graneros cada uno).

• Los grandes dominios de las abadías instaladas en países "nuevos", como los de Grandselve en Aquitania (25 graneros), Maulbronn en Suabia (20 graneros), Walkenried en Sajonia (17 graneros), Eberbach en Renania (16 graneros), Fountains, Rievaulx y Waverley en Inglaterra (con 26, 20 y 18 graneros respectivamente), Tarouca en Portugal (30 graneros), etc.[8]

• Las tierras de colonización que poseían los cistercienses al este del Elba (240.000 hectáreas en Lubiaz [Silesia], o las 30.000 de Zinna, [Brandeburgo]) o en la España reconquistada.

La tierra no es el único indicador de riqueza. Para completar el cuadro, habría que recordar igualmente los establecimientos industriales y de artesanos, que representan a la vez unos valores inmuebles complementarios y unas inversiones importantes de capital. Así, la abadía de Foigny poseía catorce molinos de trigo, uno para abatanar paños, dos "torcedores" (hilanderías), tres hornos, tres fraguas, una cervecería, tres prensas y una vidriería.[9]

Semejante riqueza territorial sólo podía suscitar celos y justificar críticas mordaces. Gerardo de Gales denunciaba en 1188 la avidez de los cistercienses, aunque reconocía al mismo tiempo que "su puerta jamás está cerrada a los extraños y su hospitalidad supera a la de las otras órdenes religiosas".

EL FIN DEL APROVECHAMIENTO DIRECTO

Con el aumento de los dominios abaciales, los cistercienses necesitaban un cuerpo de conversos creciente. A lo largo de la segunda mitad del siglo XII, los campesinos aún escuchaban el llamamiento a la conversión. Por todas partes los conversos, con barba y sin tonsura, y vestidos con la túnica parda de los campesinos, trabajaban en silencio y recitaban las cuatro oraciones (Padrenuestro, Credo, Miserere y Avemaría) que aprendían de memoria durante el noviciado (los usos prohibían que se les enseñase a leer).

Después de 1200, la situación evolucionó: el aprovechamiento directo fundado en el sistema de los conversos desapareció progresivamente con la crisis de reclutamiento de los hermanos legos que conoció la orden.

El comportamiento de los monjes explica en parte esta evolución. "La situación de inferioridad en que se ponía a los conversos y las humillaciones que padecían provocaron revueltas desde finales del siglo XII en Pontigny, una veintena entre 1168 y 1200 en el seno de

la orden, y después treinta en el curso del siglo XIII."[10] El *Gran Exordio* recuerda la sublevación de los conversos de Schonau, frustrados por no haber recibido botas nuevas como los monjes. Más grave fue el asesinato del abad Eberbach en 1261 o la apostasía masiva de los "hermanos" legos de algunas abadías.

Otra explicación: los avances agrícolas mejoraron el nivel de vida en el campo. "Además de los motivos espirituales, la certeza de tener un techo, una pitanza asegurada y una mayor seguridad eran factores importantes en la decisión de los conversos postulantes: lo que había sido válido en la primera mitad del siglo XII ya no lo era cincuenta años más tarde."[10] Tanto más cuando dominicos y franciscanos ofrecían una nueva vía para vivir la fe en el atractivo universo de la ciudad. El Capítulo general se alarmó por esta situación desde 1223. Como la disciplina de los conversos se relajaba, sobre todo porque el alcoholismo se hizo patente en algunos graneros, en 1237 reglamentó el consumo de bebidas fermentadas y de vino por parte de los conversos. Hubo centenares de incidentes con trifulcas e incluso muertes.[11] En casi todas partes la orden se vio obligada a sustituir los conversos por mano de obra asalariada, más cara y menos motivada. Algunas abadías arrendaron sus tierras y perdieron el control sobre la gestión de sus establecimientos agrícolas. En 1262, algunos abades confiaron la explotación de determinados graneros a conversos que ya

vivían en ellas y que conservaban su capacidad para administrar correctamente su terruño. Esto representó una excepcional experiencia de promoción social para la época. Se practicó también la gestión de los graneros por los "familiares", laicos devotos integrados en el monasterio, que prometían obediencia al abad pero que carecían de estatuto real de religiosos, aunque estaban asimilados al pequeño número de conversos que subsistieron en las abadías hasta la Revolución francesa (en Claraval todavía había cincuenta en 1667 y sólo diez en 1790).

LAS ESTRATEGIAS ECONÓMICAS

Como buenos gestores, los cilleros se preocuparon por mejorar las condiciones de producción. La especialización de los graneros e incluso de algunas abadías se afianzó frente a la polivalencia que hasta entonces había prevalecido en las explotaciones señoriales. Las bodegas vitícolas y los graneros de forja certifican todavía con su arquitectura ese sistema de producción, que permite seleccionar la competencia y transmitir el saber gracias a una formación permanente de los jóvenes por parte de los veteranos.

Los cistercienses innovaron al incluir en su gestión no solo principios de organización en el seno de las abadías y de sus satélites productivos sino también iniciando verdaderas estrategias económicas:

Página anterior:
Abadía de Tarouca (Portugal). El edificio de los conversos.

Izquierda:
Abadía de Salem (Alemania). Monjes cistercienses inspeccionando su propiedad.

• La integración vertical. La abadía de Balerne en el Franco Condado se especializó en la producción de sal, un producto indispensable para las comunidades y para sus rebaños y que aún no era un monopolio real; entre 1150 y 1267 creció de tres a catorce tramos[12]; así, cuando la autarquía ya no fue posible a nivel de cada abadía, se aplicó a un grupo regional. Esto explica por qué se encuentran las mismas tejas y ladrillos de terracota en diferentes abadías, pese a que sólo una de ellas disponía de las instalaciones adecuadas.

• La integración horizontal. Mucho antes que los teóricos de la economía liberal, los cistercienses practicaron el convenio y buscaron un estado de monopolio, al menos a nivel regional, a fin de controlar los precios. Es evidente que durante todo el siglo XIII Claraval y sus filiales siderúrgicas (La Crête, Auberive y Longuay entre otras) no tuvieron competidores en Champaña meridional (valles altos del Sena, del Aube y del Marne).

También merece destacarse la capacidad de los cistercienses para montar estructuras jurídicas complejas para respaldar, proteger y mejorar sus recursos productivos. La política de Claraval para asegurarse a medio y largo plazo el aprovisionamiento de sal al mejor precio constituye un ejemplo instructivo. La abadía podía abastecerse de sal marina procedente de las costas de La Mancha o de la extraída en el Franco Condado o en el Saulnois lorenés. No prescindió de este producto, aunque muy lejano, cuando le llegó una donación imprevista de Normandía, pero

*Abadía de Fontenay
(Borgoña).
Mojón forestal.*

arbitró entre la Lorena, donde instaló un granero especializado en Marsal, y el Franco Condado, donde una donación importante en Lons-le-Saunier le permitió a partir de 1174 muchos años de producción a buen precio. Las decisiones se tomaban en función de la duración de los transportes (un día menos para Marsal), el abastecimiento de leña en el taller de calderería (el arriendo de un bosque por ocho años se calculaba en función de la amortización de la inversión en material), las exenciones de peaje negociadas y las posibilidades de alojamiento de los conversos o los asalariados necesarios. Cuando Claraval, tras haber consumido la sal del Franco Condado, mostró interés por Marsal, su filial de Auberive tomó el relevo de los compromisos. Era una verdadera política económica de grupo.[13]

LAS GRANDES PRODUCCIONES CISTERCIENSES

No hubo sector alguno de la economía ajeno a los cistercienses. Su afán de perfección se aplicó tanto a las actividades humanas como a las prácticas de la vida monástica con una asiduidad sin desfallecimiento, con una voluntad manifiesta de obtener mejores resultados y con el deseo, sin duda, de ser los primeros y los mejores en todos los campos para mayor gloria de la orden. Uno de los logros de los fundadores, que llegó a ser una de las características de la orden a través de los siglos, ¿no es acaso el orgullo que pone a la orden por encima de todo, que conduce a retos permanentes y que lo justifica todo?

La madera de los bosques   La explosión demográfica de los siglos XII y XIII devastó el medio ambiente de la Europa medieval, destruyó millares de hectáreas de bosque y contaminó el agua de los ríos. Los cistercienses tuvieron el gran mérito de no contribuir a semejante desastre. Sabemos de sus realizaciones hidráulicas y de sus esfuerzos por sanear sus abadías pero conocemos menos su preocupación por no malgastar sus bosques.

Para incrementar las superficies cultivables prefirieron la práctica sistemática de la habilitación de eriales, landas y tierras pantanosas a la

deforestación. Los monjes fueron más roturadores que leñadores, a pesar del mito divulgado por la hagiografía. En cambio, desbrozaron el monte alto para permitir que los rebaños encontraran espacios para pastar y, sobre todo, pusieron en práctica una explotación del bosque mediante el derecho foral de leña y de tala (por lo general, de veinte años), que permitía obtener la madera necesaria sin arruinar la reconstitución del capital forestal. ¡Bien sabía Dios que la madera era indispensable para las herramientas, la construcción y los cercados, los diques y los puentes, los toneles y los acarreos, el fogón de las cocinas y las fraguas!

Esa política forestal se mantuvo durante siglos en todas las abadías cistercienses. Tuvo el mérito de preservarlas de las subidas especulativas del precio de la madera y sirvió de modelo a las legislaciones protectoras del bosque, como la de Colbert en el siglo XVII. El hecho de que aún hoy la mayor parte de los emplazamientos de las antiguas abadías cistercienses estén rodeados de bosques (en Francia a menudo pertenecen al patrimonio público), se debe a la herencia de aquella gestión respetuosa del medio ambiente boscoso, que rompió con miles de años, en el curso de los cuales primero los nómadas y después los agricultores de todos los continentes habían siempre considerado el bosque como un yacimiento inagotable que se podía talar y quemar sin preocuparse de los siglos venideros.

El cultivo de cereales   El siglo XII disfrutó de un clima cálido y bastante seco, el cual favoreció la "revolución agrícola" vinculada al desarrollo demográfico que Europa conoció después del año 1000. Unas labores menos difíciles y una insolación óptima para el cultivo de los cereales permitieron cosechas abundantes. Se pudieron experimentar sin riesgos nuevas técnicas de producción y los cistercienses participaron en esa mejora.

El caballo, por fin bien uncido con una collera rígida y provisto de herraduras protectoras, intervino también en la agricultura. Salvo en regiones montañosas, era más rápido que el buey en las labores con el nuevo arado con vertedera que comenzaba a sustituir al tradicional. Se descubrió así mismo que enganchar a los caballos en reata permitía llevar a cabo acarreos importantes, cosa que los romanos habían ignorado. Los cistercienses poseían caballerizas célebres en Jervaulx (Inglaterra) y en Otterberg (Alemania). Vaucelles y sus dieciséis graneros, con unas 4.000 hectáreas de cultivo, poseían doscientos caballos.

La rapidez del caballo permitió adoptar un sistema nuevo de rotación trienal de cultivos. Al no dejar descansar la tierra más que cada tres años en lugar de cada dos, aunque sin empobrecerla gracias a unas plantaciones complementarias bien escogidas, la producción aumentó en un 32%. Los graneros de cereales de los cistercienses, inmensos almacenes de planta basilical con tres naves entre dos muros aguilones triangulares, hubieron de agrandarse para albergar las cosechas.

Conocemos bien los graneros de cereales de Claraval,[14] y entre ellos Cornay, que ya pertenecía a la abadía en 1194. Como en la mayor parte de los edificios de aquella época, los armazones se rehicieron entre los siglos XVI y XVIII (Cornay en 1577), pero aprovechando en parte la madera original. Cornay tenía cinco naves y una superficie en planta de 1.457 metros cuadrados (47 x 31 m).

Los graneros de cereales de Chaalis[15] son célebres por la gran calidad arquitectónica de uno de ellos, Vaulerent, cuyo alto muro aguilón está adornado con una torreta que cobija una escalera de caracol, por la cual se accede a una salita de observación con tres pequeñas aperturas a modo de almena. El armazón está sostenido por arcadas, que descansan sobre pilares de piedra calcárea bien conservados (ha. 1230). Se trata de uno de los mayores graneros construidos por los cistercienses, pues su planta ocupa 1.656 metros cuadrados (72 x 23 m).

Aquellos graneros de cereales guardaban las cosechas de trigo (de invierno y de primavera), de candeal, cebada, centeno y avena, así como las cosechas de cultivos complementarios de la rotación, oleaginosas y cáñamo (textil), junto con las plantas tintóreas (como el glasto, que permite obtener el pastel azul).

Estufa de Salem (Alemania). La siembra, la siega y la vendimia.

El viñedo La viticultura pudo sobrevivir a la caída del Imperio romano gracias a los obispos de la cristiandad primitiva. Mantuvieron un viñedo alrededor de su sede episcopal para satisfacer las necesidades de la comunión eucarística (que entonces se tomaba bajo las dos especies de pan y vino) y el rito romano de ofrenda de vino a los visitantes ilustres.[16] Todos los monasterios recogieron esa tradición, y en especial los cistercienses. Pronto sus viñedos fueron los más célebres: Borgoña, cuna de la orden, se benefició en efecto de la geología y del clima que crean los grandes caldos. El rigor cisterciense encontró en el cultivo de la uva y en la vinificación unas actividades a la altura de su meticulosa búsqueda de perfección.

En el siglo XII, Císter recibió en donación las viñas de Clos Vougeot y las conservó hasta la Revolución. Los cistercienses poseyeron igualmente viñas en Morey, Beaune, Meursault y Mercurey. Por su parte, Pontigny resucitó el viejo viñedo que los romanos habían plantado en las laderas de Chaalis.En cuanto a Claraval, dos bodegas importantes aseguraron ya antes de 1200 su producción de vino (efervescente, por supuesto) con los dos caldos de Colombé-le-Sec y de Baroville (Morvaux), que todavía hoy producen el champán de Côte des Bar.[17]

Igualmente florecieron los viñedos cistercienses de Alemania. En Renania las abadías de Baumgarten, Neuburg. Himmerod y Heisterbach poseían los mejores terrenos. Eberbach descubrió las ventajas del cultivo en terraza para sus viñas. En el siglo XV, la abadía fabricó una cuba gigante con una capacidad de 12.000 hectólitros de vino, que hizo famoso el caldo en todo el mundo. En Sajonia también contaron con viñedos importantes las abadías de Pforta y Walkenried.

Superior e inferior:
La bodega, granja vitícola de Claraval en Colombé-le-Sec.

Centro:
Fontenay, granja vitícola de Fontfroide.

La fruta de los huertos En el recinto de la clausura monástica, los monjes se ocupaban de la jardinería y el cuidado de los huertos. En este ámbito su influencia también fue notable. En aquella época no se podía transportar la fruta, pero los intercambios de árboles fueron corrientes entre las abadías. Así llegó la reineta gris de Morimond a Kamp y más tarde a los huertos de Europa del Este. Y, a la inversa, el "maestro de los huertos" de Pforta, en Turingia, trasplantó a Francia manzanos de su huerto de Borsdorf. La abadía noruega de Lyse abastecía de fruta a la ciudad de Bergen y poseía barcos para transportar su producción y venderla en Inglaterra con franquicia de tasas gracias a un decreto de Juan Sin Tierra fechado en 1212.[18]

La piscicultura y la pesca Todas las abadías cistercienses disponían de un vivero de peces y muchas represaron su río para crear uno o varios estanques aguas arriba del monasterio. El "maestro de los peces" criaba carpas para el consumo de los monjes y conversos, vegetarianos según la prescripción de la regla, y también para su venta en los mercados.

En el Alto Palatinado, la abadía de Waldsassen, especializada en la piscicultura, montó unas instalaciones únicas en Europa, donde cerca de doscientos viveros permitían separar las carpas hembras, las de menos de un año y las aptas para el consumo. También en Inglaterra, especialmente en Byland y en Bordesley, existían importantes pesquerías de estanques.

En los países escandinavos, donde la agricultura sólo puede ser una actividad limitada, las abadías se interesaron por la pesca marítima. Así, la abadía de Gutvalla, sita en la isla de Gotland, mantuvo una flota importante.[19]

La cría de ovejas Los monjes necesitaban lana para sus hábitos y otros usos domésticos y, por esta razón, criaban ovejas. Además, los pergamineros necesitaban la piel de estos animales. Todas las abadías que poseían landas desarrollaron esa actividad y pronto la orden pasó a ser la primera productora de lana de Europa.

Es difícil calcular el número de animales que formaban los rebaños cistercienses, pero hay acuerdo en las cifras siguientes: 11.000 cabezas en Meaux en 1270, 18.000 en Fountains, 14.000 en Rielvaulx y 12.000 en Jervaulx. Pero Inglaterra no tuvo el monopolio: Froidmont poseía 5.000 ovejas en 1224 y Claraval, 3.000. En cambio, no carece de interés subrayar que todas aquellas abadías eran filiales de Claraval. Los grandes clientes, instalados en Flandes y en Florencia, consumían muchos millares de vellones cada año. Frente a su peso financiero, los cistercienses afirmaron su unidad, y cuando los monjes cistercienses de Inglaterra amenazaron con cortar el suministro de lana al continente, la industria textil flamenca se paralizó.

Los molinos Los cistercienses pusieron en marcha una política de mecanización sistemática de todas las actividades que podían utilizar la energía hidráulica. El árbol de levas y el engranaje permitían acelerar el trabajo de los conversos y se mecanizaron los molinos de harina, las almazaras y los batanes.

Aquellas instalaciones nuevas revolucionaron la industria textil. "Al salir del telar, el paño se metía en una cuba de agua, donde había de golpearse para enmarañar y apretar las fibras y para darles espesor y suavidad. En los orígenes se pisaba el paño. La abatanadura con los pies fue reemplazada por mazos de madera. En un molino mecanizado un solo hombre podía sustituir a cuarenta bataneros."[20]

Los cistercienses tuvieron un interés especial por los molinos de harina. En el siglo XIII, cuando arrendaron sus graneros de cereales, conservaron los molinos. Sus aparceros pasaron a ser sus clientes forzosos, a cambio de un canon. En una época en que las gachas de harina y el pan constituían los elementos esenciales de la alimentación campesina, la posesión de los molinos otorgaba el control de los precios del trigo y daba la facultad de comprar a bajo precio la molienda para revender en seguida con una fuerte plusvalía en los mercados urbanos. Los cistercienses no se quedaron al margen. Como Foigny, la abadía de Zinna en Brandeburgo poseía catorce molinos. "La molinería se desarrolló hasta el punto de convertirse en una industria cuyo monopolio estaba en manos de los cistercienses. Durante el siglo XIII, Reinfeld y Doberan compraron todos los molinos que pudieron adquirir, ya fueran de viento o de agua; cuando no podían asegurarse la posesión de todos los molinos, se esforzaban por controlar su funcionamiento, gracias a los derechos de agua que les permitían regular mediante presas el caudal de los ríos."[21]

Superior izquierda:
Ovejas de Rievaulx (Inglaterra).

Superior derecha:
Estufa de Salem (Alemania). Monjes de pesca.

Izquierda:
Abadía de Obazine (Limouisin).
El vivero de peces.

1

2

3

4

5

6

7

8

9

Página anterior:
Ladrillos de terracota de
abadías cistercienses
1, 2 y 3: Abadía de
Buildwas (País de Gales).
4, 5 y 6: Abadía de
Byland (Inglaterra).
7, 8 y 9: Abadía de
Rievaulx (Inglaterra).
10, 11 y 12: Abadía de
Mellifont (Irlanda).

Izquierda:
Abadía de Fontenay.
La fragua.

Tejas y baldosas Los cistercienses necesitaban tejas para cubrir las estructuras de sus numerosos edificios. Siempre preocupados por construir para varias generaciones, utilizaron poco el bálago tradicional en las casas campesinas, ya que su duración era insuficiente y el riesgo de incendios demasiado grande. Algunos graneros se especializaron en la producción de terracota, fabricando a la vez tejas y baldosas de cerámica para los suelos. La producción, exclusiva en principio de la abadía propietaria, se compartió después con las abadías cistercienses vecinas. Al final, tejas y baldosas se vendieron en las ciudades y los campos de los alrededores de los hornos de producción.

La chimenea del horno del granero de Commelles sigue siendo un testimonio arqueológico importante de la explotación de tejas de una abadía como Chaalis. La actividad, mencionada desde 1198, se ejercía en Commelles debido a la existencia de un banco de arcilla, cuya calidad permitía la producción de tejas y pavimentos, y a la proximidad de un bosque lo bastante importante como para alimentar regularmente el horno.

Minas y metalurgia Numerosos estudios actuales han puesto de manifiesto la importancia de la actividad minera y metalúrgica de los cistercienses, gracias a una buena alianza del estudio de los documentos y de la arqueología.

Antes de Císter, los benedictinos se habían beneficiado de las minas y las fraguas desde el siglo IX en Saint-Michel-de-Cuxa y en Sainte-Marie-aux Mines. Sin embargo, los señores feudales acaparaban esta actividad.

"La situación cambió en el siglo XII. Existía entonces una siderurgia cisterciense e incluso podría hablarse de un modelo cisterciense y reconstruirlo a partir de los ejemplos encontrados en Borgoña y en Champaña, cuna de la orden del Císter. La expresión 'siderurgia monástica' es perfectamente adecuada, pues los monjes explotaban en provecho directo, extraían el mineral y lo transformaban. La metalurgia se integra al nuevo sistema de explotación puesto a punto por los monjes blancos: el granero [...]. Los asalariados trabajaban con los conversos en la producción del metal. Su presencia, documentada desde el segundo cuarto del siglo XIII, es probablemente anterior."[22]

Durante largo tiempo, los monjes explotaron para su uso (herramientas, construcciones, etc.), pero desde 1188 Vauluisant vendió sus productos industriales. Sin embargo, en este ámbito se enfrentaron a una competencia más intensa que en el sector de la producción agrícola. Los cartujos del Franco Condado y los templarios del bosque de Othe poseían instalaciones importantes. Los cistercienses buscaron la renta que podían proporcionarles las innovaciones técnicas, por lo que tuvieron un papel determinante en la difusión del martillo hidráulico, primera etapa en la mecanización de la siderurgia.

Los cistercienses estuvieron en muchas cuencas preindustriales. En el Franco Condado, la abadía de Balerne, asociada con la cartuja de Bon-Lieu, industrializó el valle del Hérisson. Hubo fraguas en Champagne-en-Rouez sobre el Maine, Orval (Bélgica), Valasse, Beaubec, Mortemer, la Trapa, Normandía, Fontmorigny, Berry, Claraval, Vauluisant, La Crête, Auberive, Longuay, Fontenay, Morimond, Trois-Fontaines, La Bussière y Cherlieu, situado en el complejo Champaña-Borgoña.

su carbón y ciento setenta barcos aseguraban el transporte al extranjero. Fountains explotó las minas de plomo. En Bohemia, un yacimiento de plata fue gestionado por la abadía de Sedlec.

EL COMERCIO CISTERCIENSE

Dado que tenían que vender los abundantes excedentes de sus productos, los cistercienses legislaron para que esta actividad, no prevista por la regla, se efectuase según los principios de la orden. Sólo dos hermanos podían acudir al mercado más próximo para vender y comprar y las transacciones importantes se negociaban en las "casas" que las grandes abadías poseían "en la ciudad". En cada una de ellas, un converso garantizaba su gestión.

Algunas abadías, adelantándose a su tiempo, instalaron almacenes de venta al por menor desde mediados del siglo XII. La abadía de Rein (Austria) vendía sus productos agrícolas y sobre todo su vino en una tienda de la ciudad de Gratz con el rótulo "La cogulla gris". El mito de la calidad monástica ya facilitaba las ventas, como sucede todavía hoy con la cerveza y los quesos de las abadías.

Las ciudades que acogieron el comercio cisterciense sacaron provecho del mismo porque la clientela afluía y llenaba también las tiendas y las hosterías locales. Sin embargo, los monjes de Eberbach y de Bebenhausen hubieron de marcharse de Colonia y Ulm, donde habían construido una bodega y un almacén. Como su vino se vendía al por menor y con franquicia de impuestos, los comerciantes locales los acusaron de competencia desleal y consiguieron expulsarlos.[24]

La anécdota refleja la ambigüedad de la gestión cisterciense. Los monjes blancos encarnaban un enorme éxito material desarrollado por religiosos de vida muy austera.

Precursores de un capitalismo liberal que acaba con los más débiles pese a organizar la asistencia a los más pobres, los monjes blancos fueron también de los primeros en poner en práctica un modelo de producción que anunciaba, con muchos siglos de antelación, un respeto casi ecológico de la naturaleza.

Fuera de Francia, los monjes blancos no se contentaron con crear instalaciones siderúrgicas. La flexibilidad de su organización les permitió explotar los recursos locales que faltaban en el muestrario de sus actividades. En Escocia, la abadía de Newbattle explotó una de las primeras minas carboníferas de la región (a cielo abierto y después en galerías). Culross exportaba

**Página anterior
y superior:**
Abadía de Staffarda
(Italia).
La lonja donde los

cistercienses vendían
su producción agrícola
a los habitantes de
la región (vistas exterior
e interior).

*Abadía de Fossanova
(Italia). La nave
románica de inspiración
cisterciense.*

*Abadía de Noirlac
(Berry). La nave gótica
de inspiración
cisterciense.*

CAPÍTULO X

LA ESENCIA DE LA ARQUITECTURA

Claraval y Fontenay abrieron el camino como auténticos modelos precursores. Desde 1150, y durante algo más de un siglo, todas las abadías cistercienses cubrieron Europa con sus nuevas iglesias integradas en monasterios cerrados a cal y canto y rodeados de paisajes amoldados a su forma de vida, en los que graneros, bodegas y molinos marcaban polos de actividad en las grandes extensiones de las campiñas medievales, todavía poco pobladas.

Las abadías fundadas en tiempos de Esteban Harding y de Bernardo de Claraval terminaron sus espaciosas construcciones. Císter, la casa madre, pudo por fin, al cabo de más de cincuenta años de su fundación, consagrar su iglesia abacial conforme al programa funcional bernardino. Las cerca de trescientas abadías filiales creadas entre 1150 y 1250, más ricas que sus madres en los tiempos heroicos de la orden, ya no esperaron una generación para iniciar sus obras. Los cistercienses pudieron obtener préstamos, algunas abadías ayudaron a sus filiales y las donaciones continuaron siendo numerosas y generosas hasta 1240. En el umbral entre dos épocas, la rural dominada por la Cristiandad y aquélla en la que surge el movimiento urbano y la centralización del poder, los cistercienses también aseguraron la transición entre una arquitectura románica en un estadio de perfección y el gótico naciente. Conservadores en la reflexión e innovadores en la acción, los cistercienses de los siglos XII y XIII, siempre pragmáticos, hicieron de su arquitectura la síntesis de todos esos contrastes.

EL RESPETO ABSOLUTO DEL PROGRAMA FUNCIONAL

Todas las abadías respetaron el programa funcional trazado por Bernardo en Claraval y en Fontenay. La comparación de los "cuadrados regulares" proporciona una demostración evidente.

Sabemos de la atención que los abades y el Capítulo general, escrupulosos maestros de obras, prestaron a esa inmutable planta tipo con un respeto casi dogmático.

La única excepción notable concierne a Belmont en Siria, donde la sala capitular está aislada del claustro sin motivo aparente. Los censores de la casa madre (Morimond) estaban demasiado lejos como para reaccionar, pero el Capítulo general se mostraba habitualmente intransigente. En 1235, recordó que toda construcción que no fuese conforme a la regla y a los estatutos sería demolida. En 1198, pidió al conde de Auvernia, que donó la abadía de Bouchet para que en ella se establecieran monjas, que "efectuase la reconstrucción de la abadía según el plan acostumbrado, pues de lo contrario se vería obligado a rechazar su donación".[1] Gracias a donaciones importantes en 1221, se respetó la planta exigida por el Capítulo general.

Las escasas variantes de la planta tipo bernardina no afectaban jamás a la concepción general y se explican siempre por ajustes locales debidos a la adaptación al paisaje. En Fontfroide, por ejemplo, el edificio de los monjes, al norte de la iglesia, se rehízo en ángulo recto hacia el este para permitir que las letrinas del dormitorio dieran sobre el arroyo que rodea la abadía y pasa por un estrecho corredor entre la cabecera de la iglesia y la pared de la montaña, que protege a la abadía de la violencia de los vientos.[2]

ARQUITECTURA ROMÁNICA, ARQUITECTURA GÓTICA

En cuanto a la ejecución arquitectónica, no son idénticos todos los edificios cistercienses construidos durante el período dichoso en que florecieron obras por todas partes. De una misma planta masiva nacieron volúmenes de obra y espacios interiores, fachadas y elevaciones, aberturas y cubiertas diferentes.

En su *Architecture cistercienne en France*, una obra imprescindible escrita en colaboración con la marquesa de Maillé en 1947, Marcel Aubert estableció un inventario casi exhaustivo de todos los elementos y detalles constitutivos de la arquitectura que dejaron en herencia los monjes blancos de los siglos XII y XIII. Sin embargo, esta obra magistral e insustituible oculta, bajo el peso de la erudición, la diferencia fundamental de cada abadía. Al potenciar el análisis formal en detrimento del comentario sobre el significado de las opciones constructivas adoptadas por los maestros cistercienses, Marcel Aubert permite todos los criterios de selección posibles, hasta los más artificiosos.

La cabecera plana Así ha surgido una extensa bibliografía para clasificar las iglesias

Derecha:
*Abadía de Sénanque
(Provenza). Cabecera en
ábside.*

Inferior:
*Abadía de Silvanes
(Rouergue). Cabecera
plana.*

Página siguiente:
*Abadía de Alcobaça
(Portugal). La perfección
del primer gótico
cisterciense.*

en apariencia contradictorios. En Loc-Dieu, por ejemplo, la cabecera plana del presbiterio está enmarcada por capillas laterales con ábside sin que la unidad de la arquitectura se vea comprometida y sin que se cuestione su clasificación entre las iglesias cistercienses góticas.

La bóveda, criterio de clasificación

Cuando los cistercienses iniciaron sus ambiciosas construcciones, las técnicas arquitectónicas más variadas ya estaban a disposición de sus maestros de obras. Los últimos progresos conocidos se referían a la cubierta de los edificios. La reinvención de la bóveda por los arquitectos románicos, entre 1080 y 1100, condujo al abandono de los armazones visibles, y los benedictinos generalizaron el uso de bóvedas de cañón (apuntado o no, con soleras o sin ellas) y las bóvedas de aristas. Desde 1140, las primeras catedrales y las grandes abadías benedictinas osaron inaugurar los cruceros de ojivas para cubrir la nave central de las iglesias mayores. Era, pues, el tipo de cubierta elegida el que confería al acto arquitectónico todo su valor. El abad constructor y el maestro de obras elegido por él se veían forzados a tomar partido sobre el modo de cubrir la iglesia abacial, la sala capitular y el refectorio de su abadía. La arquitectura que nacía de su elección de cubierta, la única que entonces tenía un significado, sólo podía traducir una referencia a la perfección del pasado o bien una adhesión a un cierto tipo de progreso, aquél que encarnaban, por lo demás, la filosofía y la teología escolásticas. La adhesión a los cánones de la época fue a veces progresiva. Numerosos edificios mezclaron los tipos de cubierta y muchas abadías construyeron la nave de su iglesia con bóveda románica, para cubrir después de ojivas góticas el claustro y la sala capitular. Eso es lo que ocurrió en Poblet o en Maulbronn. Hubo otras abadías que modificaron en todo o en parte la cubierta de la nave central, como Pontigny, Noirlac o Fontmorigny, que a veces conservaron las naves laterales con bóvedas de aristas de la primera campaña constructora.

Fue en Francia, en las provincias septentrionales, donde los cistercienses adoptaron

cistercienses en función de la cabecera de su presbiterio. La famosa cabecera plana de Claraval II y de Fontenay, las iglesias modelos, no deja de tener importancia habida cuenta del emplazamiento eminente que ocupa en la iglesia, como muro protector del lugar sagrado por excelencia que es el altar. Pero la cabecera de ábside y la plana, llamada bernardina y que se le opone, no son sino variaciones menores sobre el tema común del presbiterio sin deambulatorio, de escasa superficie y sin ornamentación. Basta para convencerse de ello la referencia a las tres hermanas provenzales, gemelas a nivel estilístico a pesar de que no tienen la misma cabecera (plana en Silvacane y de ábside en Le Thoronet y en Sénanque).

Por lo demás, al prolongarse las obras monásticas durante muchos años, algunos constructores utilizaron atinadamente elementos

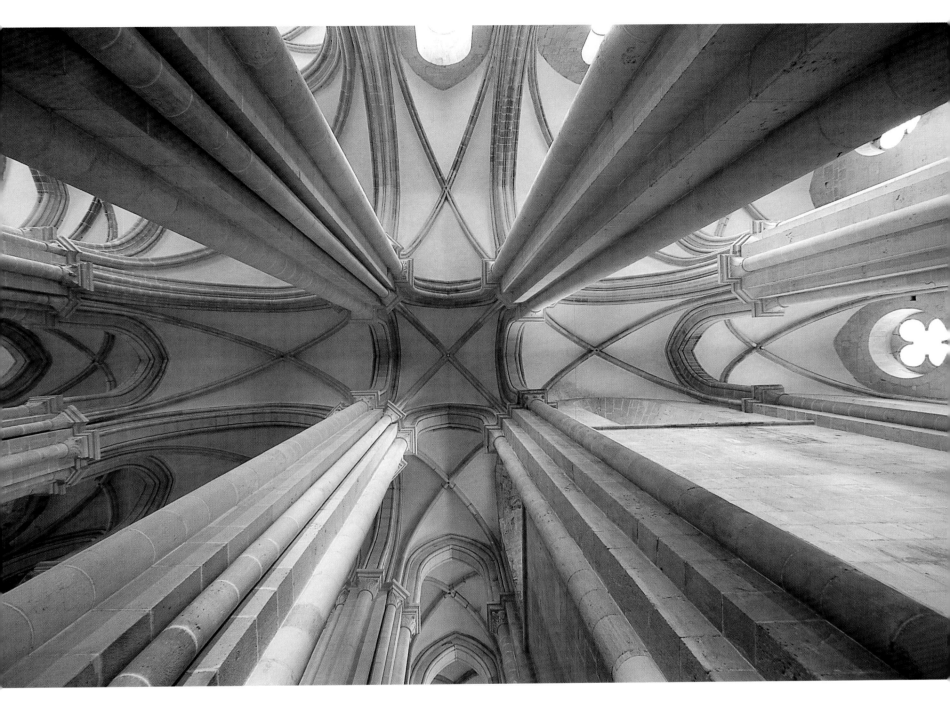

casi siempre, desde 1150, la bóveda gótica con todas sus consecuencias. Pontigny fue la única "primogénita" de Císter que conservó su iglesia abacial, testimonio permanente de la perfección alcanzada por los cistercienses en el dominio de esa técnica espectacular. En medio del afán de emulación que manifestaban los obispos y las órdenes nuevas, así como algunas abadías benedictinas como Saint-Denis, todos ellos partidarios del progreso en todas sus formas, los cistercienses franceses se convirtieron en "los misioneros del gótico" en sus filiales europeas,

aunque no en todas ni inmediatamente. Incluso en Francia siguieron predominando las costumbres locales en provincias como Provenza, donde "las tres hermanas" filiales de Císter perpetuaron a través de Bonnevaux y Mazan, entre 1160 y 1190, una arquitectura románica de perfección.

EL ESPÍRITU DEL CÍSTER

De hecho, cabecera plana o ábside, bóveda románica o gótica carecen de importancia. El espíritu del Císter no se limitaba a una serie de

procedimientos técnicos, que no eran sino medios para alcanzar la más perfecta adecuación posible entre la función requerida y la forma que permitía ejercerla. La regla de Benito de Nursia decía que el monasterio era un taller de oración (IV. 1/78), como Le Corbusier dirá que la ciudad radiante ha de ser "una máquina para habitar". Bernardo de Claraval, por su parte, había expresado las condiciones formales para que dicho taller fuera el más adecuado para la oración, prohibiendo absolutamente la ornamentación, a fin de que el diseño arquitectónico

apareciera en toda su verdad (*Apología*). Bajo esas condiciones, todas las técnicas de construcción eran equivalentes si su utilización con una intención "minimalista" no derivaba de la búsqueda vanidosa y profana de la belleza, sino del afán estudioso y humilde de crear una arquitectura que podría ser confirmada por el uso religioso que de ella se esperaba.

EJEMPLARIDAD DE LA ARQUITECTURA CISTERCIENSE

El "milagro" de la arquitectura cisterciense residió precisamente en la capacidad que tuvieron los monjes blancos para realizar durante más de un siglo, a través de toda Europa y utilizando técnicas constructivas diferentes, iglesias y edificaciones monásticas que respondían escrupulosamente y sin excepción a un mismo programa y a un mismo gusto estético, perceptibles de inmediato tanto por los usuarios como por los "extraños".

Libertad del arquitecto   De hecho, la adaptación al lugar escogido, las características del sistema hidráulico posible, las eventuales necesidades locales sumadas al programa de base, los materiales propios de cada región y hasta el clima o la calidad de la luz según su latitud permitieron a todos los maestros de obras de las abadías cistercienses satisfacer las exigencias de un programa general con las limitaciones particulares, que no podían sublimarse más que proponiendo una solución arquitectónica específica y única.

Estamos ante la verdad de la creación arquitectónica, hecha de reiteraciones sucesivas entre programa y limitaciones, cuando el arquitecto intenta soslayar las dificultades sopesando, en un diálogo permanente con su maestro de obras, la pertinencia de las obligaciones a la vez que busca una coherencia espacial a las soluciones posibles. La calidad arquitectónica tiene un precio y así se confirmó en todas las abadías cistercienses.

Aparece así, en todo su absurdo, el falso debate, esgrimido con demasiada frecuencia por algunos arquitectos, que destaca las limitaciones impuestas por los programas y la insuficiente libertad que se le deja al proyectista.

Fernand Pouillon ha reconstruido en *Les Pierres sauvages*[3] el diálogo ejemplar entre el padre abad y el monje asignado como maestro de obras de la abadía de Le Thoronet, una filial muy conforme con el espíritu claravalense:

"Nuestros monasterios, en su trama elemental, están sujetos a una regla severa, que determina, desde el principio, la forma de la iglesia, del claustro, así como el orden de las salas que lo rodean. ¿Qué malestar te ha aquejado por someterte siempre a ese programa? ¿Acaso te ha impedido expresarte?

– No, padre, todo lo contrario. Disfruté la imposición de nuestros planes; la libertad plástica sigue siendo grande."

Funcionalidad   Si "la belleza es el esplendor de la verdad", según Tomás de Aquino, entonces la arquitectura cisterciense es un homenaje permanente a la funcionalidad. El funcionalismo es intrínseco a la arquitectura.

"El funcionalismo es el análisis de la verdadera necesidad de un objeto, de un lugar o edificio [...]. Exige imaginación para encontrar en una función dada, y que se considera esencial, la forma que será más adecuada.

Para cualquier edificación, el funcionalismo es, por tanto, el análisis de todas sus partes, de la manera de 'habitarlas', y es aquí donde el funcionalismo adquiere un sentido amplio y humano, porque la habitabilidad de un lugar no se limita a una comodidad sino a un conjunto más importante de preferencias."[4]

Modernidad Aun cuando se oponga a la voluntad de los cistercienses, que no consideraban sus abadías como obras de arte, una lectura contemporánea de la arquitectura cisterciense que olvide el contexto religioso, económico y social de su creación puede conducir a la admiración de los elementos de su vocabulario constructivo. Esta arquitectura aparece entonces en su modernidad radiante, aquélla que seducirá a Le Corbusier y le llevará a escribir el prólogo de una obra admirable sobre Le Thoronet.[5]

Le Corbusier halló en los cistercienses sus propias convicciones. Entre ellas figuraba la conveniencia de utilizar materiales sin pulir o "en estado tosco", es decir, piedra y hormigón sin pulimentar. También observó que la luz captada se convertía en material adicional, como la sombra, y que la arquitectura cisterciense era asimismo "el juego hábil, correcto y magnífico de los volúmenes unidos bajo la luz". Para Le Corbusier, la afirmación de la estructura constituía también la verdadera decoración de la arquitectura, lo cual representa un acto de fe en el progreso técnico similar al que condujo al maestro de obras de Claraval a pasar de la bóveda de aristas a la bóveda ojival sin dudarlo dos veces. Por último, pese a esta bóveda que simboliza el mundo celestial, en la arquitectura cisterciense reina la ortogonalidad, perfecta ilustración del "verso del ángulo recto", tan del gusto del "chantre" del movimiento moderno.

LAS CATEDRALES CISTERCIENSES

"¡Oh, hija mía, eres demasiado hermosa!", fue la exclamación de San Bernardo ante las obras de Hautecombe. ¡Cuántas lagrimas habría derramado ante Vaucelles, cuya planta, recogida

Abadía de Pontigny (Borgoña). La única iglesia abacial que *subsiste de las cuatro primeras filiales. Una catedral en campo raso.*

en los cuadernos de apuntes de Villard de Honnecourt, puede yuxtaponerse a la iglesia abacial cluniacense![6] Con el poder y la gloria de la orden, que bendijo Luis IX, asomó la tentación de rivalizar con los mayores edificios religiosos de la época. Los cistercienses construyeron iglesias inmensas como catedrales y pronto se incorporaron al recinto monástico los palacios abaciales, dignos de las residencias campestres de la aristocracia local.

Fue Claraval la que dio el ejemplo demoliendo el coro de su iglesia abacial inmediatamente después de la muerte de su abad. Había que transformar el presbiterio en un espacioso relicario para gloria del hombre que pronto sería canonizado. De ahí el deambulatorio con nueve capillas radiales enmarcadas con un muro circular. La consagración en 1174 señaló probablemente el final de las obras y coincidió con la canonización del santo.

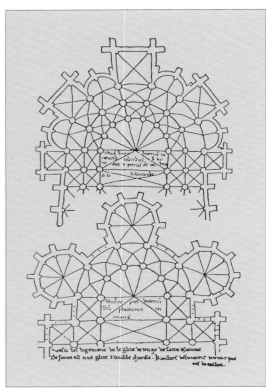

Los ábsides de las capillas del deambulatorio se extendieron a la cabecera de las nuevas iglesias. Longpont se inspira en Soissons e inspira a su vez a Royaumont, mientras que Ourscamp reproduce la catedral de Noyon. Altenberg (Alemania) y Valmagne (Languedoc) tienen las mismas características.

Cabe destacar Vaucelles, hija notable de Claraval. En 1216 la iglesia, consagrada por el arzobispo de Reims, medía 132 metros, siendo el mayor edificio cisterciense del siglo XIII.

Císter se agrandó a comienzos del siglo XIII, pero, fiel a la ortogonalidad de su planta original, el presbiterio se enmarcó con una nave colateral sobre la que se abren doce capillas rodeadas de un muro rectangular. Esta solución, más acorde con la tradición, se dio también en Morimond, en Ebrach (Alemania) y en Fontainejean, magnífica iglesia casi desaparecida.

Sin embargo, las abadías más ricas ya hacían sus primeros encargos de elementos ornamentales a los artesanos más célebres, que daban fama a las catedrales y a las ricas viviendas urbanas. Algunas iglesias abaciales, olvidando la mentalidad de Císter, acogieron vidrieras historiadas, magníficas sillas de coro (Marienstatt y Maulbronn), retablos de talla...

Superior izquierda:
Abadía de Císter. El definitorio clásico donde se preparaban los Capítulos generales de la orden.

Página siguiente:
Abadía de Santes Creus (España). Capiteles decorados del claustro flamígero (ha. 1340).

Superior derecha:
Villard de Honnecourt. Dos croquis de cabeceras con deambulatorio y capillas absidiales. El célebre arquitecto tal vez intervino en Vaucelles, cuya planta de la iglesia abacial recogió en su Album.

También Pontigny destruyó su cabecera plana para agrandar su presbiterio entre 1205 y 1210. Aún hoy sigue siendo una de las cabeceras góticas más perfectas de la escuela borgoñona.

Siguiendo el modelo de Claraval, se construyó un deambulatorio en Cherlieu, en Savigny, en Bonport así como en Breuil-Benoît (ambas abadías tienen exactamente la misma planta), en Clairmarais, Vauclair, Bonnevaux y Vauluisant. La misma solución se encuentra en Poblet y en Veruela (España), en Alcobaça (Portugal), en Beaulieu (Inglaterra) y en Warhem (Suecia).[7]

LOS SIGLOS Y LAS ADVERSIDADES

---

*Mientras los cistercienses prosperaban y embellecían sus iglesias abaciales
— en lo sucesivo repletas de estatuas, retablos y tumbas esculpidas— en el fondo
de sus valles tranquilos, junto a las aguas quietas de sus estanques, los
burgueses de las ciudades escuchaban a los predicadores de las órdenes
mendicantes en las iglesias que aquéllos habían construido: espaciosas,
prácticas, de fácil acceso y tan austeras como la de Císter. Por todas partes
se creó un vacío alrededor de las Tebaidas blancas, tan bien situadas fuera
de las ciudades, de la gente y de la vida febril del siglo.
Mientras tanto, el gran nombre de Císter palidecía y la historia cisterciense
fue la de la decadencia de la Edad Media.*
Fréderic Van der Meer, Atlas de l'Ordre cistercien

Página 120:
Abadía de Orval
(Bélgica).

Derecha:
Abadía de Loc-Dieu
(Rouergue). Un asenta-
miento monástico con-
vertido en fortaleza y
transformado después
en residencia veraniega.

CAPÍTULO XI

LAS ADVERSIDADES DEL FINAL DE LA EDAD MEDIA
1265 ~ 1453

FINAL DEL SIGLO XIII
UN PERÍODO DE DUDAS

Císter relevó a Claraval en la propiedad del colegio San Bernardo de París y el Capítulo general organizó en adelante el programa de estudios y la disciplina. Los cistercienses jamás se habían preocupado tanto por la educación intelectual de sus mejores monjes. Sus colegios se multiplicaron. El Capítulo de 1281 obligó a las grandes abadías a iniciar cursos de filosofía y teología. Sin embargo, la duda se instaló en el seno de la Iglesia acerca de la doctrina que convenía enseñar. El papado seguía desconfiando en cuanto a la síntesis capaz de unificar aristotelismo y cristianismo. Fue en la abadía cisterciense de Fossanova, de camino al concilio de Lyón en el que tenía que defenderse, donde murió Tomás de Aquino en marzo de 1274. Tres años más tarde, el obispo de París condenaba con furia "los errores execrables que algunos tienen la temeridad de estudiar y discutir en las escuelas". Más afortunado que Abelardo, Tomás de Aquino pronto sería rehabilitado.

Los monjes blancos pudieron dudar así mismo del interés que ponían en las empresas humanas. Eran fervientes partidarios de las cruzadas y la postrera vicisitud de la última de las mismas, tras la pérdida de San Juan de Acre en 1291, fue el abandono de Belmont, la única abadía que aún tenían en Siria.

Los cistercienses mostraron idéntica pasión por el desarrollo de sus enormes territorios y, a falta de una gestión siempre prudente, muchas abadías se encontraban asfixiadas de deudas. Además, cada vez se hablaba menos del aprovechamiento directo.

Así fue como Benedicto XII, el segundo Papa cisterciense y antiguo abad de Boulbone y de Fontfroide, promulgó en 1335 la constitución (llamada Benedicta), con la idea de volver a tomar las riendas de la administración de las abadías. En materia financiera, el abad perdía su autonomía y en adelante se ejercía un control sobre su gestión por parte de la comunidad, del Capítulo general y de la misma Santa Sede.

Finalmente, las abadías de mujeres afiliadas a la orden, a menudo efímeras, pero florecientes y numerosas en Alemania y en los Países Bajos (los beguinados), se transformaron cada vez más en pensionados piadosos para las solteronas de la pequeña nobleza y de la burguesía acomodada. Eran casas a menudo edificantes, pero en las que el florecimiento místico del siglo XIII no era ya más que un recuerdo.[1]

LAS GRANDES DESGRACIAS

¿Qué pecados pudo cometer el pueblo de Dios para merecer las desgracias que se abatieron sobre Europa a partir de mediados del siglo XIV? A la locura de los reyes y señores en guerra durante más de cien años, en detrimento de las pobres gentes que vivían en medio de los campos de batalla, se sumaron calamidades espectaculares que jamás se habían padecido antes.

A partir del otoño de 1315, y a resultas de una mala cosecha general, la hambruna comenzó a dejarse sentir, y, dado que los dos veranos siguientes fueron igualmente lamentables, ésta alcanzó proporciones dramáticas. Se revivieron las escenas descritas por Raoul Glaber tres siglos antes: niños esqueléticos, campesinos que roían cortezas de árboles, canibalismo...

Pero lo peor llegó con "la gran muerte" de la peste negra (1347–1351). Todas las clases sociales se vieron afectadas. Un tercio de la población europea fue exterminado y algunas abadías perdieron a todos sus monjes y conversos.

La guerra de los Cien Años (1328–1453) también golpeó con dureza a los cistercienses, pues su aislamiento los hacía particularmente vulnerables a los ataques y al pillaje de las compañías de soldados. Algunas abadías, como Claraval, se fortificaron. Hubo que autorizar a los monjes de las abadías demasiado expuestas para que se recogieran en las plazas fuertes o en sus casas urbanas. En 1360, el Capítulo general se celebró en Dijon. En cuanto a la abadía de Císter, fue saqueada en 1350, en 1359 y en 1438. Dado que se le impusieron dos gravámenes para pagar los gastos de la guerra y luego el rescate para liberar al rey Juan el Bueno, no dispuso de medios para reparar sus propias construcciones. A partir de 1360, los salteadores saquearon sucesivamente todos los graneros de Claraval. Más de cuatrocientas abadías fueron destruidas en mayor o menor proporción durante la guerra de los Cien Años.

*Abadía de Dundrennan
(Escocia).
El arte de la "ruina
paisajista", fuera de su
contexto histórico y para
un mayor placer visual.*

CAPÍTULO XII

LA FRAGMENTACIÓN DE LA ORDEN

1453-1597

LAS CONGREGACIONES

Antes incluso de que la idea de nación apareciera con el Renacimiento, el gran cisma de Occidente había sembrado durante cuarenta años (1378-1417) una discordia profunda en la unidad de la orden. Los cardenales estaban divididos y habían elegido a dos Papas. El Papa de Roma cesó al abad de Císter por haber dado muestras de adhesión al cisma al aceptar las directrices de Aviñón. Los abades fueron obligados a reunirse en Capítulos nacionales. Cada Papa colmó de privilegios a las abadías que le eran leales, lo que arruinó la uniformidad de la observancia. Cuando el cisma acabó con la elección de un solo Papa, no por ello desapareció la tentación del separatismo.[1]

La celebración regular del Capítulo general había sido uno de los principios básicos de la *Carta de caridad* con el fin de preservar la unanimidad. La imposibilidad para los abades de mantener la tradición del viaje anual, dados el alejamiento, las guerras, los cismas y la relajación, resultó desastrosa para la orden. Por toda Europa surgieron las congregaciones: en Castilla (1427), en Lombardía y Toscana (1497), en Portugal, Polonia, Aragón, Calabria... En 1586 la congregación de los bernardos practicó un ascetismo exagerado.

LA DESTRUCCIÓN
DE LAS ABADÍAS

Al carecer de abadías todavía activas, algunos países no conocieron el movimiento independentista de las congregaciones. Destruidas por la revuelta popular o por los decretos de los reyes, centenares de abadías se convirtieron en un siglo en extensas ruinas, que todavía hoy apasionan a los turistas y los arqueólogos.

En Bohemia La muerte de Juan Hus desencadenó una sangrienta sublevación popular (1419-1434), que afectó especialmente a las abadías cistercienses (Sedlec, Osek y sobre todo Vyssi Brod).

En Alemania La reforma de Lutero (1517) se dejó sentir directamente en los monasterios. Desde 1520, numerosos monjes y monjas alemanes abandonaron sus monasterios y conventos, y los campesinos se sublevaron y atacaron las casas de la orden. Los príncipes convertidos al protestantismo confiscaron los bienes de las abadías.

En Inglaterra El pretexto anecdótico del divorcio de Enrique VIII le permitió controlar la Iglesia anglicana y suprimir las órdenes religiosas en beneficio del tesoro real ("disolución" de 1536-1539).[2]

En Irlanda Más que la "disolución", las demoliciones sistemáticas de los monasterios fueron obra de "los costillas de hierro" de Cromwell, que sometieron la isla en 1649 con un fanatismo singularmente cruel.

En Francia Los combates entre católicos y protestantes no respetaron las abadías cistecienses de Francia. Císter soportó más asaltos que cualquier otro monasterio. Para poder reconstruir la abadía, los monjes tuvieron que vender sus viñas de Pommard.

El inventario de 1597 (Edicto de Nantes) Aun contando las abadías de las congregaciones independientes de Italia y de la península Ibérica, la orden ya no controlaba más que cuatrocientos monasterios masculinos. De hecho, volvió a ser esencialmente francesa, con una fuerte presencia en Alemania, Austria y Polonia. Muchas abadías, incluso las más célebres (La Ferté), tenían menos de 10 monjes. Císter había pasado de 80 monjes (y 30 conversos) a 20 monjes (y 5 conversos). Claraval había perdido cientos de residentes, pero continuaba siendo la abadía más poblada con 130 monjes y otros tantos conversos y asalariados.

LA ENCOMIENDA

El papa Gregorio XI (1370-1378) figura en el origen de la institución que "infligió más daños materiales y morales que las guerras, los desastres y la Reforma juntos".[2] Tomando como pretexto el papel de tutor de las órdenes monásticas, reivindicó el derecho de nombrar a los abades. Los reyes (Francisco I, concordato de 1515) reclamaron sus derechos feudales de nombramiento. "A partir de ese momento, el sistema de elección libre, obra maestra de las reformas monásticas de la Edad Media, fue sustituido por el nombramiento, prevaleciendo la política sobre el interés vital de la religión."[3]

*Abadía de Fontfroide
(Languedoc).
El patio "Luis XIV",
así denominado por su
estilo clásico, pero que
fue construido a
mediados del
siglo XVIII.*

Muchos abades comendatarios fueron elegidos entre la jerarquía eclesiástica y algunos llegaron a ser religiosos excelentes. Sin embargo, la designación de abades de corte y de laicos fue una práctica común. Pocos residían en el lugar. Se ocupaban sobre todo de los ingresos del monasterio, que se repartían entre el abad (quien se asignaba la parte más importante) y la comunidad, según un reparto previsto por la ley.

Císter, Claraval y Morimond escaparon a la encomienda, pero la inmensa mayoría de las abadías cistercienses de Francia conoció ese sistema, antieconómico por definición y a todas luces incapaz de asumir una verdadera reflexión religiosa (de los 228 monasterios que existían todavía en 1789, 194 estaban en encomienda y 34 eran regulares). Los efectos más negativos se dieron en Italia meridional (Estados pontificios y Nápoles). El visitador de la orden (en 1551) informó que, de 35 abadías bajo régimen de encomienda, 16 ya no tenían monjes y que las otras 19 sólo totalizaban 86 monjes, que vivían en la miseria.

CAPÍTULO XIII

UNA AGONÍA ESPLENDOROSA

Con el siglo XVII se abría para la Iglesia una era de reformas acorde con las conclusiones del concilio de Trento (1545–1563). Los cistercienses las aplicaron en todas aquellas abadías que permanecían activas y donde el prior conventual en encomienda había podido conservar una libertad de acción efectiva y los medios materiales suficientes. Durante un siglo florecieron los estudios espirituales en una especie de agitación febril que desembocó en nuevas observancias a la vez que en nuevas divergencias en el seno de la orden. Se crearon asimismo antagonismos importantes entre las abadías que seguían siendo ricas y poderosas a pesar de las adversidades pasadas y aquéllas reducidas a la pobreza y a unos efectivos escasos. Sin embargo, todas iban a desaparecer, enfrentadas a las críticas de las Luces y más tarde a las violencias revolucionarias de finales del siglo XVIII. Así y todo, en una especie de recaída en la fiebre constructora que animó a los primeros cistercienses, los monjes blancos del siglo XVIII legaron un patrimonio monumental considerable, impregnado de clasicismo en Francia y suntuosamente barroco en los demás países.

LA INFLUENCIA DEL CONCILIO DE TRENTO EN EL SIGLO XVII

Actividad pastoral El protestantismo cuestionó el principio básico del monaquismo tradicional y negó a la vida contemplativa toda utilidad pastoral o social. Para responder mejor a las expectativas de los fieles, los cistercienses se involucraron cada vez más en la vida de las parroquias, sobre todo en Alemania. Casi todas las casas cistercienses asignaron monjes al ministerio pastoral y el Capítulo de 1601 fijó el estatuto legal de las parroquias administradas por la orden. En todas partes las iglesias abaciales se abrieron a visitantes y a peregrinos.

El jansenismo Entre los movimientos espirituales que se dieron en el siglo XVII, el jansenismo gozó de una gran notoriedad gracias a sus famosos adeptos (Pascal) o simpatizantes (Racine). La orden se mantuvo al margen del desarrollo de esa doctrina, aunque los adversarios del jansenismo consideraron a la abadía de monjas cistercienses de Port-Royal-des-Champs como un peligroso foco de herejía. La célebre madre Angélica Arnauld y su hermano Antonio no pudieron impedir la expulsión y dispersión de las monjas por las tropas reales. La propia abadía fue arrasada en 1711.

La querella de las observancias Durante todo el siglo XVII, los cistercienses franceses mantuvieron disputas encarnizadas sobre el grado de ascetismo que convenía practicar para volver a una vida monástica reformada cercana a los usos en vigor en la fundación del Císter.

En 1666 intervino el Papa para certificar la división de la orden en observancias distintas, al tiempo que recomendaba la celebración de un Capítulo general común en 1667. Fue una reunión sumamente tormentosa por la intransigencia del abad de Rancé, el nuevo superior de la Trapa, partidario de la "estricta observancia", opuesta a la "observancia regular".

EL ÚLTIMO SIGLO

En Francia, la decadencia de la orden, antes de su desaparición en los años trágicos de la Revolución, parecía inevitable. Sin embargo, en los países del este de Europa mantuvo su vitalidad. Aun así, la ruptura entre los reyes filósofos y la vieja orden cisterciense también se manifestó con fuerza más allá del Rin.

El ejemplo austríaco Como en los tiempos gloriosos de la orden, volvieron a abrirse con éxito algunas abadías demolidas y se fundaron nuevas casas en Europa central. Sin embargo, José II, partidario de la Ilustración, no estaba dispuesto a tolerar que los cistercienses austríacos pudieran depender de decisiones tomadas en el Capítulo general de la orden, en un país extranjero, y prohibió a los abades viajar

Abadía de Heiligenkreuz (Austria).

a Císter. En 1782, las órdenes contemplativas fueron declaradas inútiles "para la sociedad y la religión" y disueltas, al tiempo que se confiscaban sus bienes. Gracias a sus parroquias, los cistercienses escaparon en parte al maremoto que suprimió 738 monasterios en el país. Rudy en Silesia, Zirc en Hungría, Heiligenkreuz en Austria se convirtieron en escuelas famosas, que dieron a los cistercienses un nuevo estatuto de universitarios.

La decadencia francesa Se olvida con frecuencia que también en Francia la realeza estuvo influida por los filósofos. En 1766, Luis XV instituyó una comisión de regulares que tenía por misión declarada reducir la influencia –por otra parte, débil– de las instituciones monásticas. Se suprimieron 450 casas religiosas. La comisión de regulares jugó un papel importante en el seno de la orden durante el siglo XVIII. El conflicto entre Císter y las cuatro "primogénitas", casi tan antiguo como la orden misma, no perdió intensidad. Los últimos Capítulos generales fueron controlados por la comisión de regulares. Cuando ésta interrogó a los obispos en 1766 sobre el porvenir de las abadías cistercienses, la mayoría se declaró contraria a su mantenimiento.[1]

La Revolución francesa La libertad religiosa instituida el 23 de agosto de 1789 precedió a la supresión de los votos monásticos el 13 de febrero de 1790. En cuanto a la confiscación de los bienes religiosos en noviembre de 1789, fue seguida de la puesta en venta de éstos el 17 de marzo de 1790. Los monasterios fueron definitivamente suprimidos el 4 de diciembre de 1790.

Estas decisiones provocaron pocas protestas, pues la supresión parecía inevitable. Por el contrario, la constitución civil del clero, votada el 26 de diciembre de 1790, sólo fue aceptada por un tercio de los antiguos cistercienses que se habían integrado en el clero seglar. Algunos monjes se refugiaron en casas cistercienses en el extranjero; el más famoso fue Agustín de Lestrange, que pudo llevarse consigo a un grupo de trapenses hasta la antigua cartuja de la Valsainte en Suiza (1 de junio de 1791). Los monjes refugiados en el extranjero no encontraron una hospitalidad duradera en los países de acogida. Pronto la revolución invadió toda Europa, llevando consigo la misma política que en Francia, pero en condiciones mucho más violentas debido a la resistencia a la que tuvo que hacer frente. De hecho, fuera de algunos monasterios en territorios dependientes de los Habsburgo de Austria, ninguna abadía cisterciense pudo continuar en paz su vida monástica.

Y, PESE A TODO, UN NUEVO AUGE ARQUITECTÓNICO

Durante los dos siglos de renovación y agonía que precedieron a la extinción de la orden, un anhelo inexplicable de proyectos y de construcciones mantuvo en jaque a la orden cisterciense. Jamás, desde los dos siglos fundacionales, se proyectaron tantos edificios monacales y, en algunos casos, se realizaron, al menos en parte. Como si, intuyendo su próxima desaparición, la orden hubiera querido construir nuevos templos para mayor gloria de Dios –así lo hicieron en el este de Europa– o para afirmar su persistente capacidad para dominar el mundo técnico –como en el caso de los cistercienses de las grandes abadías francesas–.

Por todas partes se destruyeron o se "remozaron" las construcciones medievales tildadas de "bárbaras" (gótico). La voluntad de encajar en la modernidad se trasluce en todas aquellas obras que modificaron entonces las abadías, a menudo en crisis por falta de candidatos y, sin embargo, presas de "la locura de la construcción" común a los abades y a los obispos. "Sin embargo, ni el tiempo ni los recursos materiales bastaron para la ejecución completa de aquellos proyectos magníficos y al estallar la Revolución los trabajos no estaban, en la mayor parte delos casos, ni acabados ni pagados."[2]

El barroco de los cistercienses de Europa central En el siglo XVIII, los cistercienses de Europa central, como sus predecesores medievales, tenían que respetar un programa director.

En efecto, el concilio de Trento había dado a la arquitectura una misión nueva, que Carlos Borromeo transcribió en numerosos escritos y que Roma alentaría durante dos siglos.

"Agradar a la multitud, afectar a la sensibilidad más que a la inteligencia, manifestar mediante el adorno la restauración grandiosa de la Iglesia romana, éstas eran las intenciones que acabaron por alejar el arte de la Contrarreforma del espíritu de la 'estricta observancia' [...]. El concilio había justificado las luces, las incensaciones, los ornamentos, había reconocido el culto de las imágenes que los reformadores atacaban." En esa línea de pensamiento, los jesuitas recomendaron diferenciarse de la Reforma, una religión "pobre en todos los aspectos y cuyos templos parecen frontones" y fomentaron el lujo de las iglesias recordando que Cristo había aceptado el valioso perfume de María Magdalena.[3]

El barroco fue la respuesta dada por los arquitectos y por los artistas de las iglesias y de los monasterios de Europa central. El arte ya no debía generar una emoción provocada por la pureza ascética de las formas y de los materiales

(que Lutero recomendaba a su vez), sino por el arrobamiento de los sentidos exaltados por "la sobreabundancia de las imágenes, el poder emotivo de las estatuas, el vértigo de los techos pintados, la admiración de una nave sobrecargada de adornos, la belleza de materiales raros y valiosos, el tornasol de los mármoles, el prestigio del oro".[4] No es casual que las más bellas iglesias barrocas, tanto cistercienses como benedictinas, estén alineadas como en orden de batalla desde Alemania meridional hasta Bohemia, allí donde había que afrontar el doble peligro de la Sajonia luterana y de la Suiza calvinista.[5]

En las abadías donde la planta tipo se había perpetuado, la mayor parte de las iglesias cistercienses se "barroquizaron", aunque conservando visible su arquitectura de origen, románica o gótica. Sólo se embellecieron con la adición de atributos tradicionales de las artes decorativas. En sus presbiterios acogieron grandes retablos de mármol y de madera con estatuas de San Benito y San Bernardo, en los que estaba incorporado el altar y destacaba el tabernáculo para glorificar el dogma de la presencia eucarística. En el coro de los monjes se colocaron sillas de talla de gran refinamiento. Todo se adaptó a una liturgia suntuosa, liturgia de la palabra oficiada en los púlpitos imponentes, punto clave de la

nave, y liturgia del acompañamiento musical de los oficios gracias a órganos pintados de oro y plata, cuya música –encomendada a músicos profesionales– debía colmar los silencios. Se amueblaron las naves laterales con confesionarios tallados como obras de arte. En la nave central se instalaron bancos, generalmente

Página anterior:
Abadía de Kaisheim (Alemania). La iglesia abacial de finales del siglo XIV fue adornada al estilo barroco en el siglo XVIII.

Superior:
Abadía de Zwettl (Austria). Triunfo de las artes decorativas, principalmente de los ebanistas, escultores y doradores. Principios del siglo XVIII.

de madera cálida y siempre tallados. En los transeptos se agregaron pequeños altares reservados al culto de los santos cuyas reliquias se exponían. También éstos estaban coronados por retablos, consistentes por lo general en una tela pintada que representaba un episodio de la vida del santo, enmarcado por columnas salomónicas (como roscas de prensa o racimos de uvas en relieve, recordando la abundancia de los bienes terrenos y, por tanto, de Dios).

Hubo también construcciones nuevas concebidas según los principios del barroco, con el volumen interior organizado como una escenografía que permitía el desarrollo de los oficios como una obra de teatro en un decorado de antecámara del Paraíso. En tribunas o balcones laterales, los Padres de la Iglesia o los Evangelistas, grandes estatuas que gesticulan y profieren discursos sagrados. Muros, techos y cúpulas se confiaron a pintores inspirados por los teólogos. Los primeros perfeccionaron el arte del *trompe l'oeil* al plasmar las escenas bíblicas o la historia de la Iglesia propuestas por los segundos para edificación de las almas sencillas, cuya afluencia a las iglesias gestionaban los cistercienses en peregrinaciones como las de Vierzehnheiligen cerca de Bamberg o de Birnau en la orilla alemana del lago de Constanza. Todo ese paraíso de formas y de colores refinados, donde ni siquiera falta el olor de maderas enceradas y de incienso quemado, es bañado por la luz que entra a raudales por los grandes vanos cerrados por vidrios blancos y no por vidrieras coloreadas. Cuando era necesario, los arquitectos barrocos proponían la sobriedad.

Casi siempre se mostraron sobrios en el tratamiento de los volúmenes y de las fachadas exteriores. Los edificios barrocos construidos en el siglo XVIII carecerían a menudo de originalidad si no se integrasen en un conjunto estructurado de patios y antepatios que, progresiva-

Abadía de Schlierbach (Austria). La biblioteca tratada como un templo del saber, según el espíritu del siglo de las Luces.

mente, a medida que se avanza, permiten descubrir la fachada de la iglesia abacial y la torre o la cúpula de la iglesia que dan solidez a la composición. Esos espacios cerrados, que se destinaban a las dependencias, inmuebles bajos con revoques blancos sobre los que sólo destacaban con un color vivo los marcos de puertas y ventanas, eran tan característicos de las abadías cistercienses del barroco como los retablos de sus presbiterios. En este aspecto son ejemplares las abadías de Zwettl o de Furstenfeld.

Otro punto común a todas estas abadías donde venció el barroco: la existencia en su seno de amplias bibliotecas concebidas como "el tesoro" de la comunidad y donde los ebanistas y los doradores expresaron todo el refinamiento de una clase social que de esta manera daba fe de su amor por la literatura y el arte. Generalmente constaba de tres salas: la biblioteca histórica, la biblioteca científica y, finalmente, la biblioteca teológica y patrística. Este equipamiento, innovación entre los cistercienses, a veces fue comparable a los más bellos conjuntos del mismo tipo de las abadías benedictinas (Saint-Gall o Melk). Éste fue el caso de Waldsassen en Alemania y de Vyssi Brod en Bohemia.

Los palacios abaciales de las abadías francesas

Los motivos de las nuevas construcciones acometidas durante el siglo XVIII en las abadías francesas fueron menos nobles que los de las obras barrocas de los cistercienses de Europa central. De hecho, las escasas comunidades todavía ricas en propiedades e ingresos deseaban abandonar las construcciones medievales en las que siempre habían vivido para disponer de locales más confortables y adecuados a los nuevos usos de la orden: generalización de las celdas individuales (1666), posibilidad de instalar "cocinas grasas" para la carne de ciertos días de la semana, creación de bibliotecas...

Pero en un plano más prosaico, es necesario reconocer que muchas de estas obras no se iniciaron más que para permitir a los abades, comendatarios o no, disponer *in situ* de unos palacios adecuados a los gustos de la sociedad refinada del siglo de las Luces. Las abadías mayores, pese a las adversidades sucesivas de los

siglos precedentes, habían conservado los medios para acometer construcciones importantes. Además, Colbert (en 1667) y después el regente exhortaron a las comunidades monásticas más ricas a dar trabajo a los más desprovistos mediante una "política de grandes obras". Este ramillete de razones desembocó, en el plano arquitectónico, en un clasicismo muy depurado, a la francesa, que aún traducía una cierta sencillez muy acorde con los herederos del ascetismo cisterciense.

Los recursos financieros

Está claro que Aiguebelle con sus dos monjes y sus 1.700 libras de ingresos anuales en 1768 no podía emprender las obras que iniciaba ese mismo año Claraval con sus 54 monjes e ingresos de 78.700 libras. Estos recursos financieros le permitían obtener préstamos. Además, sus cerca de 20.000 hectáreas de bosques (a las que se sumaban las 5.000 hectáreas de tierras laborables y la retahíla de establecimientos siderúrgicos) podían convertirse en parte en activos líquidos cada año. De hecho, sólo veinte abadías disponían de capacidad para emprender obras importantes con la certeza de concluirlas.

Los arquitectos

Un mérito de los abades cistercienses fue saber escoger buenos arquitectos: Claude Louis d'Aviler, hijo del gran teórico de la arquitectura clásica Charles d'Aviler, intervino en Auberive, en Molesme y en Vauluisant. Jean Aubert, protegido de Jules Hardouin Mansart y creador de las caballerizas de Chantilly y probablemente también del Palacio Bourbon, realizó el palacio abacial de Chaalis (1736). Lenoir reconstruyó en 1770 el convento de monjas de Saint-Antoine-des-Champs y comenzó el edificio de huéspedes de Císter. Entre 1785 y 1789, Louis Lemasson construyó el edificio abacial de Royaumont. Finalmente, cabe destacar la iglesia de Valloires, reconstruida a partir de 1738 según los planos de Raoul Coigniart. Es la única iglesia barroca cisterciense en Francia y contiene trabajos de forja de Jean Veyren, *Vivarais*, así como entalladuras de enmaderamiento (sobre todo, caja de los órganos) del escultor Simon Pfaff de Pfaffenhoffen.[6]

El caso de Claraval

En 1708, Claraval era todavía una "ciudad medieval" encerrada en sus tres kilómetros de murallas. A lo largo de los siglos se habían ido acumulando múltiples edificios destinados a las funciones más variadas en el Pequeño Claraval (el espacio de las dependencias) y el Alto Claraval (el espacio regular). Pierre Mayeur, nombrado abad en 1740, consciente de que su abadía no correspondía ya a los espacios funcionales en uso en el siglo XVIII, no dudó en proyectar la reconstrucción de una nueva abadía moderna en el mismo lugar. Se conservó naturalmente la iglesia abacial así como el edificio de los conversos, convertido en un inmenso almacén. Todo lo demás fue demolido y sustituido progresivamente.

El "Gran Claustro" debía constituir el nuevo polo de vida de la abadía. Pierre Mayeur consiguió terminar la obra principal (recinto y cubierta) entre 1753 y 1774. Se trata de un edificio considerable, de un piso, con desvanes habitables sobre una planta baja con galería que rodea un patio de un cuarto de hectárea (50 m x 50 m). El lado sur de la fachada exterior se despliega sobre 140 metros de longitud.

Se han formulado muchas preguntas sobre las razones que justificaron una construcción de tal magnitud. ¿Iba a convertirse Claraval en una especie de gran noviciado para toda la orden? ¿O sucumbió Pierre Mayeur, como tantos otros responsables de monasterios, a la tentación de la gigantez que daba prestigio a los comendatarios? Es evidente que el refectorio y la cocina, encuadrados en el ala sur del claustro, ocupan un espacio desmesurado. Una decoración de enmaderamientos y medallones de estuco dan fe de la función de recepción que había de desempeñar este conjunto. ¿Castillo o abadía?

Página anterior, superior:

Abadía de Royaumont (Île-de-France). El palacio abacial. Entre Palladio y Boullée, en la vanguardia de la moda arquitectónica de su tiempo.

Izquierda y páguina anterior, inferior:

Abadía de Claraval. El gran claustro de Claraval III, inmenso palacio de largos corredores y de austeridad aún cisterciense. Napoleón la convirtió en cárcel, salvándola así de la destrucción. Falto de asignación, este conjunto excepcional está hoy invadido por zarzas y maleza que tal vez lo conviertan en una de las bellas ruinas del siglo XXI.

Abadía de Orval (Bélgica). Una arquitectura excesivamente monumental, pero que quiere resaltar la presencia recuperada de los cistercienses tras los movimientos y las legislaciones contrarios a las congregaciones de los años 1880–1910.

CAPÍTULO XIV

AYER, HOY, MAÑANA

Después de la Revolución, ya nada podía ser como antes. La Iglesia había perdido a sus aliados políticos tradicionales y el anticlericalismo se nutría del recuerdo de alianzas pasadas de Roma y de sus nuevas coaliciones con los conservadores. Además, los nacionalismos en plena efervescencia no podían transigir ante la supranacionalidad de la Iglesia y la fuerte presencia en el interior de sus fronteras de unas órdenes religiosas con vocación internacional. Eso explica que el renacimiento de las abadías cistercienses en el siglo XIX se debiera a iniciativas aisladas y poco coordinadas durante años, y que se perpetuasen los viejos enfrentamientos entre ambas observancias. Así, cuando los monjes blancos rehicieron sus estatutos en los albores del siglo XX, no tenían más razones para existir que la religiosa, sin la ambigüedad de intereses políticos o económicos asociados a su compromiso espiritual. No hay duda de que ello representaba una innovación capital respecto de la historia de la orden desde sus orígenes.

LOS NOVECIENTOS AÑOS DEL CÍSTER

Hoy en día, el observador imparcial debe reconocer que los cistercienses, aunque todavía divididos en dos órdenes, porque las herencias históricas se borran muy lentamente, viven a los ojos del mundo una unanimidad recuperada en la aplicación de la regla de Benito de Nursia y, sin duda, con una espiritualidad que la orden jamás había conocido desde sus padres fundadores. Ahora están presentes en todos los confines del mundo (por ejemplo, Himmenrod tiene filiales en Brasil, Schlierbach en Estados Unidos, Lérins en Indochina, etc.).

Pero al igual que la Iglesia del clero secular y las otras instituciones monacales, los monjes blancos se enfrentan a una grave disminución de los efectivos tras haber conocido un incremento relativo de vocaciones después de la Segunda Guerra Mundial. El envejecimiento de las comunidades influye en su dinamismo. Las abadías disponen en cada emplazamiento de edificios a menudo muy importantes y costosos de mantener, porque la reconstrucción comporta una voluntad de autarquía conforme a la regla. Ya sean industriales como en Acey, queseros como en Císter, destiladores como en Aiguebelle, o cerveceros como en Orval, los cistercienses viven siempre de su trabajo. Para ellos, sus pasos han de encaminarse ciertamente a preservar esas actividades, mediante un reparto de las funciones, continuando así dentro del sistema de aprovechamiento del territorio rural, que fue en tiempos una de las innovaciones de los cistercienses.

Los cistercienses no dejan de plantearse la cuestión de su presencia futura. En su reciente libro, *Souvenirs et réflexions*, el abad de la Trapa concluía: "Nuestra generación se ha comprometido a fondo a conseguir una renovación profunda y a actualizarse, respetando las decisiones del concilio Vaticano II. ¿Qué tarea les espera a los que hemos formado y que en un futuro próximo continuarán la tradición? [...]. Lo más evidente será la disminución de los efectivos de las comunidades [...] y la inadaptación de unos locales previstos para grupos más numerosos. Cierto que ninguna comunidad tiene garantías de inmortalidad. [...] Nuestros sucesores tendrán más vista que nosotros, como esos apóstoles que las vidrieras de Chartres presentan encaramados sobre los hombros de los profetas, pudiendo así percibir aquello que sus predecesores no veían".[1]

LA POSTERIDAD CULTURAL

Las abadías cistercienses del pasado que han reencontrado un destino monástico son hoy escasas. En la Revolución muchas se convirtieron en canteras fructíferas para los empresarios de las ciudades vecinas. Otras albergaron actividades industriales (Fontenay se transformó en una fábrica papelera) o de la administración pública (Claraval se convirtió en cárcel), lo que las salvó, al menos parcialmente. Ya no queda rastro de los cimientos de algunas de ellas (Signy), aunque hay vestigios considerables de muchísimas.

En el siglo XIX, esos lugares memorables empezaron a interesar a los historiadores de sociedades académicas locales, aficionados a las monografías, antes de que el progreso de los estudios medievales hiciera del mundo cisterciense uno de los grandes temas universitarios.

Paralelamente, el turismo se ha desarrollado en las abadías y los asentamientos se han valorizado gracias a la pasión de sus propietarios (públicos o privados), generalmente convertidos por "el espíritu de los lugares". Las abadías, milagrosamente preservadas y restauradas bajo el control de los arquitectos de monumentos

(hotel, residencia de ancianos, centro cultural, etc.) perpetúen una animación que no es contraria al respeto debido al patrimonio heredado de las generaciones pasadas. En cuanto a los lugares amputados de la mayor parte de sus construcciones, están dedicados a una especie de escenografía romántica de las ruinas, con el carácter de los "desiertos" del siglo XVIII.

Los ingleses se han especializado en este tipo de revalorización de monumentos, en los que las columnas truncadas o los lienzos de muros con ventanas sin vidrieras e invadidos por la hiedra puntean unas praderas magníficas a modo de esculturas gigantescas. Fontains recibe 300.000 visitantes al año y las abadías francesas, más de dos millones. Paradójicamente, son los guías de esos lugares turísticos, más que los monjes recluidos en la clausura, los que responden a las preguntas del gran público sobre la vida monástica y la espiritualidad cisterciense. ¡Los caminos a los que conduce la cultura son imprevisibles!

En cuanto a la arquitectura cisterciense, continúa siendo un modelo respetado en lo que respecta al programa y a la organización funcional de los lugares. En el siglo XIX ese modelo fue naturalmente imitado por las nuevas

Superior izquierda:
Abadía benedictina de Maredsous (Bélgica). La obra maestra del gothic revival *belga ha sido realizada inspirándose en Viollet-le-Duc, según el plano tipo cisterciense y el modelo de Villers-la-Ville.*

Superior derecha:
Abadía de Fountains (Inglaterra). Edificio destinado a acoger a los visitantes: el turismo cultural y sus derivados.

históricos, o sus equivalentes fuera de Francia, adoptan un estatuto de museo que a veces hace olvidar que en estos lugares los monjes trabajaban, salmodiaban y construían, y que el ambiente silencioso de hoy no es sino una idealización de la vida monástica. Ésa es la razón de que los recintos reconvertidos para otras funciones comunidades que no encontraron abadías históricas para volver a ocuparlas y hubieron de construir establecimientos nuevos.

También algunos arquitectos célebres se atuvieron al mismo modelo. Cuando en 1872 los benedictinos de Maredsous confiaron a Béthune el encargo de edificar su nuevo monasterio en el más puro estilo *gothic revival*, el arquitecto se inspiró en los planos de la antigua abadía cisterciense de Villers-la-Ville. El propio Le Corbusier no se contentó con escribir el prólogo a la colección de fotografías de Lucien Hervé sobre Le Thoronet.[2] Cuando los dominicos le encargaron en 1952 la construcción de su abadía de La Tourette, cerca de Lyón, adoptó la planta funcional cisterciense, pese a que las funciones de un convento de frailes predicadores, abiertos al mundo, habrían merecido, sin duda, una expresión diferente de la que se le impuso en forma demasiado espontánea al arquitecto.

Esta permanencia de la imagen de la abadía cisterciense, convertida en símbolo de una aventura humana fuera de lo común, revela la inmutable posteridad cultural de la orden y de las abadías que levantó por toda Europa.

Izquierda:
Abadía de Fountains (Inglaterra). Un jardín entre ruinas...

Inferior izquierda *y derecha:*
Convento de los dominicos de La Tourette. Le Corbusier también tuvo en cuenta la referencia cisterciense.

SEGUNDA PARTE

EL MUNDO CISTERCIENSE EN EUROPA

ACEY

Aceyum

Vitreux/Jura/Franco Condado/Francia

fund. 1136 por Cherlieu (filial de Claraval)

igles. 1168–1260

suprim. 1791 (Revolución francesa)

hoy monasterio OCSO

Véanse también páginas 47, 88, 135.

Fuentes
P. GRESSER, R. LOCATELLI, M. GRESSER, E. VUILLEMIN, *L'Abbaye N.- D. D'Acey*, CETRE. Besançon, 1986.
Hubert BONAL, "Electrolyse Abbaye d'Acey ou l'ascétisme mangerial", en *MCS*, nº 523 (5 de enero de 1998), p.8.

La abadía de Nuestra Señora de Acey goza de un bello aislamiento a las orillas del Ognon, en el Franco Condado. El valle es ancho y agrícola y los monjes, que volvieron a ocupar el monasterio en 1937, explotan, según la tradición, una granja ganadera y una huerta.

Pero esa actividad no basta para que la comunidad viva en la autarquía del fruto de su trabajo, como prevé la regla de San Benito. El mismo problema se plantea en la mayor parte de las abadías cistercienses que continúan en activo, por lo que gestionan actividades artesanales (alfarerías, destilerías, queserías, cervecerías...), que perpetúan decenios de explotación de productos vinculados a la imagen del monje poseedor de viejas recetas ecológicas.

Acey, por el contrario, gestiona desde hace más de treinta años una empresa industrial, inmersa en los dictados y tensiones del mundo económico moderno. La EAA (Électrolyse Abbaye d'Acey) es una PYME del sector de subcontrata de las industrias automotriz, eléctrica, electrónica, aeronáutica... Su cometido es el tratamiento de superficie de piezas metálicas por electrólisis (depósitos de metales preciosos: estaño, níquel, oro, plata...). La EAA, con norma de calidad ISO 9002, es una empresa automatizada que posee una experiencia reconocida y apreciada por sus clientes.

La plantilla de la EAA consta de veinte personas asalariadas que se disponen a poner en práctica el horario de treinta y cinco horas en dos turnos, más los monjes, que intervienen entre los oficios con horarios variables, permitiendo de esta manera la máxima flexibilidad de la producción. El presidente y director general es un hermano sujeto a la autoridad espiritual del padre abad, aunque dispone de la autoridad patronal en un sistema de "capitalismo comunitario". Entre la presión de los clientes que integran las producciones de la abadía en la estrategia económica del "flujo tenso", las exigencias sociales de una empresa que debe ser ejemplar en sus relaciones humanas y la práctica de una vida litúrgica que moviliza el espíritu y buena parte del tiempo de los monjes, Acey representa una experiencia paradójica. Sin duda alguna, es una manera de poner a prueba el ascetismo monacal en el mundo moderno, así como de contrastar la modernidad con el sistema de valores que lo constituyen.

En el curso de los siglos, la abadía ha perdido numerosos edificios, por lo que el taller de electrólisis no está instalado en una antigua fragua o en un viejo molino histórico de la época en la cual la arquitectura magnificaba los lugares de trabajo. Subsiste, sin embargo, la iglesia (1168–1260). La bóveda de la nave, hundida en seis tramos desde el siglo XVII, ha sido reemplazada en fecha reciente por una estructura de arcos diafragmas de hormigón armado. Se puede contemplar así un gran nártex antes de entrar en una iglesia abacial de cruz cuadrada y una belleza austera. Las naves laterales con bóvedas de aristas, ventanas de medio punto, ábside y capillas absidiales de cabecera plana son buenas muestras de arquitectura románica. Por el contrario, toda la cubierta es gótica y de gran altura (20 metros), lo que da una elevación de tres pisos: unas arcadas bajo arcos apuntados, a las que se sobrepone un muro compacto rematado con numerosas ventanas que iluminan abundantemente el edificio. Las nuevas vidrieras agregan una acertada nota de modernidad a esta abadía, que se ha adaptado a su tiempo durante las horas de trabajo.

Los dos tramos de la
nave vistos desde el
brazo sur del transepto,
vestigios de la iglesia
del siglo XII después
del gran incendio que
destruyó la abadía en
1683. El aguilón norte
se abre sobre los
edificios conventuales
reconstruidos en
el siglo XVIII.

ALCOBAÇA

Sta. María de Alcobaça

Alcobaça/Estremadura/Portugal

fund. 1153 por Claraval

igles. 1178–1252

suprim. 1834

hoy parroquia, hospicio y servicios sociales municipales

Véanse también páginas 12, 40, 47, 72, 75, 97, 114, 118.

Fuentes
Dom Maur COCHERIL, *Routier des abbayes cisterciennes du Portugal*, Fundación C. Gulbenkian. Lisboa-París, 1986.
Dom Maur COCHERIL, *Alcobaça*, Imprensa nacional. Lisboa, 1989.
Dom Maur COCHERIL, *Note sur la décoration de l'église de Santa Maria de Cos Alcobaça*, Alcobaciana. Alcobaça, 1983.
Anselme DIMIER, *L'Art cistercienne*, tomo II, Zodiaque. La Pierre-qui-Vire, 1971.
Maria A. LAGE PABLO DA TRINDADE FERREIRA, *Mosteiro de S.Maria de Alcobaça*, ELO. Lisboa, 1987.

Alcobaça, la última filial de Claraval en vida de San Bernardo, obtuvo su carta de fundación el 8 de abril de 1153, cuatro meses antes de la muerte del padre abad. Situada en el extremo occidental de la expansión de la orden cisterciense, la abadía ocupaba, en la confluencia de los ríos Alcoa y Baça, unas tierras donadas por Alfonso Enríquez, primer rey de Portugal. La leyenda asegura que éste agradeció así al Cielo su victoria de Santarem contra los árabes en 1147. "La realidad es más sencilla y más hermosa. La donación a Claraval de un territorio recién conquistado a los árabes revestía un significado político debido a la influencia y al prestigio de San Bernardo. Portugal, en pleno proceso de formación y con apenas un millón de habitantes, apelaba a uno de los elementos civilizadores más importantes de su tiempo y afirmaba su fe en el porvenir" (Dom Maur Cocheril).

Los árabes volvieron a devastar la abadía y mataron a algunos monjes en 1195, pero la construcción iniciada por los maestros de obras enviados por Claraval continuó hasta 1223 con las dependencias monásticas. En 1252 se terminó la iglesia y en el siglo XIV, el claustro gótico.

Paralelamente, los monjes y sus conversos, así como una abundante población asalariada, revalorizaron las tierras despobladas desde hacía largo tiempo y arrasadas por las campañas de la Reconquista. El dominio se extendía sobre unas 44.000 hectáreas, desde el Atlántico por el oeste hasta la Serra dos Canduiros por el este. En el centro de una cuenca bien orientada, la abadía podía cultivar cereales y plantar viñas y olivares. Los monjes pronto instalaron fraguas y explotaron minas y hasta salinas. La sal se exportaba en barcos que pertenecían a la abadía. Los monjes desecaron pantanos para ganar nuevas tierras y construyeron una red viaria que permitió crear núcleos de población. Los cistercienses de Alcobaça no fueron simplemente monjes encerrados en su monasterio, sino que fomentaron los recursos del territorio, crearon escuelas de agricultura, una farmacia, una imprenta (en el siglo XVI) y hasta participaron en la fundación de la Universidad de Lisboa. Los abades estuvieron en los orígenes de la creación de las órdenes militares de Cristo y de Avis, filiales implicadas en la lucha contra los infieles y los castellanos. Ocupaban escaños en las cortes y formaban parte del Consejo real.

Estos logros no podían sino engendrar codicias, y tanto poder suscitaba un buen número de intrigas. En conflicto con Císter y con Roma, Alcobaça creó una congregación cisterciense autónoma en Portugal. La decadencia no se pudo frenar cuando la abadía cayó bajo la férula de los abades comendatarios, especialmente en 1475, cuando el abad, desestimando los intereses de sus propios monjes y el derecho canónico, vendió la abadía al arzobispo de Lisboa, "¡el mayor acaparador de bienes eclesiásticos que Portugal hubiera conocido!"

El monasterio sufrió daños con el gran terremoto de 1755 y con las memorables inundaciones de 1772; luego vino el enorme pillaje por parte del ejército francés en 1811; finalmente, la turba revolucionaria y de nuevo las tropas de Luis Felipe saquearon la abadía, que sólo se salvó de la destrucción completa por una rápida anexión al Estado. Pudo entonces empezar la restauración. Hoy, calificada de patrimonio de la humanidad por la UNESCO y convertida en destino importante del turismo portugués, la abadía es asimismo un importante hospicio (claustros segundo y tercero).

Alcobaça sigue, pues, viva y, una vez franqueada la puerta de la suntuosa fachada barroca de la iglesia, enmarcada por dos alas de más de 200 metros, cabe descubrir con emoción la gran nave cisterciense (106 metros de longitud de obra bajo una altura de 20 metros), majestuosa y austera: alineación cerrada de machones y columnas que descansan sobre ménsulas en bisel, como un camino real que condujera al santuario, inundado por la luz de nueve tramos con grandes vanos de su cabecera semicircular. Salvo por las naves laterales, he aquí la segunda iglesia de Claraval II, la que en 1174 acogió a San Bernardo recién canonizado: la misma planta, las mismas medidas y sin duda el mismo color de la piedra calcárea. Los siglos la han modificado poco. El rey Pedro I hizo colocar en ella su sepulcro y el de Inés de Castro, *La reina muerta*, dos obras capitales de la escultura funeraria occidental (1361). Lo mismo cabe decir del grupo *La muerte de San Bernardo* (1687–1705), situado en la capilla dedicada al abad, en el transepto meridional. Elevada fuera de ese mismo transepto, la sala de las tumbas, el panteón real, es una réplica admirable del siglo XIII. Finalmente, una nueva sacristía (hacia 1760) de estilo gótico manuelino alberga una capilla de reliquias recubierta de oro y de estatuas barrocas.

El claustro es uno de los mayores jamás construidos por los cistercienses. Cubierto de bóvedas de ojivas que descansan sobre ménsulas de cinco capiteles, se abre al patio a través de grandes vanos de medio punto, que a su vez descargan sobre columnas geminadas y coronadas por un ojo de buey en el tímpano. Una amplia escalera conduce al claustro superior formando un pasillo cubierto (1484). Los amplios vanos en arco carpanel permitían en tiempos contemplar los primeros naranjos plantados en Portugal. También se puede admirar el lavabo de los monjes, que emerge en el patio.

Las galerías del patio se abren sucesivamente a la sala del capítulo, a la sala de los monjes y al refectorio, para conducir después, por la escalera de día, al dormitorio de aquéllos. Todos estos espacios son como iglesias

de tres naves, bajo admirables ojivas de un gótico todavía controlado, sin muestras de ampulosidad ni amaneramiento.

Nunca se acaba de descubrir Alcobaça: la cocina moderna con su gigantesca chimenea central y su río canalizado; en el emplazamiento del ala antigua de los conversos, el salón de los reyes y la sala de actos, reservada a la administración; los dos claustros sucesivos con sus talleres y la biblioteca convertida en centro de trabajos manuales del inmenso hospicio, que ocupa ya el espacio de las dependencias de la abadía.

No se puede dejar Alcobaça sin admirar antes la suntuosa decoración de la antigua iglesia de monjas cistercienses de Santa María de Cos, a seis kilómetros de distancia. Este granero de la abadía fue transformado en convento para mujeres en el siglo XVI y albergó religiosas hasta 1834. La iglesia posee en el presbiterio un retablo barroco en madera dorada del siglo XVII. Los muros de la nave central y de la sacristía están enteramente revestidos de azulejos del siglo XVII, que representan diez escenas de la vida de Bernardo de Claraval. Y, finalmente, un tesoro incomparable: la bóveda de la iglesia formada por ochenta artesones en madera (2,60 x 1,60 m) dispuestos en cinco hileras y todos admirablemente pintados con tres temas: los santos benedictinos y cistercienses, Jesús y María, y una serie de alegorías.

Página anterior:
Nave lateral al sur de la principal vista desde el deambulatorio. Su estrechez recuerda que la liturgia cisterciense –contrariamente a las prácticas cluniacenses– no gustaba de las procesiones. Su función primordial era apuntalar la nave central.

Página siguiente:
Según la tradición, esta nave, la más majestuosa de cuantas construyeron los cistercienses, se debe al monje Didier, llegado de Claraval.

Superior:
El lavabo del claustro y su fuente.

Izquierda:
El dormitorio de los monjes con tres naves, como el de Claraval.

Izquierda superior:
El aguilón del brazo del transepto meridional (ojo de buey grande) y de su colateral (ojo de buey pequeño).

Derecha superior:
Detalle de la fachada de João Turriano (1725) construida alrededor del bello pórtico del siglo XIII.

Derecha:
El "claustro del silencio" del siglo XIV y su paso cubierto de 1484.

Izquierda:
Puerta de la sacristía.
El ejemplo más hermoso
del gótico manuelino:
un árbol coronado con el
escudo de armas real.

Doble página siguiente:
La sala de los monjes.
Sus cinco rellanos se
adaptan a la pendiente
del terreno.

BEBENHAUSEN

Si es verdad que a los monjes en general y a los cistercienses en particular les apasiona construir, Bebenhausen ilustra perfectamente el dicho tradicional. La historia de la abadía, fundada en 1180 por los premostratenses en un hermoso calvero del bosque de Schönbuck, en la confluencia del Seebach y del Goldersbach, es el resultado de una serie de obras. Los cistercienses habían tomado el relevo en 1190 y en 1228 consagraron la iglesia abacial de estilo románico: planta basilical, cabecera plana y cubierta formada por un techo plano de madera.

El ala de los monjes, todavía románica, se construyó antes de 1250; un gran muro de recinto para proteger el espacio de las dependencias se terminó en 1303, tras veinte años de trabajos; en 1320 se inició el gran ventanal gótico del coro; hacia 1335, albañiles llegados de Salem levantaron el hermoso refectorio y, más tarde, el lavabo y su fuente según los nuevos cánones del gótico flamígero; con el nuevo siglo, la abadía se dotó de un campanario nuevo (1409), encaje de piedra que debía mostrar a los huéspedes el gusto del abad por la arquitectura de calidad; durante los dos siglos siguientes se modificaría por completo la abadía, se reharía el claustro, se transformaría el antiguo refectorio de conversos en comedor de invierno que podía calentarse, se crearían celdas en el dormitorio de los monjes, se levantaría una hospedería para los visitantes...

Después de la Reforma, la abadía conoció varios destinos: universidad protestante hasta 1806, castillo de caza para el rey de Wurtemberg en el siglo XIX, Parlamento de Wurtemberg después de la Segunda Guerra mundial...

Bebenhausa
Bebenhausen /Wurtemberg/ Alemania
fund. 1190 por Schönau (filial de Claraval)
igles. hacia 1190–1228
suprim. 1802
hoy centro cultural

Véase también página 110.

Fuentes
Abbaye de Bebenhausen, ministerio de Finanzas de Baden-Wurtemberg, 1991.
Jürgen SYDOW, *Bebenhausen 800 Jahre Geschichte und Kunst*. Tubinga, 1984.

Izquierda:
Ala sur del claustro con el piso de entramado que corona el lavabo.

Superior:
Bóveda de la galería este del claustro, a la entrada de la sala capitular (siglo XV).

El pueblo y la abadía fueron en adelante objeto de una protección justificada. Las casas de entramado, los grandes tejados, las piedras y los revestimientos de un blanco impecable confieren mucho carácter al conjunto, y un paseo por los huertos que dominan el enclave permite al interesado comprender la imbricación de los edificios monásticos en el seno del pequeño burgo. El campanario y la vidriera del presbiterio aparecen como elementos sobresalientes.

Al rodear el cuadrado monástico, el visitante quedará impresionado por la perfección de los espacios que conducen al corazón de la abadía. Pasos bajo bóvedas y pequeños patios adoquinados resultan protectores. El claustro aísla por completo del mundo. La elegante construcción que cobija la fuente, la decoración floral del refectorio, las sabias nervaduras que sostienen las bóvedas de las galerías del claustro, la perfección de los capiteles de la sala de los monjes y del capítulo, todo ese refinamiento anuncia ya el barroco de las abadías cistercienses de Europa central, pero sin que se haya perdido la estructura propia de la planta bernardina, fruto de la regla y marco de una vida monacal que conjuga oración y actividad.

La galería norte del claustro con su banco (soleado con el buen tiempo) para la lectio divina.

Con igual cometido que el opus dei, *que el monje realiza cada vez que participa en los oficios, la* lectio divina *se hace dos veces al día, contribuyendo a su santificación y a la glorificación de Dios.*

Reconstrucción de una celda del siglo XVIII. Las celdas, en ocasiones verdaderos apartamentos, se construyeron en todas las abadías en el lugar que ocupaba el dormitorio.

Izquierda:
Pintura al fresco de 1409
en el muro norte del
presbiterio: el abad
Peter de Gomaringen
presenta a la Madre
de Dios el nuevo
campanario (1407–1409)
de la iglesia (fotografía
de la página 150).

Superior:
Cuadrante solar sobre
un contrafuerte del lado
sur de la cabecera de
la iglesia.

BECTIVE

Mainistir Bleigthi/Beatitudo Dei
Trim/Meath/Repúb. de Irlanda
fund. 1150 por Mellifont (filial de Claraval)
igles. siglo XIII
suprim. 1536 (Acta de disolución)
hoy ruinas

Un árbol venerable y tres veces centenario domina majestuosamente las impresionantes ruinas de Bective, enmedio de praderas y de vacas que pastan a las orillas del Knightsbrook River. Los cistercienses nos legaron un puente muy hermoso para acceder a la abadía.

Esta "primogénita" de Mellifront, como todas sus hermanas menores, fue fundada por el rey del condado local, Murchad O'Melaghin-Sheachlainn. No resistió a la invasión anglonormanda. En la iglesia de la abadía fue enterrado Hugh de Lacy, acusado por el rey de Inglaterra de haber pretendido adueñarse del trono (1195). En 1228, Bective fue reconocida como plaza fuerte, se comenzó a sobrealzar el claustro con enormes murallas y se le agregaron torres. Dos de ellas subsisten, pero la del crucero del transepto (cuya existencia se supone por los puntales del arco del transepto meridional) desapareció con la nave central después de la disolución de la orden, cuando los sucesivos propietarios de la abadía la utilizaron como cantera. El capítulo, con su ventana a modo de tronera, forma una casamata muy adecuada.

Ciudadela de la fe y militar, presenta un rigor construtivo justificado por una obligada funcionalidad. Los constructores de los castillos fortificados de los cruzados de Siria, como los de Europa occidental, perpetuaron esta arquitectura sin ornamentación que Vauban todavía magnificará algunos siglos después.

Fuentes
Roger STALLEY, *The Cistercian Monasteries of Ireland*, Yale University Press. Londres, 1987.

**Izquierda,
superior e inferior:**
Arcadas del claustro y,
como en Jerpoint, una
escultura entre dos
columnas.

Parte superior:
El claustro y la torre
fortificada, que se
construyó encima de
la sala de los monjes.
Después de 1537 los
propietarios intentaron
transformar esta parte
de la abadía en una casa
de campo estilo Tudor.

BOYLE

Mainistir an Buille
Boyle/Roscommon/ Repúb. de Irlanda
fund. 1148 por Mellifont (filial de Claraval)
igles. finales siglo XII
suprim. 1584
hoy ruinas

Fuentes
Roger STALLEY, *The Cistercian Monasteries of Ireland*,
Yale University Press. Londres, 1987.
Anselme DIMIER, *L'Art cistercien*, tomo II, Zodiaque.
La Pierre-qui-Vire, 1971

Boyle tiene sin duda alguna el récord de los cambios de implantación. Fundada en primer lugar por Mellifont en Grelaedinach (1148), en un lugar llamado Ath-da-Larc –donde existía con toda seguridad un monasterio mucho más antiguo–, se estableció después en Dwinconald (1156), más tarde en Bunfinne (1159) y por último en Boyle (1161), a sólo dos millas del célebre Lough Key Forest.

Una sucesión de agresiones y reveses la llevaron a la ruina. Desde el siglo XIII, que sin embargo se quiso caracterizar por su respeto por las iglesias, fue atacada por las fuerzas inglesas (1202 y 1235). El último abad fue martirizado en 1584. Incluso después de la disolución fue escenario de duros combates, pues Cromwell la asedió en 1645.

La iglesia tiene, sin embargo, un interés enorme. El presbiterio (con bóveda de medio punto), el coro, el transepto y los cinco primeros tramos de la nave datan de la fundación de la abadía, aún de traza románica. El resto de la iglesia se construyó en el siglo XIII, bajo la influencia del gótico naciente. Pero lo que se impone con una fuerza que escapa a cualquier comentario estilístico son las columnas cilíndricas coronadas de capiteles esculpidos, obra del maestro de Ballintober, que intervino entre 1216 y 1225.

En Boyle triunfa el estilo ornamental de las iglesias benedictinas tanto en los capiteles de gallones (hojas y motivos no figurativos) como en los capiteles con figuras (especialmente con animales).

Izquierda:
Capitel del maestro de
Ballintober (cara oeste
de un pilar al norte
de la nave).

Página anterior,
superior:
Columna cilíndrica
de la nave.

Página anterior,
inferior:
Muro norte de la nave.

BUILDWAS

Bildewasium

Shrewsburg/Shropshire/Inglaterra

fund. 1135 por Savigny (OC en 1174/filial de Claraval)

igles. finales siglo XII

suprim. 1536 (Acta de disolución)

hoy ruinas

Véanse también páginas 43, 109.

Fuentes

Henry THOROLD, *The Ruined Abbeys of England, Wales and Scotland*, Harper Collins. Londres, 1993.
Anselme DIMIER, *L'Art cistercien*, tomo II, Zodiaque. La Pierre-qui-Vire, 1972.

La abadía de Buildwas disfruta desde hace algunos años de la proximidad de una central nuclear instalada en el corazón del hermoso valle del Severn. ¡Así se animan hoy los "desiertos" que en otros tiempos atrajeron a los cistercienses!

Los monjes de Buildwas no eran cistercienses en 1135, cuando una cohorte de nobles locales solicitó a la abadía normanda de Savigny que instalase una dependencia en Shropshire. Esteban, rey de Inglaterra, apoyó esta iniciativa. En 1147, Savigny se afilió a Claraval y todos los religiosos de su orden adoptaron la cogulla blanca de lana virgen que vestían los cistercienses.

A diferencia de la mayor parte de las abadías cistercienses, Buildwas no conoció un desarrollo considerable. La abadía no fundó ninguna filial ni creó una serie de graneros, sino que limitó sus construcciones a las necesidades propias de una pequeña comunidad de monjes, contentándose con percibir el peaje del puente sobre el Severn.

La vida apartada no elimina los problemas. En 1342, un monje asesinó al padre abad; en 1377, la abadía vecina de Whitland impugnó los derechos debidos a Buildwas y, en 1406, unos salteadores saquearon el monasterio. Finalmente, en 1536, cuando no contaba más que con doce monjes, la comunidad fue disuelta y sus bienes se anexionaron a la Corona.

Los vestigios de la abadía son importantes y permiten admirar un monasterio construido respetando al detalle la planta bernardina. La iglesia reproduce la planta de Fontenay: un pequeño presbiterio con cabecera plana y tres ventanas, transepto con dos capillas laterales y nave principal de siete tramos flanqueada por naves laterales muy estrechas. Menos tradicionales resultan las sólidas columnas cilíndricas de la nave, que también pueden encontrarse en muchas iglesias inglesas de finales del siglo XIV, cistercienses (Fountains) o no (Southwell). Nave principal, transepto y laterales, hoy al aire libre, estaban cubiertos con un techo de madera.

Pese a la prohibición impuesta por el Capítulo general, los cistercienses ingleses levantaron torres de piedra en casi todas sus abadías importantes, la mayor parte de las veces en el crucero del transepto, lo que provocaba que la nave, los cruceros y el coro tuvieran la misma altura. La torre de Buildwas, que se conserva bien, es ancha y baja, lo que pretende reflejar la firme serenidad reinante en la comunidad de los monjes.

Debido a la inclinación del terreno, hay que bajar cinco escalones para acceder a la sala capitular por una puerta de medio punto con tres rodillos y enmarcada por dos vanos sencillos. Las bóvedas de ojivas, aún en buen estado, están sostenidas por dos arcos que descargan sobre ménsulas embebidas o sobre cuatro pilares (dos octogonales y dos cilíndricos) con capiteles decorados con hojas de agua. El locutorio cercano también se ha conservado bien (dos tramos con bóvedas de ojivas).

Los demás edificios están en ruinas, a excepción de la enfermería, al este del cuadrado monástico, convertida en vivienda después de la disolución y hoy utilizada como local de recreo para los empleados de la gran fábrica vecina.

Izquierda superior:
Crucero del transepto.

Derecha superior:
El patio del claustro
visto desde el
emplazamiento de
la bodega del edificio
de los conversos. Al
fondo, la sala capitular.

Izquierda:
La "palmera" de
la sala capitular.

BYLAND

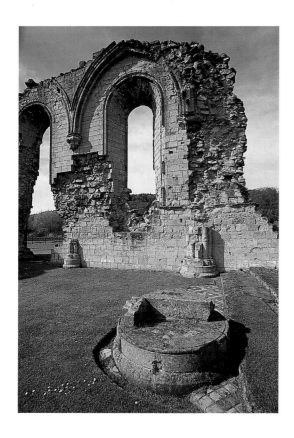

Bellalanda
Byland/Yorkshire- North Riding/Inglaterra
fund. 1134 por Furness (OC en 1147 por Savigny/
filial de Claraval)
igles. finales siglo XII y principios del XIII
suprim. 1539 (Acta de disolución)
hoy ruinas

Veánse también páginas 54, 57, 107, 109.

Fuentes
Henry THOROLD, *The Ruined Abbeys of England, Wales and Scotland*, Harper Collins. Londres, 1993.
Anselme DIMIER, *L'Art cistercien*, tomo II, Zodiaque, La Pierre-qui-Vire, 1972.

Cuando el emplazamiento de una nueva abadía no era conveniente, los cistercienses no dudaban en cambiarlo. En 1134, unos monjes llegados de Furness (orden de Savigny) se instalaron en Caldra; en 1138, se mudaron a Old Byland, pero el lugar quedaba demasiado cerca de Rievaulx y para evitar conflictos los monjes buscaron otro lugar; en 1147, se instalaron provisionalmente en Stocking, pero no encontraron el asentamiento definitivo de Byland "hasta 1177, tras haber roturado bosques y desecado pantanos" (Marcel Aubert).

La iglesia primitiva fue sustituida por una iglesia abacial grande, levantada en las mismas fechas que Rievaulx y Fountains, en la época esplendorosa de las abadías cistercienses de Yorkshire, a principios del siglo XIII. Las bellas ruinas actuales, legadas por los demoledores del Acta de disolución, permiten reconstruir la planta de la iglesia de 100 metros de longitud, que Marcel Aubert relaciona con la famosa planta de Villard de Honnecourt, donde una nave colateral rodea por completo la nave principal, el transepto y el coro profundo y rectangular. Esta catedral cisterciense albergó seguramente a una población monástica numerosa, pues se han encontrado restos de altares al este y al oeste de los cruceros del trasepto.

La gloria de Byland es su fachada. "Un hermoso pórtico trilobulado de cuatro dovelas sustentadas por columnitas; una puerta de medio punto se abre en cada una de las naves laterales. Encima del pórtico, una hilera de tres ventanales altos, estrechos y ojivales, coronada por un enorme rosetón que ocupa todo el ancho de la fachada entre los contrafuertes, pero del que sólo queda la parte inferior, habiendo desaparecido toda huella de relleno" (Anselme Dimier).

En el crucero del transepto se encuentran los más hermosos pavimentos de baldosas vidriadas que pueden verse en Inglaterra.

Y además, ¿cómo no dejarse impresionar por los vestigios del callejón de los conversos? Ese corredor segregacionista, que conduce al fondo de la iglesia, presenta treinta y cinco pequeños nichos, tal vez los guardarropas donde los conversos depositaban sus vestidos de trabajo antes de ir al oficio divino.

Izquierda:

Los dos pilares
majestuosos de la
sala capitular.

Superior:

Los ojos de buey y las
ventanas en triplete son,
junto con las ménsulas
que soportan columnas
embebidas, los rasgos
más característicos de
la arquitectura de las
iglesias cistercienses.
La fachada de Byland
presenta así mismo las
marcas espectaculares
de su filiación a la
orden.

Superior,
de arriba abajo :

• Losa funeraria de un
abad en su estuche de
césped inglés.
• Piedra reutilizada (con
dibujo de su primer uso).
• Enlosado de la iglesia.

CASAMARI

Casa Marii
Veroli/Lacio meridional/Italia
fund. en 1140 por Claraval
igles. 1203–1217
suprim. 1811 (Napoleón)
hoy monasterio OCCO, cabeza de congregación
(desde 1929)

Véanse también páginas 57, 91, 97.

Fuentes
Francesca DELL'ACQUA, "Casamari", en *Architettura cistercense, Fontenay e le abbazie in Italia dal 1120 al 1160*, Edizioni Casamari. Certosa di Firenze, 1995.
Italie Sud. Hachette, 1997.

"Desde que conocieron la bóveda sobre crucero de ojivas, los constructores cistercienses [...] trasladaron ese procedimiento a todo el mundo cristiano, hasta el punto de que se les ha podido llamar los misioneros del gótico" (Marcel Aubert). No había una región más apartada que las montañas del Latium, entre Roma y Nápoles, cuando los monjes blancos, con una maestría recién adquirida, llegaron para construir Casamari, en el más puro estilo de la bóveda de ojivas. Como misioneros de aquella arquitectura nueva, la aplicaron a la catedral de Sezzer, a la colegiata de Sermoneta y a muchos otros edificios religiosos de su zona de influencia.

Bajo el influjo del cercano Montecassino, al principio (1035) los monjes eran benedictinos. Sin embargo, no llevaban una vida ejemplar, por lo que el Papa de Roma apeló a sus queridos

Ventana del claustro primitivo, obra de cantero, inserta en un muro de piedra rota, trabajo de un albañil todavía inexperto.

Nártex de la iglesia
(siglo XIII).
Los fragmentos de
columnas acanaladas
depositados en el suelo
no son de la época
(son románicas).

monjes cistercienses para restablecer el orden (1140). Su prestigio era tan grande que se les rogó que intervinieran también en Sicilia (1173) para resolver los conflictos que dividían a los señores feudales de la región. En recompensa, los príncipes sicilianos colmaron de cuantiosas donaciones la abadía, que pudo así emprender un ambicioso programa de construcción.

Los arquitectos de Casamari enviados por Claraval –sin duda los mismos que levantaron Fossanova entre 1186 y 1208– intervinieron entre 1203 y 1217. Trabajaron en ambas iglesias, pasando de la bóveda de aristas al crucero de ojivas. En aquellos comienzos del siglo XIII, construyeron una de las iglesias abaciales-catedrales que ponían de manifiesto el poder de la orden. Siendo una iglesia posterior a muchas otras realizaciones cistercienses, Casamari reunió numerosas técnicas experimentadas antes en otros lugares, especialmente en los edificios de filiación claravalense. Su planta es naturalmente la de Fontenay; la elevación de la nave principal exige grandes arcadas con vanos de ventilación para los desvanes de las naves laterales bajo las altas ventanas, como en Fountains; el transepto contiene capillas al este y al oeste de los cruceros, como en Byland; las ojivas de las bóvedas reposan directamente sobre los ángulos del saledizo, como en Noirlac; su fachada, con dos ventanas, incluye un rosetón central de seis ojos de buey igual que en Hauterive; su porche se asemeja al de Pontigny (aunque más refinado) y sus vitrales son de alabastro. La visita de Casamari equivale a un paseo pedagógico por el universo cisterciense. Se pasa del paisaje agreste que rodea la abadía, con sus jardines y sus grandes árboles –una bella naturaleza fabricada por generaciones de monjes blancos–, al ambiente estricto de la iglesia, para luego adentrarse en el silencio cerrado del claustro y en la solemnidad de la sala capitular y del refectorio.

La congregación regresó para ocupar este lugar en 1929. En la sala de los monjes instalaron un museo y una pinacoteca y el refectorio se convirtió en una biblioteca. Tal vez se podría retirar de la iglesia el enorme baldaquino, que llega hasta el coro, aunque sea un regalo del papa Clemente XI a la abadía en una época en que la encomienda, por lo demás, había arruinado a los monjes.

Página anterior:

El patio del claustro, la fachada sur de la iglesia y el edificio de los monjes.

Izquierda:

Capiteles del claustro. El empeño de los canteros de mostrar su habilidad y su humor acabó por vencer a los principios de rigor, que sólo toleraban un simple ornamento de hoja de agua muy estilizada.

CHIARAVALLE DELLA COLOMBA

Colomba
Fidenza/Emilia/Italia
fund. 1132 por Claraval
igles. principios del siglo XII
suprim. 1810 (Napoleón)
hoy parroquia y monasterio OCCO desde 1937

Véase también página 91.

Fuentes
Anselme DIMIER, *L'Art cistercien*, tomo II, Zodiaque. La Pierre-qui-Vire, 1971.
Marcel AUBERT, *L'Architecture cistercienne en France*. Vanoest, 1947.

Los monjes de Claraval que fundaron la abadía le dieron al nuevo monasterio el nombre de Chiara Valle en recuerdo de la casa madre. No hay ambigüedad posible: tanto la planta como la espiritualidad fueron de estricta inspiración bernardina, por lo menos hasta 1444, fecha en que la abadía pasó al régimen de la encomienda y de la decadencia.

Tras su cierre en 1810 –las relaciones entre Napoleón y el papa Pío VII se habían deteriorado considerablemente– la abadía fue ocupada por los aldeanos vecinos. La iglesia pasó a ser parroquia; el órgano, las sillas y el púlpito que atestan el edificio así lo demuestran todavía. Extramuros, la campiña cercana es pobre y muchos campos están en barbecho. La autopista de Roma, que pasa a trescientos metros, produce un ruido infernal. No obstante, gracias al campanario, los automovilistas localizan fácilmente la silueta de la abadía.

Sin embargo, el período medieval había sido próspero, con una numerosa población monacal. El transepto de la abadía reunía tres capillas al este y al oeste de cada crucero, más otras dos en su extremo. Esta distribución poco usual, que se da también en Pontigny, indica que el número de sacerdotes era muy elevado.

La abadía había sabido encontrar buenos maestros de obras. Los edificios construidos con ladrillo combinan a menudo afortunadamente la piedra (blanca) labrada con el ladrillo para obtener efectos ornamentales. Así, las grandes arcadas de medio punto de la nave principal han conservado claves alternativas de ladrillo y de piedra blanca. La puerta de medio punto de la iglesia presenta la misma ornamentación y el gran rosetón de la fachada se inscribe en un círculo de piedra blanca, que recuerda, bajo el techo, una cornisa rampante compuesta de pequeñas arquerías sobre fondo blanco.

El claustro ojival (que algunos llaman gótico lombardo, ¿por qué no?) se abre sobre el patio por ocho tramos de cuatro vanos de medio punto, que descansan sobre columnitas de mármol de Verona emparejadas y con capiteles decorados con hojas de agua. El suelo es de ladrillo y las bóvedas están reforzadas por robustos contrafuertes.

La sala capitular es interesante por el contraste entre su simplicidad cisterciense y la exuberancia de su fachada sobre el claustro. La ornamentación muestra una connotación islámica; una vez más, ladrillo rojo y piedra blanca.

Izquierda:

Nudo que enlaza las cuatro columnitas del ángulo sudeste del claustro. Esta obra maestra de obrero cantero se encuentra en muchas abadías, especialmente en Bohemia.
Se desconoce su significado simbólico.

Superior:

Patio del claustro. Los ojos de buey del dormitorio de los monjes formaban parte del vocabulario tradicional de los arquitectos cistercienses. Aquí refuerzan el aspecto de "ciudadela de la fe", que debía tener toda abadía cisterciense.

Ornamentación de follaje (claustro).

Izquierda:
Capilla del crucero norte del transepto: San Bernardo taumaturgo.

Izquierda inferior:
La escalera de maitines (crucero sur del transepto).

Derecha inferior:
Abertura de la sala capitular a la galería este del claustro. Estilo "regreso de Oriente".

CHIARAVALLE MILANESE

Clara Vallis

Milán (Rogoredo)/Lombardía/Italia

fund. 1135 por Claraval

igles. 1150–1221

suprim. 1798 (Revolución francesa)

hoy abadía OCCO (desde 1952)

Véase también página 82.

Fuentes

Comisión de historia de la Orden del Císter, *Saint Bernard*, Alsatia. París, 1953.

Silvia NOCENTINI, "Chiaravalle di Milano", en *Architettura Cistercense, Fontenay et le abbazia in Italia dal 1120 al 1160*, Edizioni Casamari, Certosa di Firenze, 1995.

Italie, Nord et Centre. Hachette, 1990.

P. ANGELO y M. CASSIN, *L'Abbazia di Chiaravalle*, Moneta. Milán, 1979.

A lo largo de la segunda mitad del siglo XIX, los constructores de los ferrocarriles no dudaron un instante en demoler algunos monumentos históricos situados por desgracia en el trazado de sus líneas. Las abadías cistercienses pagaron su tributo: la iglesia de Freistroff (Lorena) fue derribada y el parque del palacio abacial de Villers (Brabante) fue dividido en dos partes. En Chiaravalle, el gran claustro cedió su sitio a la línea Milán-Génova.

Sin embargo, esa parte de la abadía la había realizado el célebre Bramante. La arquitectura del maestro del primer proyecto de San Pedro de Roma perpetuaba, en el umbral del Renacimiento, un cierto espíritu cisterciense (véase el claustro de Sta. Maria della Pace de Roma).

Chiaravalle nació bajo los mejores auspicios. ¿No fue el propio Bernardo de Claraval quien trazó el perímetro de la abadía? El ya célebre abad venía de tomar parte en el concilio de Pisa (junio de 1135) y se dirigía a Milán. Al acercarse a la ciudad, todo el pueblo se precipitó a su encuentro. La multitud estaba entusiasmada. El abad de Claraval arengó a los habitantes. Disgustado por el lujo de las iglesias de la ciudad, predicó la simplicidad en el arte y en el vestir. Para satisfacer el entusiasmo popular, los ediles locales le ofrecieron la silla arzobispal, pero San Bernardo rehusó el ofrecimiento y abandonó la ciudad con algunos monjes de su séquito para fundar una nueva abadía en medio de los terrenos pantanosos de los arrabales de Milán (22 de julio de 1135): Chiaravalle, el Valle Claro.

La abadía de ladrillo, que subsiste todavía hoy, es un bello ejemplo de arquitectura del primer gótico piamontés sobre una planta bernardina muy clásica. Su interés reside también en la sucesión de añadidos ornamentales de los siglos siguientes con un estilo prebarroco. Primero, el campanario del crucero del transepto, construcción poligonal de cinco pisos realizada (desde 1290) por F. Pecorari bajo la influencia del Torrazzo de Cremona y que imita a otro campanario de ladrillo, el de Saint-Sernin de Toulouse. Después, todos los frescos que iluminan los revestimientos blancos de la iglesia: los de la cúpula se deben probablemente al maestro de la Coronación, los de la nave principal a una familia de origen flamenco y el que domina la escalera de maitines, a Bernardino Luini. Finalmente, las sillas del coro (1645), en las que Caravaglia talló algunos episodios de la vida de San Bernardo. Los cistercienses italianos ya recurrieron a los mejores artistas, como lo harían luego los alemanes y austriacos en el barroco.

Página anterior, inferior:
Transepto sur y escalera
de maitines.

Izquierda:
El campanil y el gran
campanario.

Superior:
Claustro. Simplicidad
cisterciense, a pesar del
elegante friso lombardo.
Los pesados contra-
fuertes de ladrillo
delatan aún un escaso
dominio de la estructura
del edificio.

CÍSTER

Cistercium (Novum monasterium)
Saint-Nicolas-les-Cîteaux/Côte d'Or/Borgoña/Francia
fund. 1098
igles. 1140–1150
suprim. 1791 (Revolución francesa)
hoy monasterio OCSO

Véanse también páginas 24, 26, 29, 42, 46, 70, 98.

Fuentes
Auguste VINCENT, *Toponymie de la France*, Monfort. Brienne, 1984.
Louis DEROY–Marianne MULON, *Dictionnaire des noms de lieux*, Le Robert. París, 1992.
Denis OUAILLARBOUROU, "La restructuration de l'église de Cîteaux", en *Liturgie*, 1996.

"En este lugar se levantaba la primera iglesia de Císter, consagrada el 18 de noviembre de 1106 por el obispo de Chalon, en la que se entregaron a la oración los padres fundadores Alberico y Esteban, así como San Bernardo." Esta placa conmemorativa lo dice bien: no queda nada de la abadía de donde partió la aventura cisterciense. De hecho, los monjes que volvieron a Císter en 1898, ocho siglos después de la fundación del monasterio por Roberto de Molesme, nada encontraron del antiguo convento de los primeros cistercienses. Actualmente, viven en un edificio del siglo XVIII, inmenso y sin gran interés arquitectónico pese a la autoría de Lenoir.

Con ocasión del noveno centenario de la fundación de la abadía se emprendió la restauración de los dos únicos vestigios interesantes del pasado: la biblioteca del siglo XV, construida encima de una de las galerías del claustro de copistas, y el definitorio donde trabajaban los monjes encargados de preparar y ejecutar las decisiones del Capítulo general y de sus representantes permanentes, los definidores. En adelante, estos dos testigos de la grandeza de la orden se insertan en un "recorrido" de descubrimiento del lugar, trazado fuera de la "clausura monástica". ¡Qué difícil es vivir en el "desierto" cuando éste es un lugar que atrae a una multitud de peregrinos y de turistas!

Los monjes de Císter también reestructuraron a fondo su iglesia para celebrar, el 21 de marzo de 1998, el aniversario de la llegada al lugar de Roberto de Molesme. La iniciativa no fue excepcional, ya que la mayor parte de las abadías "vivas" de hoy ocupan conventos construidos en el siglo XIX o a comienzos del XX según los cánones de la arquitectura religiosa de la época. Sin embargo, fue una iniciativa valiente debido a la importancia simbólica de Císter, que imponía a la comunidad que controlaba las obras y a su arquitecto una especie de obligación moral de unos resultados excepcionales, por respeto al pasado y como ejemplo para las generaciones futuras. Pero ¿no era ésta una obligación desmesurada?

Entre todas esas obras destacó la recuperación de la "Cent Fons", que tiene su origen a unos diez kilómetros de Císter y cuyas aguas, canalizadas por los monjes en el siglo XII, bañan todavía hoy los muros de la abadía. Las tierras, bien drenadas, ya no son pantanosas como en los tiempos en que el emplazamiento del monasterio iba a llamarse *cistellum*, nombre que la leyenda aplicó a la famosa hoja de agua de los capiteles cistercienses, cuando de hecho se llamaba *cistercium* (la cesta del pan). El error de transcripción de un copista generó una relación poética excepcional entre Císter y el agua siempre presente en las abadías de la orden.

LOS CISTERCIENSES DE HOY

Desde 1892 existen dos órdenes cistercienses separadas, cada una con su abad general en Roma, su Capítulo general, sus constituciones y sus organismos propios. La división se remonta al siglo XVIII y ha originado prácticas de vida monástica diferentes. En Francia, la Orden Cisterciense de la Común Observancia (OCCO) u Orden del Císter está representada por la congregación de Lérins (véase la monografía de esta abadía). En cuanto a la Orden Cisterciense de la Estricta Observancia (OCSO), dejó de depender del vicariato general del abad de Císter en 1962. Al igual que en el pasado, las abadías están sujetas al control de un "padre inmediato", pero poseen autonomía suficiente para gestionar sus prácticas espirituales o materiales (horarios, trabajo, etc.). Hoy los trapenses agrupan a unos 3.000 religiosos en 91 "abadías" y a aproximadamente 2.000 monjas en 60 conventos (trapenses más tres órdenes asociadas: las bernardinas de Esquesmes, de Oudenaarde y de la Suiza francesa). En Francia existen dieciséis abadías de trapenses, de las que siete ocupan asentamientos históricos: Acey, Aiguebelle, Císter, Melleray, Sept Fons, Tamié y la Trapa.

Fuentes
Marcel PACAUT, *Les Moines blancs*, Fayard, París, 1993.
Obra colectiva, *La Vie cistercienne hier et aujourd'hui*, Cerf-Zodiaque. París, 1998.

Superior:
El definitorio.

Izquierda:
Vista general de la biblioteca (siglo XV) y el definitorio (siglo XVIII). "En Císter apenas hay algo más que ruinas, un edificio sin estilo y algunos tramos góticos tambaleantes. Pero el silencio rodea los grandes bosques. Los campos están en calma y el horizonte, en paz." Gaston Roupnel, La Bourgone.

Página anterior, inferior:
Los ladrillos "borgoñones" de la biblioteca.

CLARAVAL

Clara Vallis

Ville-sous-La Ferté/Aube/Champaña-Ardena/Francia

fund. en 1115 (una de las cuatro "primogénitas")

por Císter

igles. 1135–1145, luego 1154–1174

suprim. 1791 (Revolución francesa)

hoy centro penitenciario

Véanse también páginas 30, 38, 44, 48, 70, 83, 90, 91, 132, 133.

Fuentes

Histoire de Clairvaux, Actes du Colloque (junio, 1990). Bar-sur-Aube, 1991.

En la frontera entre Borgoña y Champaña, el viejo bosque galo sigue cubriendo como un sayal las colinas y los valles de las estribaciones de la meseta de Langres. Tierra de silencio.

Allí fue donde llegó Bernardo de Fontaine para roturar el calvero de Val-d'Absinthe, denominación que le dio evocando la vida de amargura que buscaba (*Apocalipsis* de San Juan/ El libro misterioso, 10, 8–versículo 10). Menos de cuarenta años después, a la muerte del célebre abad el 20 de agosto de 1153, la abadía cobijaba a ochocientos monjes y conversos; de ella dependían sesenta y nueve monasterios y sus cien filiales. En un cuarto de siglo, Bernardo de Claraval la había convertido en una capital política y religiosa, ejerciendo como árbitro entre los reyes y los señores, fabricando obispos y papas, reinando sobre los dogmas y la fe.

Más tarde, Claraval no volverá a gozar de una influencia tan grande. Sin embargo, aunque había afrontado las graves vicisitudes que conocieron todos los monasterios a partir del siglo XIV, la abadía experimentó un importante desarrollo económico constante, jamás recobrado por un abad comendatario, y ya en el siglo XVIII se convirtió en una de las instituciones más poderosas del Antiguo Régimen.

Claraval sobrevivió a la Revolución sin grandes daños y en 1808 el Imperio transformó la abadía en prisión, una institución célebre por méritos propios, símbolo del universo penitenciario y cargada de dramas. La iglesia, tal vez la más bella de la orden cisterciense, no resistió las obras y fue vendida como cantera en 1812.

Claraval es un lugar mítico, algo vinculado sin duda a la continuidad entre el encierro voluntario de los monjes para orar y aquél impuesto a los condenados para expiar. Enclave memorable, Claraval es todavía hoy un lugar misterioso con sus treinta hectáreas cercadas de altos muros interminables, en hileras sucesivas, que impiden cualquier visión de los vestigios esplendorosos del pasado. El ministerio de Justicia francés ha abierto la mayor parte de los edificios históricos, que constituyen el objeto de una primera campaña de restauración, y ha construido una cárcel moderna en la antigua huerta de la abadía. Esto permite a la asociación "Renacimiento de la abadía de Claraval" organizar algunas visitas regulares del lugar respetando las condiciones de seguridad impuestas por la cercana presencia de un presidio central. La afluencia de visitantes la ha llevado a abrir un centro de acogida en la antigua hospedería de damas del siglo XV, fuera de la clausura monástica y carcelaria. Pero todavía habrán de pasar muchos años para que el centro penitenciario y la vieja abadía, cada uno en cuadrados opuestos, puedan ocupar conjuntamente el "Valle del ajenjo".

De Claraval I (el *Monasterium vetus*) sólo quedan algunos lienzos de pared del vivero, que aún irrigan las fuentes. El lugar merecería unas excavaciones para profundizar en el conocimiento del espacio vital de los veinte primeros años de los pioneros claravalenses.

Claraval II respondió al crecimiento considerable de la abadía. Entre 1135 y 1145 emergió la primera abadía cisterciense organizada según el programa funcional querido por Bernardo de Claraval y sus cillereros, Godofredo de Aignai y Achard. La iglesia de Claraval II conoció dos períodos de construcción. A la muerte del abad, constaba de una nave de once tramos, de un transepto flanqueado por cuatro capillas rectangulares y un coro de cabecera plana,

y todo bajo bóveda románica. En espera de la canonización del santo, se dotó a la iglesia de un ábside, un deambulatorio y nueve capillas radiales con una cubierta general que se transformó en crucero de ojivas. Claraval se convirtió en un gran relicario para la tumba de un gran santo. De esta segunda abadía sólo subsiste hoy el edificio de los conversos, arquetipo de la arquitectura cisterciense.

Claraval III traduce la riqueza de la abadía del siglo XVIII, gran terrateniente y dueña de fraguas. La iglesia y el edificio de los conversos se han conservado, pero se reconstruyeron las caballerizas del patio de honor y la hospedería de hombres. Un gran claustro clásico agrupa el refectorio, las habitaciones, la biblioteca... Majestuosa y de una severidad que recuerda que Claraval fue uno de los paladines de la reforma de la estricta observancia en el siglo XVII.

Claraval, prisión desde 1808. La abadía continúa patente en la imbricación de los muros, de los caminos de ronda, de los miradores o de los largos corredores cortados por rejas. Todavía puede verse en la prisión de Blanqui una columna de la sala de los monjes. La larga historia del centro penitenciario de Claraval inspiró uno de los libros más bellos de Victor Hugo *(Claude Gueux)* y brindó a los historiadores y a los sociólogos un importante campo de investigaciones tanto sobre la evolución de los modos de encarcelamiento a lo largo de los siglos (dormitorios, luego "jaulas de gallinas" y, finalmente, celdas) como sobre los presos célebres: los partidarios de la Comuna, los miembros de la Resistencia, Kropotkin y Charles Maurras.

De hecho, Claraval, su historia y la arquitectura que aún puede rastrearse con emoción, obliga a la reflexión sobre la libertad.

Superior:
Vista general de la ciudad monástica que es Claraval, con sus treinta hectáreas cercadas por un muro de más de tres kilómetros.

Encima:
Cárcel de Claraval (entresuelo del gran claustro del siglo XVIII).

Edificio de conversos de Claraval II (ha. 1150). La bodega semienterrada (utilizada como refectorio en el ala sur). Las investigaciones arqueológicas permiten pensar que los cruceros de ojivas de medio punto (góticos) de la bodega fueron realizados al final de la construcción, tras las bóvedas de aristas agudas (románicas) del piso.

Edificio de conversos de Claraval II (ha. 1150). El dormitorio de conversos (véase también la fotografía de la página 30). Vista lateral hacia el muro oeste (ventanas no restauradas del siglo XIX) de un tramo central.
El dormitorio de tres naves comprende doce tramos con una longitud cercana a los 80 metros.

DUNBRODY

Dun Broith, Portres S. Mariae
Dunbrody Abbey/Wexford/ Repúb. de Irlanda
fund. 1182 por Sta. María de Dublín
(filial de Claraval)
igles. 1210–1240
suprim. 1536 (Acta de disolución)
hoy ruinas

Está escrito en las guías: "Dunbrody, una de las más bellas abadías de Irlanda". Maravilloso país esa Irlanda, en la que el viajero, para visitar un sitio así, todavía tiene que ir a buscar las llaves a la casita de campo más cercana.

Las ruinas de Dunbrody bordean un meandro del río Barrow, que en la Edad Media fue una arteria importante para el transporte marítimo, dado que la vieja ciudad vecina de New Ross fue durante largo tiempo el mayor puerto de la isla. En 1175, la tierra de Dunbrody había sido donada por Hervé de Montmorency a la abadía inglesa de Buildwas. A consecuencia del informe desfavorable de un converso enviado al lugar para inspeccionarlo, Buildwas rehusó la donación y la propiedad fue transferida a Santa María de Dublín, que en 1182 implantó allí una filial. La abadía hubo de sufrir en el siglo XIV los ataques de bandas armadas. Apenas se rehizo y estaba ya medio abandonada en 1536, año en el que el Acta de disolución permitió a sir Osborne Etchingham construir una casa de campo estilo Tudor en el transepto meridional de la iglesia.

Hoy sólo subsiste el muro exterior de las construcciones que formaban el cuadrado monástico y la torre del crucero en el transepto de la iglesia. La abadía recuerda así un castillo fortificado con su torreón y su corral, mientras que las encrucijadas del transepto de la iglesia, muy sombrías, habrían hecho las veces de excelentes fortines. En Irlanda, los especialistas evocan los *cavernons transepts of Dunbrody*. La iglesia (1210–1240) ha conservado el bello conjunto de tres vanos gemelos de su cabecera plana y una escalera tradicional de maitines. También presenta algunas características inhabituales en la elevación de la nave central en su lado norte: arcos muy anchos sostienen un muro horadado de ventanas encima de los pilares, lo que rompe la simetría. Una está un poco descentrada y la otra es doble; su fecha de ejecución se desconoce. Estas aberturas parecen deberse al azar más que a la necesidad.

Página siguiente, superior:
• *Escalera de maitines.*
• *Nave lateral sur de la iglesia (transepto tapiado).*
• *Arquería del claustro.*

Izquierda:
Crucero del transepto.

Página siguiente, inferior:
• *La nave, la torre sobre el crucero del transepto y la cabecera plana del presbiterio.*
• *Puerta de los monjes, hoy tapiada (lado sur de la iglesia).*

Fuentes
Roger STALLEY, *The Cistercian Monasteries of Ireland*, Yale University Press. Londres, 1987.

DUNDRENNAN

Dundrena
Rerrick/Kirkcudbright/Escocia
fund. 1142 por Rievaulx (filial de Claraval)
igles. finales siglo XII
suprim. 1538
hoy ruinas

Véase también página 124.

Fuentes
Henry THOROLD, *The Ruined Abbeys of England, Wales and Scotland*, Harper Collins. Londres, 1993.
J.S. RICHARDSON, *Dundrennan Abbey*, Historic Scotland, 1994.

¿Es que las abadías prósperas carecen de historia? Parece efectivamente que Dundrennan, a pesar de su nombre, "colina de espinas", no padeció graves vicisitudes durante los largos años en que Escocia, por el contrario, no dejó de verse sacudida por los combates que la nueva monarquía local hubo de sostener contra sus vasallos demasiado ambiciosos o independientes y contra los reyes ingleses, empeñados en poner el país bajo tutela y hasta de integrarlo a la Corona.

La abadía fue fundada en 1142 por el rey David I (que gobernó desde 1124 hasta 1153). Hubo entonces un período de tregua entre Escocia e Inglaterra, y el monarca convocó a los monjes de Rievaulx. Aproximadamente cinco siglos después, en 1591, la abadía había desaparecido, mientras que Escocia vivía los años más sombríos de su historia. Isabel I había apoyado la revuelta protestante contra María Estuardo y la había mandado ejecutar en 1587. Jacobo VI de Escocia iba a poder convertirse en Jacobo I de Inglaterra y de Escocia. La vieja Acta de disolución de Enrique VIII podía aplicarse a Dundrennan.

De la abadía del siglo XII, de estilo gótico, no subsisten más que el transepto, una parte del coro de la iglesia (aunque sin cabecera) y la bellísima fachada de la sala capitular, del siglo XIII. Los zócalos del claustro flanquean el bello césped de un jardín público. Dundrennan parece una escultura grandiosa plantada en una hermosísima campiña.

Página anterior,
superior:
Muro norte del triforio
del coro.

Página anterior,
inferior:
Pilar del transepto.

Izquierda:
En tiempos de los
monjes, el muro de
clausura les ocultaba
el bello paisaje que
rodea la abadía.

FLARAN

después que la primera generación, que se alojaba en barracas, hubo recibido donaciones suficientes y pudo ahorrar lo bastante de los beneficios sobre la venta de sus excedentes agrícolas para pagar a los maestros de obras y a los obreros de la gran construcción. Fue el segundo abad, Esteban, quien emprendió las obras a partir de 1180. Éstas se prolongaron treinta años.

En las provincias septentrionales de Francia, los cistercienses ya habían ejecutado con maestría la bóveda sobre crucero de ojivas, pero aún no habían transmitido esa técnica a las provincias meridionales. Flaran sería todavía esencialmente una abadía de arquitectura románica, como "las tres hermanas provenzales".

Pese a las vicisitudes que padeció a lo largo de su historia, la abadía ha conservado la casi totalidad de los edificios de su patrimonio construido. Cierto que tuvo que padecer a los salteadores durante la guerra de los Cien Años (1426), a los protestantes exaltados durante las guerras de religión (1569), a los abades comendatarios

Flaranum

Vallence-sur-Baïse/Gers/Midi-Pyrénées/Francia

fund. 1151 por Escaladieu (filial de Morimond)

igles. 1180–1210

suprim. 1791 (Revolución francesa)

hoy centro cultural del departamento

Véanse también páginas 55, 91.

Fuentes
Marcel AUBERT, *L'Architecture cistercienne en France*, Vanoest. París, 1947.
Marcel DURLIAT, *L'Abbaye de Flaran*, Sud-Ouest. Burdeos, 1994.
J.-F. LAGNEAU y A. GARCIA, "Flaran, ancienne abbaye Notre-Dame", en *Anciennes abbayes en Midi-Pyrénées*, Addoc. Tarbes, 1991.

La abadía de Flaran ha recobrado vitalidad desde hace algunos años gracias a las actividades culturales ligadas a su pasado religioso y es el alma de uno de los cantones tradicionales de la Francia rural, en el corazón del Gers del aguardiente y de las quintas.

Los cistercienses llegaron allí en 1151 procedentes de Escaladieu para acondicionar unas tierras bañadas por el Baïse que los señores locales les habían donado. Era necesario regular el caudal del río y el primer trabajo de los monjes blancos fue abrir un canal de derivación. Flaran se construyó en una isla artificial

y a la incapacidad de las comunidades despobladas, salvo excepciones, de mantener sus inmuebles, así como a los compradores de bienes nacionales (1791), interesados únicamente en la rentabilidad de sus bienes, incluyendo la posibilidad de destruirlos. El patrimonio recuperado por el departamento de Gers en 1972 constituye todavía hoy un raro testimonio de lo que podía ser una abadía cisterciense a finales del siglo XII.

La iglesia presenta una bella elevación con una nave corta de tres tramos cubiertos por una bóveda de cañón apuntado, sostenida por tres arcos perpiaños que descargan sobre columnas apoyadas en ménsulas situadas a cuatro metros del suelo para ganar espacio. Más allá del crucero del transepto con bóveda de ojivas, la bóveda de cañón apuntado se prolonga sobre el ábside mediante una bóveda de cascarón. Las tres ventanas que iluminan el presbiterio destacan un aparejo de piedras de color ocre. La nave

lateral sur y los cruceros son igualmente románicos, mientras que la lateral norte presenta bóveda de ojivas para no elevar demasiado el piso que la corona y que comunica con la nave central mediante una escalera recta abierta en el espesor del muro y accesible a media altura de éste. Los archivos debieron de almacenarse en este local. En la Edad Media, las cartas conservadas eran el único justificante de los derechos de toda índole que regían la vida social.

Al no haberse realizado el campanario previsto originalmente sobre el crucero del transepto, la iglesia de Flaran ha conservado un volumen exterior recogido y carente de ostentación. Su fachada principal sólo es un muro horadado por dos ventanas y un ojo de buey con escasa ornamentación, un pórtico sin tímpano y dos contrafuertes funcionales que marcan la línea de las arquerías interiores. La cabecera es más atractiva, con sus cinco ábsides

Página anterior, inferior:
El ojo de buey
"cisterciense" de
la fachada.

Parte superior:
Cabecera "benedictina"
de la iglesia.
¡Quién podría negar el
carácter sensual de esta
arquitectura? El rechazo
de las curvas por
Bernardo de Claraval
tenía un valor espiritual
indiscutible.

Lo que es recto se
opone a la desidia y la
complacencia. La línea
recta es la imagen por
excelencia de la rectitud
a la cual consagró el
largo comentario, que
arranca del pasaje del
Cantar de los cantares
"Recti diligunt te"
(Éliane Vergniole).

redondos, aunque su ornamentación de bandas lombardas continúa siendo muy discreta, así como la mayor elevación en entramado del ábside del presbiterio.

Bajo las acometidas de los protestantes de Montmorency, el claustro perdió tres de sus galerías, que se han reconstruido de forma austera de modo que su simplicidad encaja bien en el conjunto. La cuarta galería estuvo a punto de "emigrar" en 1913: las piedras estaban ya numeradas y el comprador –un anticuario parisino que tenía una tienda en Nueva York–, dispuesto a pagar. Una asociación local impidió este último avatar de la museografía, a la vez seductora y absurda, de los "cloisters".

Flaran ha conservado su sala capitular, maravilla que nos atraerá siempre hasta allí. En una planta cuadrada, sus cuatro columnas de mármol (sin duda aprovechadas de algún templo antiguo de la región) generan nueve bóvedas de un gótico primitivo encantador. "Las ojivas

boceladas, que penetran en las bóvedas, terminan en huso entre las soleras cuadradas sobre ménsulas a lo largo de los muros o sobre las columnas; sus capiteles se adornan de largas hojas planas y el ábaco, de planta cruciforme, se perfila en forma de chaveta" (Marcel Aubert). Iluminada del lado este por ventanas de derrame simple, la sala capitular se abre al claustro por tres vanos: una puerta y dos grandes ventanales con dovelajes moldurados. La sacristía y la pequeña biblioteca son del mismo maestro de obras, mayores y más bellas de lo previsto por el programa bernardino.

Flaran propone otras actividades que permiten descubrir mejor a los cistercienses y la región. Entre otras, el Centro Cultural Flaran participa en la renovación de los estudios históricos sobre los cistercienses. Las Jornadas Internacionales de Historia, inauguradas en 1979 por Charles Higounet, reúnen cada año a especialistas, que publican actas de calidad.

Página anterior,
superior:
La sala capitular.

Página anterior, inferior:
Clave de bóveda de la
nave lateral norte.

Izquierda:
La nave lateral norte,
la puerta de los monjes,
el crucero norte del
transepto y la escalera
de maitines vistos desde
la nave central.

Nave lateral norte de la iglesia.

*Las capillas laterales
(ábsides con bóvedas
de cascarón) del
transepto norte.*

FONTENAY

Fontanetum
Marmagne/Côte-d'Or/Borgoña/Francia
fund. 1119 por Claraval
igles. 1139–1147
suprim. 1791 (Revolución francesa)
hoy propiedad privada

Véanse también páginas 12, 34-39, 47, 50-52, 60, 69, 74, 78-81, 85, 88, 104, 109, 113, 135.

Fuentes
Abbé CORBOLIN, *Monographie de Fontenay*. Císter, 1882.
Gérard de CHAMPEAUX y Dom Sebastien STERCKX, *Introduction au monde des symboles*. Zodiaque, 1980.

La llegada a Fontenay, ya sea siguiendo el curso del Brenne o bien atravesando el bosque que corona las colinas, es siempre un momento emocionante. La abadía sólo aparece en el último momento, acurrucada entre los grandes árboles del estrecho valle en su silencio y su perfección.

Los ángeles obraron maravillas en los orígenes de Fontenay. Esta hija querida de Bernardo de Claraval gozó de una solicitud particular. El santo la convirtió en un asunto de familia y nombró primer abad a su tío paterno Godofredo de Rochetaillé, al que sucedió su sobrino Guillermo de Spiriaco. El paraje escogido pertenecía a su tío materno Rainardo de Montbard. Este linaje poseía una gran fortuna y contribuyó muchas veces a la financiación de los trabajos, lo que explica la calidad y la rapidez de la construcción. Fontenay se convirtió en la abadía-testigo, la primera acabada y la más conforme a la planta bernardina y al espíritu del Císter, que levantó el gran constructor "multinacional" que fue Bernardo de Claraval. Para coronar la obra emprendida, la consagración de la iglesia fue objeto de una ceremonia excepcional el 21 de septiembre de 1147. Las monografías del siglo XIX todavía perpetuaban el relato legendario. "La iglesia rebosa de la multitud que ha acudido de todos los pueblos vecinos. Los vasallos y los obreros de la abadía están en la parte inferior; las naves laterales están llenas de mujeres y niños arrodillados, en la nave principal, trescientos monjes blancos. El abad de Claraval acaba de hacer oír su palabra elocuente. El mismo a quien la historia llamará árbitro de reyes y de pueblos, se postra en la piedra del presbiterio. En seguida se levanta un anciano vestido de blanco, lleva la tiara, es

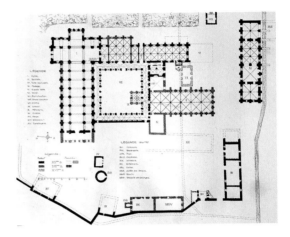

un sucesor de Pedro, es Eugenio III, que fue monje en Claraval. En torno a él permanecen de pie diez hombres de barba blanca, vestidos de rojo: son los diez cardenales. A la derecha, de rodillas, ocho obispos; a la izquierda, también de rodillas, todos los abades del Císter, mitrados y con el báculo pastoral, como los obispos; a lo largo de los muros del ábside, a cada lado del coro, toda la rancia nobleza borgoñona cubierta de armaduras, que caerá y desaparecerá en las cruzadas. Eugenio III bendice el templo y a cuantos están en él."

Fontenay conserva casi todas sus construcciones originales. En 1359, los ingleses la saquearon; dos siglos más tarde, la encomienda la abandonó, pero sólo el refectorio del siglo XIII se derrumbó; en el siglo XIX los compradores de bienes nacionales la utilizaron como fábrica. Desde 1820, se identifica a la misma familia con el lugar. Los antepasados Louis Élie de Montgolfier y su cuñado Marc Seguin, el ingeniero de las primeras locomotoras, transformaron la abadía en una fábrica papelera. Hace ya un siglo que sus descendientes se encargan de restaurarla. Fontenay ha sido declarada patrimonio de la humanidad por la UNESCO.

Superior:
Vista general desde el parque, al este de la abadía. Las fachadas, como una partitura de J. S. Bach. Serenidad en el edificio de los monjes, con aberturas similares regularmente espaciadas con una sutil distribución binaria. Contrapunto de la cabecera de la iglesia, que afirma su verticalidad, recogida como un eco en el aguilón del arco triunfal.

Doble página siguiente:
El claustro visto desde la sala capitular.

Dios, que es perfecto, posee evidentemente la ciencia de los números. Así, los constructores de Fontenay, con una adecuada maestría de su técnica, pudieron multiplicar las ventanas sin resquebrajar el edificio. El número de ventanas en cada secuencia de aperturas a la luz no es, entonces, fortuito. Siempre tres, cuatro o cinco. Los tres vanos gemelos del ábside corresponden a la Trinidad, a los tres días que Cristo pasó en el sepulcro, a las tres edades del pueblo judío, a los tres sentidos de la Biblia (histórico, alegórico y moral). Cuatro son los elementos, las estaciones del año, los ríos del Paraíso, los puntos cardinales, los Evangelios y sobre todo –para Bernardo de Claraval– las medidas de Dios, "que es a la vez longitud, anchura, altura y profundidad" (*De la consideración*, V-27). El cinco es el número esotérico de la estrella de la Cábala y también de los libros de Moisés; para Hildegarda de Bingen sería la medida del hombre. Tres y tres en la cabecera dan seis, los días de la creación. Y tres y cuatro en la entrada de la iglesia dan siete, que es el número de los sacramentos, mientras que tres por cuatro son doce, el número de los apóstoles y de los monjes que fundaban una abadía. Los números se convierten así en "instrumentos de la meditación" gracias a la luz que los proyecta en los muros. Una luz interrumpida por la alternancia de pilares de la nave central (un núcleo cuadrado flanqueado por una pilastra y dos columnas con capiteles decorados con una hoja de agua simple) es la que marca el compás de la procesión hacia el altar.

Pero Fontenay es también la *tierra*, tanto de la mina de hierro cercana como del humus del que nace el gran bosque; es el *fuego* de la fragua de la abadía, el metal consume árboles, y toda esa *agua* que baña el enclave al igual que la *luz (el aire)* baña la iglesia. Los cuatro elementos traducen un panteísmo prefranciscano. De ahí el mensaje de Bernardo de Claraval, reiterado en sus cartas: "Se aprenden más cosas en los bosques que en los libros; los árboles y las rocas os enseñarán cosas que no sabríais entender en los escritos. Veréis por vosotros mismos que se puede sacar miel de las piedras y aceite de las rocas más duras" (Carta 106).

La abadía, en efecto, sigue siendo uno de los ejemplos más perfectos de la arquitectura monacal durante el apogeo del románico, cuya existencia, de acuerdo con André Malraux, se justificaría "por la transformación de los signos en símbolos y por darles vida mediante la manifestación de la verdad espiritual que el universo revela e ignora y que el hombre ha de actualizar".

Existe un tipo de literatura que, sin duda de forma excesiva, encierra la arquitectura medieval en un sistema de símbolos, en el cual todos los signos revelan, a quienes saben interpretarlos, el misterio divino. El símbolo numérico fue probablemente el que conoció mayor éxito en la Edad Media, siguiendo la tradición neoplatónica, en la que los números traducen un "sistema del mundo". Para el hombre medieval,

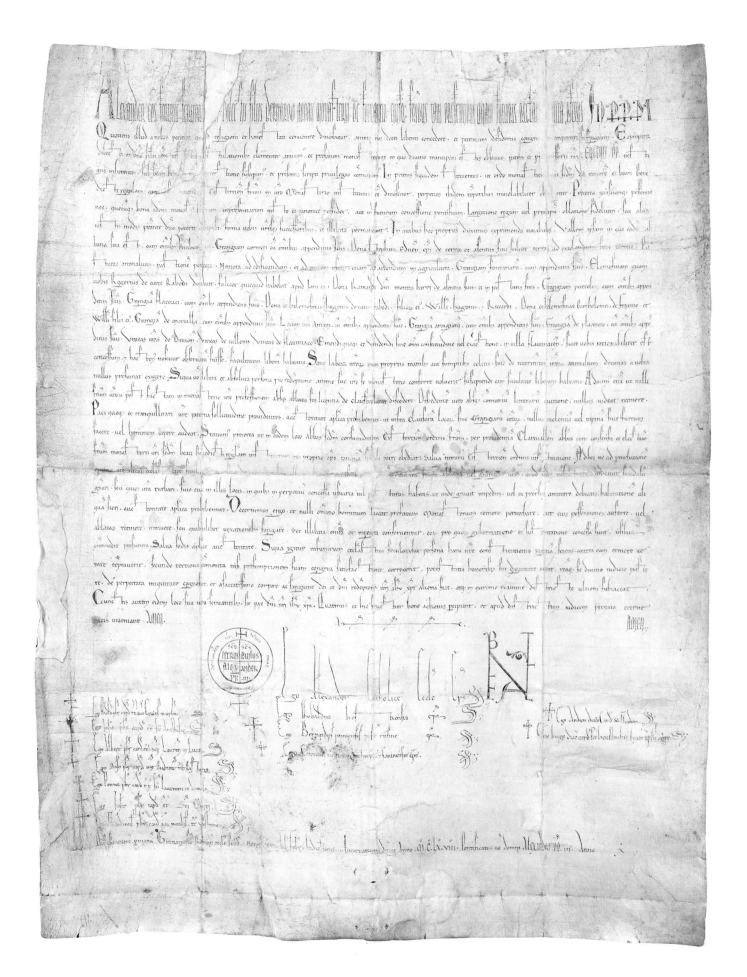

La nave central, un
mediodía de primavera.
"La noche ha sido
engullida en la victoria
de la aurora, la sombra
y las tinieblas han
desaparecido y el
esplendor de la luz
verdadera invade todo
el espacio; arriba, abajo,
dentro, porque ya de
mañana estamos colma-
dos de su misericordia."
Bernardo de Claraval,
Natividad 3.

El manantial y el estanque de San Bernardo. En Fontenay el agua está presente por todas partes, contenida por diques (estanque de San Bernardo) o canalizada en el parque.

Suministra energía a la fragua y al molino, abastece las cocinas y el lavabo, y alberga a las carpas destinadas a las magras comidas de los monjes.

FONTFROIDE

Fons Frigidus

Narbona/Aude/Languedoc/Francia

fund. 1146 por Grandselve (filial de Claraval)

igles. 1157 hacia 1210

suprim. 1791 (Revolución francesa)

hoy propiedad privada abierta al público

Véanse también páginas 47, 60, 63, 79, 106, 113, 123, 126.

Fuentes
Marcel AUBERT, *L'Architecture cistercienne en France*, Vanoest. París, 1947.
VIOLLET-LE-DUC, *Dictionnaire de l'Architecture française du xiᵉ au xviᵉ siècle*, tomo III (p. 426).
Henri FOCILLON, *Art d'Occident, le Moyen Âge roman et gothique*, Armand Colin. París, 1963.
Anselme DIMIER, *L'Art cistercien*, tomo II, Zodiaque. La Pierre-qui-Vire, 1971.
Nicolas d'ANDOQUE y André MECLE, *Abbaye de Fontfroide*, Éditions Gaud. Moisenay, 1996.

¿Cómo expresar la esencia de Fontfroide? Algunas horas de marcha por las alturas calcáreas de Corbières bastaron en otro tiempo para aislar la abadía del "ruido y del furor del mundo". Todavía hoy, al final de la ruta, Fontfroide aparece "anidada en el hueco de las colinas", como preservada...

Y, sin embargo, una especie de tensión parece tener en vilo el paraje y añade una dimensión de espera y de misterio en su descubrimiento. ¿Es acaso "el genio del lugar", al no haber sido respetado por el estruendo y el furor de la historia y por el hecho de que los días más hermosos puedan sufrir una interrupción brutal por el estruendo y el furor del torrente en crecida repentina y por la tempestad que ruge y los vientos violentos que propagan el incendio hasta los muros de la finca?

A pesar de todo, es también en la iglesia de Fontfroide, de acústica excepcional, donde es posible escuchar los conciertos de gregoriano, que impregna el espacio de tranquilidad.

Algunos monjes vivían en Fontfroide desde junio de 1093, gracias a Aimerico II de Narbona. Los primeros fueron ermitaños, reunidos en comunidad (sin duda benedictina) en 1118, cerca de Grandselve de Gerardo de Sales (discípulo de Roberto de Arbrissel, fundador de Fontevrault) en 1144, más tarde afiliados a la orden del Císter con Grandselve en 1146. Bernardo de Claraval había llegado a Languedoc en 1145 para predicar contra el monje apóstata Enrique de Lausanne. No tuvo éxito, pero consiguió nuevas hijas. Menos de cuatro años después, Fontfroide fundaría Poblet, la abadía más famosa de Cataluña.

"Ciudadela de la ortodoxia" en medio de un territorio bajo influencia aragonesa que se consideraba liberal respecto del maniqueísmo cátaro, Fontfroide se compometió de lleno en la lucha contra la herejía. Cuando el papa Inocencio III decidió aniquilar a los maniqueos, escogió a dos monjes de Fontfroide como legados suyos. Uno de ellos, Pedro de Castelnau, fue asesinado. Un anciano abad de Fontfroide, convertido en abad de Císter, dirigió la sangrienta cruzada contra los albigenses. Todavía hoy la abadía permanece en la memoria colectiva como el baluarte de la fe católica frente a los bastiones cátaros de Montségur o Quéribus.

La influencia de la abadía se puso de manifiesto un siglo después por el papel destacado que tuvieron dos de sus abades: Arnaldo Nouvel, consejero del papa Clemente V, y Jacobo Fournier, que fue elegido Papa con el nombre de Benedicto XII. Paralelamente, Fontfroide se convertía en una de las abadías más ricas de la orden con sus veinticinco graneros, de los que Fontcalvy sigue siendo un espléndido testimonio. Su vocación, más que el vino, fue la ganadería, con rebaños que en 1341 rondaban las veinte mil cabezas gracias a sus derechos de transhumancia hacia Aragón.

Fontfroide pasó la prueba de la encomienda con embellecimientos. Los abades del siglo XVIII los continuaron. Los monjes ya no eran demasiado numerosos y todavía pudieron beneficiarse de ingresos considerables y vivir en un lujo ostentoso (las cuentas demuestran que el sueldo del cocinero era más elevado que la limosna de los "pobres vergonzantes"). La Revolución francesa permitió a la ciudad de Narbona transformar la abadía en un hospicio, lo que la preservó casi por completo. Mérimée y Viollet-le-Duc consiguieron en el año 1843 que Fontfroide fuese calificada de nuevo como abadía.

Como el viejo
monasterio de Santa
Catalina, acurrucado
entre los montes del

Sinaí, Fontfroide se
resguarda en el corazón
de Corbières, en un
paisaje remoto.

"Porque el Señor escogió a
éstos [su pueblo] como
porción suya [...]. Hallóle
después en una tierra

desierta, en un lugar de
horror,
en una vasta soledad."
Cántico de Moisés en

Derecha:
*La fachada oeste, muy
sobria pero majestuosa.
Dos ventanas y un ojo
de buey como referencia
habitual a la Trinidad.
Una sola puerta con un
tímpano incrustado y
con tres bajorrelieves,
uno de los cuales es una
bella crucifixión. Esta
puerta sólo se abría
para acoger los restos
mortales de los
vizcondes de Narbona
y otros bienhechores de
la abadía enterrados
en Fontfroide.*

Página siguiente:
*El campanario del
siglo XIV a través de
las arquerías románicas
de la galería oeste.*

Una comunidad cisterciense llegada de Sénanque pudo incluso volver a ocupar las dependencias entre 1858 y 1901. Pero la abadía, puesta en venta por el Estado en el marco de la ley contra las congregaciones, tentó a un norteamericano, que se proponía transportar el claustro a Nueva York. No obstante, otros aficionados al arte, sólidamente arraigados en el Languedoc, como fueron Gustave Fayet y su esposa Madeleine d'Andoque, compraron la abadía para salvarla e hicieron de Fontfroide un centro artístico, en el que se encontraban pintores célebres y grandes músicos. "Restauraron suntuosamente" la abadía (Fréderic Van der Meer).

Hay que visitar una y otra vez Fontfroide, menos explícita que Fontenay, aunque se respetó la planta bernardina, y más compleja que Le Thoronet, en razón de los añadidos que introdujeron en los siglos XVII y XVIII. Atención particular merecen la iglesia, el claustro (finales del siglo XII) y la sala capitular (siglos XII al XIV).

Dejemos hablar a Focillon: "La estructura de la iglesia de Fontfroide parece al principio totalmente fiel a la concepción de Fontenay. La nave central lleva una cubierta de cañón apuntado. Una moldura borgoñona recorre el arranque de las bóvedas. Pero los pilares son la interpretación admirable y nueva del tema cisterciense de los soportes interrumpidos. El cuerpo del pilar, con sus columnas embebidas, que forman un conjunto complejo, parece suspendido por encima del suelo, del que lo separa un macizo poligonal de mampostería, sin más ornamentación que un ancho cuarto bocel en su parte superior. Del lado de la nave, las columnas son geminadas y se apoyan en un saliente de ese burlete, destacado a su vez en este punto por una ménsula. Así, entre el pavimento y las bases se establece una especie de vigorosa zona abstracta, con zócalos desnudos, que parecen no tener más función que la de sostener en el aire todo el sistema, toda la iglesia."

Viollet-le-Duc mostró la evolución de la destreza arquitectónica de los maestros de obras: "La opción adoptada (en el claustro de Fontfroide) es la misma, en principio, que la del claustro de Fontenay, los detalles de la arquitectura son mucho más ricos: los arcos presentan mol-

duras, así como los ojos de buey abiertos en los tímpanos de los tramos; los capiteles de la arquería están finamente esculpidos; las columnitas son gráciles gracias al material y están bien aisladas de la construcción..."

Viollet-le-Duc subrayaba así mismo la función de los ojos de buey de los tímpanos para la iluminación de la sala capitular. Este espacio está aquí ejecutado con verdadera elegancia: "Las ojivas con bocel, hechas de largas claves, penetran en el espesor de la bóveda y vuelven a caer en huso entre las soleras cuadradas de medio punto rebajado. Las ojivas y soleras descansan sobre cuatro finas columnas de mármol, aisladas, con capiteles anchos adornados con dos hileras de hojas lisas, y a lo largo de los muros, no sobre ménsulas, sino sobre columnitas de mármol colocadas en la grada superior del banco que rodea la sala". Esta sala capitular fue construida en la misma época que las de Flaran y Escaladieu. Su influencia se dejó sentir en varias salas capitulares de España, como las de Veruela, La Oliva, Santes Creus y Poblet.

Para descansar después de admirar tanta belleza conmovedora, Fontfroide ofrece una bellísima rosaleda como lugar de meditación.

Derecha:
Capitel del claustro.

Inferior, de izquierda a derecha:
• La verja de pámpanos del siglo XVIII (puerta del refectorio de los conversos que da al patio Luis XIV).
• La galería este del claustro una tarde del solsticio de verano.
• Fuente del patio de honor.

Página siguiente:
Elevación del lado norte de la nave principal. Las vidrieras de Richard Burgsthal fueron creadas en la época en que Fontfroide se convirtió en un centro artístico frecuentado por los pintores, músicos y escritores célebres de comienzos del siglo XX.

Página anterior:
Elevación del lado
meridional de la nave.

Izquierda:
La nave lateral sur vista
desde el transepto.

"La sabiduría
cisterciense no admitía
restricciones en la
calidad de los
materiales, la perfección
de las realizaciones, la
elección de los tipos
de construcción más
válidos. El acto de
construir es para ellos
oración. No pueden más
que aspirar a lo eterno.
Cuando veo esta
arquitectura, sé que
San Bernardo tenía una
concepción sublime,
platónica, de la belleza,
y que le agradaban los
volúmenes puros y la
armonía de los números,
que es un destello de
lo divino."
Pierre Dalloz.

FONTMORIGNY

Fons Morigniaci

Menetou-Couture/Cher/Centre/ Francia

fund. 1149 por Claraval

igles. 1160–1225

hoy propiedad privada

Véanse también páginas 47, 109, 114.

Fuentes
Benoît CHAUVIN, *Fontmorigny, abbaye cistercienne en Berry*, 1993.
Claude MANGEOT, *N.-D. de Fontmorigny*, 1997.

La abadía de Fontmorigny ha renacido de sus ruinas gracias a la pasión de sus propietarios. Es una aventura de muchos decenios que se inscribe en un movimiento más general de revalorización de lugares históricos privados, según el ejemplo inglés de los castillos-museos.

Semejante gestión adquiere un significado especial para los enclaves cistercienses, situados por lo general en zonas rurales con dificultades (en el sentido de las ayudas de la Comunidad Europea). El renacimiento de una abadía constituye entonces una verdadera acción de habilitación del territorio, próxima a la vocación que cumplieron los monjes blancos al crear sus monasterios. En todos los países de Europa, los estados, las colectividades locales o las asociaciones de interés público, es decir, los propietarios de abadías cistercienses toman conciencia de esta dimensión complementaria de la defensa del patrimonio.

Desde hace algunos años, un gran número de propietarios privados han llevado a la práctica esta política en menor o mayor medida, como por ejemplo en las abadías francesas de Fontenay, Fontfroide, Loc Dieu, Vaucelles, Valmagne, Vaux-de-Cernay, Val-Richer, Val-des-Choues o Villers-Canivet...

"Durante el verano de 1987, la búsqueda de una casa para las vacaciones nos impulsó a ir a visitar una iglesia cisterciense del siglo XII, que se vendía con una pequeña vivienda. No teníamos la menor idea de lo que íbamos a encontrar. Nos esperaban edificios ruinosos bajo las zarzas y la hiedra. Tuvimos la certeza de ser los elegidos y compramos Fontmorigny sin pensarlo dos veces.

Éste fue el comienzo de una aventura que iba a transformarnos en especialistas de la historia monástica, en maestros de obras, en organizadores de conciertos, en promotores de productos turísticos y, finalmente, en empresarios. Muy pronto hubimos de comprobar que ser propietario de un monumento histórico era un oficio y que se imponía racionalizar nuestra gestión: hay que empezar por entender el paisaje, integrarse después en los procesos de restauración, reinsertar el monumento en la memoria colectiva y contribuir a la vida cultural y económica local."

Fontmorigny, aunque en ruinas desde el siglo XVII y reconvertida después en explotación agrícola, no era desconocida por completo. En 1923, el Estado había impedido que se utilizara como cantera y Marcel Aubert, en su recopilación de la arquitectura cisterciense, cita veinticinco veces la abadía. Sin embargo, el pequeño campanario del crucero del transepto se había derrumbado en 1981, y en 1982 el Estado había apuntalado la nave central bajo la presión de la asociación de amigos de Fontmorigny recientemente creada.

A finales del año 1997, la iglesia estaba completamente restaurada; el sistema hidráulico, en funcionamiento; los edificios, libres de escombros, y se había recuperado el refectorio de los conversos. Además, se estudiaban nuevos planes a largo plazo.

Los textos históricos y las excavaciones demostraron que la iglesia estaba construida sobre cimientos más antiguos. ¿Sabremos algún día cuántos edificios religiosos se sucedieron en la en la mayor parte de los lugares consagrados? En Fontmorigny existía una abadía benedictina desde el siglo XI, que formaba parte del vasallaje reformador de la *Vita apostolica*, el cual pretendía vincularse espiritualmente

El gran vivero rectangular (80 x 25 m), excavado paralelamente a la fachada meridional del cuadrado monástico, se integra en la compleja red hidráulica de la abadía. Un canal pasa bajo la iglesia.

con la "comunidad primitiva" tal como la describen los *Hechos de los apóstoles*.

El monje Foulques dejó la abadía en 1128 para convertirse en abad de Dunes (Flandes). Seducido por los usos cistercienses, incorporó su nuevo monasterio a Claraval en 1138 y Fontmorigny siguió este ejemplo en 1149. La arquitectura de la abadía se adaptaría a los principios cistercienses antes de conocer las vicisitudes que le depararían los siglos.

Como muchos monumentos históricos importantes, Fontmorigny conoció sin duda una perfección jamás conocida desde su fundación. Las leyes sobre la protección del patrimonio, las condiciones para la obtención de ayudas públicas, todo un conjunto de subvenciones y obligaciones está detrás de la restauración. A pesar de esto, compete a los propietarios dar una justificación social a esos esfuerzos, que se suma a sus aportaciones de tiempo y dinero. La apertura al público gracias a las visitas, una colaboración con los investigadores (historiadores y arqueólogos) y la universidad, la organización de actos culturales locales (exposiciones, conciertos, coloquios, etc.), la participación en acciones comunes de la *Carta europea de abadías y lugares cistercienses*, el apoyo a la economía local en razón de los gastos en obras y funcionamiento, así como la contratación de personal, la implantación de alojamientos y restaurantes e incluso la fabricación de productos locales, todas esas vías de desarrollo confieren un estatuto de pequeño empresario a quien queda fascinado por el paisaje que renueva.

Superior:
La bodega del edificio de los conversos consta de dos naves divididas en cuatro tramos por los tres pilares ortogonales del centro.

Derecha:
Enlosado de la iglesia. El edificio fue remodelado repetidas veces. ¿Es éste el suelo original?

Entrada del jardín. En la época gloriosa de la abadía los muros de clausura protegían un espacio cercano a las cinco hectáreas.

FOSSANOVA

¡Qué hermosa debió de ser la iglesia abacial de Claraval II! Esta afirmación se puede constatar en Fossanova. Los monjes de esta abadía se empeñaron en construir una réplica de la iglesia de su casa madre, edificio que aún se mantiene en pie para certificar la perfección del modelo bernardino. Cierto que el tiempo agregó un pórtico gótico, un campanario-linterna sobre el crucero del transepto y hasta un gran rosetón radial en la fachada. Pero todas esas añadiduras, por lo demás interesantes, no modificaron en absoluto la extrema pureza del espacio interior, la piedra calcárea de color ocre suavemente bañada de luz o la larga nave sin mobiliario, cuya pauta marcan los pesados pilares de típicas ménsulas cistercienses.

Esas consolas sostienen arcos perpiaños que refuerzan una cubierta de bóvedas de aristas. Los arquitectos de Fossanova dominaban tan bien esa difícil solución que la aplicaron igualmente en el coro, el transepto, las capillas y las naves laterales. La iglesia, construida entre 1186 y 1208, es contemporánea de "las tres hermanas provenzales". En aquellos comienzos del siglo XIII, los constructores mediterráneos habían llevado el arte románico a una absoluta perfección, aunque sin haber integrado las nuevas técnicas septentrionales del crucero de ojivas.

Esta iglesia conmovedora no fue el primer lugar de culto construido en Fossanova. En el origen se había instalado un monasterio benedictino a lo largo del Amaseno bajo la advocación de San Esteban. Sin embargo, Inocencio II, el famoso Papa elegido sin legitimidad alguna por el colegio cardenalicio aunque confirmado por Bernardo de Claraval, apoyó el paso de los monjes a la filiación claravalense (1135).

Fossa Nuova

Priverno/Lacio/Italia

fund. 1135 por Hautecombe (filial de Claraval)

igles. 1186–1208

suprim. 1795 (Revolución francesa)

hoy parroquia

Véanse también páginas 112, 123.

Fuentes
Abbazia di Fossanova, Guide Iter.
Marcel AUBERT, *L'Architecture cistercienne en France*. Vanoest, 1947.

Página anterior, inferior:
*La sala capitular
dividida por dos pilares
ortogonales (ha. 1250).*

Izquierda:
*Entrada del "pueblo
monástico".*

Apenas llegados al lugar, los cistercienses sanearon las tierras pantanosas de la región infestada de paludismo y abrieron una gran fosa de drenaje de las aguas, obra que dio nombre a la abadía: Fossa Nova. Pocos años después (1173) se modificaron los planos de ésta para adaptarla a las normas de la orden. Las obras se prolongaron hasta la consagración de la iglesia por el papa Inocencio III en 1208.

El interés de Fossanova no se limita a la iglesia. La galería del refectorio del viejo claustro, heredado de los benedictinos, fue modificada con la construcción de un lavabo y una fuente después de 1280. Los marmolistas románicos mostraron su talento de escultores. La sala capitular fue abovedada con ojivas. El refectorio y la enfermería fuera del cuadrado monástico incorporaron majestuosos arcos diafragmas.

Cabe recordar que el gran Tomás de Aquino murió en Fossanova el 7 de marzo de 1274. Iba camino de Roma para defender unas tesis que no tenían la aprobación del Vaticano y había solicitado hospitalidad a los cistercienses. Un altorrelieve de la escuela de Bernin recuerda el acontecimiento. El santo, afectuosamente asistido por los monjes, murió con la Biblia en las manos, comentando el *Cantar de los cantares*.

Superior izquierda:
Las dos épocas del claustro.

Superior derecha:
La nave lateral norte vista desde el transepto.

Página siguiente:
Las columnitas y los capiteles del claustro gótico recuerdan el estilo de los Cosmati.

FOUNTAINS

"Por la tarde, un largo paseo hasta las ruinas de la abadía de Fountains, que el furor antipapista del rey no pudo fulminar por completo. Aquellos protestantes se planteaban la pregunta: 'Una catedral puede ser útil, pero ¿para qué sirven esos monjes y sus monasterios?' Hay que derribar esas guaridas de superstición. Para llegar a la abadía hay que caminar y caminar por la soledad total de un parque ¿No acabarán nunca estas praderas interrumpidas por árboles gigantescos, con la presencia ocasional en medio de bosquecillos, como una tímida irrupción de un siglo fútil, de pequeños templos a la antigua procedentes del siglo XVIII como aficionados curiosos? El cielo está gris, pero es agradable pisar esa hierba

S. Maria ad Fontes
Ripon/Yorkshire-West Riding/Inglaterra
fund. 1132 por Claraval
igles. 1135–1147, después en 1220–1247
suprim. 1539 (Acta de disolución)
hoy propiedad privada (Studley Royal) administrada
por The National Trust

Véanse también páginas 12, 39, 72, 77, 102, 107, 110, 136, 137.

Fuentes
Julien GREEN, "La terre est si belle.", *Journal 1976–1978*, Le Seuil. París, 1992, p. 137–138 (13 de mayo de 1977).
Jacques FORET, "Fountains Abbey, l'éblouissement de la découverte", en *Villers*, n° 3, tercer trimestre 1997, Villers (Bélgica).
Glyn COPPACK, *Fountains Abbey*, English Heritage. Londres, 1993.
Anselme DIMIER, *L'Art cistercien*, tomo II, Zodiaque. La Pierre-qui-Vire, 1972.

espesa ¡aunque uno comienza a sentirse un poco cansado!

Los demoledores también debieron de perder algo de vehemencia en el camino, porque la distancia es respetable. Rompen la monotonía del trayecto estanques de aguas quietas donde se reflejan las nubes. Al fin llegamos. La enorme empresa de rapiña que fue la Reforma en el plano temporal se cebó aquí como en todas partes. Los nuevos ricos de Enrique VIII tomaron las piedras que necesitaban para construir viviendas suntuosas que nosotros admiramos sin más reserva. ¿Qué decir de la abadía en sí? Es la mayor que he visto jamás. Es cisterciense de la mejor época, del siglo XII que misteriosamente se llevó consigo el secreto de una fe inmaculada que nosotros jamás hemos reencontrado del todo. Se ve todavía, en lo alto de unas murallas colosales, el esqueleto de unos rosetones un poco tardíos. Ya no hay vidrieras, desde luego. Es el cielo quien se encarga de producirlas de todos los colores. La piedra es blanca, de un blanco marfileño, y por contraste los árboles de alrededor parecen negros... Bajamos a la bodega. Un bosque de innumerables columnas bajo aquellas bóvedas rebajadas. Más arriba, el imponente refectorio y más lejos, y más espaciosa aún, diríase que habitada por un silencio todavía mayor, la capilla, donde llegó el día de la 'última misa'. Vagamos por el recinto, hablando en voz un poco más baja que de ordinario..."

Todo está dicho en este hermoso texto del diario de Julien Green. Baste recordar que Fountains nació, como tantas otras abadías, del deseo de unos cuantos benedictinos –los de Santa María de York en este caso particular– de recuperar el espíritu de la regla de San Benito (1132). Apoyados por el obispo del lugar, recurrieron a Bernardo de Claraval, como lo habían hecho antes que ellos los monjes del cercano monasterio de Rievaulx. Geoffroy d'Ainai tomó la dirección de las obras de la nueva abadía (1135) garantizando la aplicación escrupulosa de la planta bernardina.

Y así fue efectivamente hasta el momento en que el abad Juan de York, a comienzos del siglo XIII, hubo de resolver el problema que planteaba el incremento del número de religiosos.

Página anterior:
La iglesia vista desde el sudoeste y su alta torre del siglo XV (51 metros).

Izquierda:
La nave lateral sur de la iglesia.

Derribó la cabecera de la iglesia y construyó una de cinco tramos con naves laterales terminándola con un segundo transepto que albergaba nueve altares adosados al muro del fondo, convertido así en *the chapel of the nine altars* ("la capilla de los nueve altares").

Otra modificación aportada a la planta original fue la ampliación de la sala capitular, casi tan grande como el refectorio y, como él, perpendicular a la galería del claustro de los monjes. ¿Se celebraban capítulos que reunían a los representantes de las catorce abadías filiales de Fountains, bajo sus tres naves y seis tramos?

Las últimas modificaciones del abad Marmaduke Huby (1495–1526) fueron más espectaculares. Gracias a los importantes recursos que la abadía obtenía de la explotación de los grandes rebaños de ovejas, el abad emprendió la restauración del techo de madera de la nave central (regresión a la cubierta románica) levantando al mismo tiempo la enorme torre llamada "perpendicular", que persiste todavía hoy al norte del transepto. Una afirmación del gótico inglés y del poder monástico es lo que se encuentra en la perfección deliberada del gran vano abierto en la fachada oeste de la iglesia.

El Acta de disolución acabó brutalmente con la despreocupación manifiesta de los cistercienses ingleses. En 1537, el abad Guillermo Thirske fue ahorcado por haber participado en la Peregrinación de Gracia contra la Reforma. En 1539, su sucesor dejó la abadía con la promesa de una pensión.

La abadía empezó por servir de cantera al nuevo propietario, pero en el siglo XVIII sus vestigios, todavía importantes, suscitaron el interés de su vecino, Studley Royal. Había llegado la época de la cultura romántica de las ruinas. Desde entonces, la abadía de Fountains se reintegró en un inmenso parque donde los árboles centenarios, protegidos como las viejas piedras, urdían senderos permitiendo admirar las estatuas y los templos neoclásicos que dieron fama a los jardines ingleses.

Gracias a The National Trust, esta bella naturaleza un tanto artificial y la admirable arquitectura de la abadía ruinosa de Fountains se brindan a más de trescientos mil visitantes anuales. El logro estético es incuestionable y ciertamente no existe una solución para librar a estos lugares de su patente artificio, ya que éste persistiría aunque los monjes volvieran a ocuparlos y los reconstruyeran, como hace años propusieron los benedictinos, levantando una oleada de protestas vehementes en Inglaterra. Ya no se puede modificar la poderosa imagen de estas grandes abadías en ruinas, convertidas en inmensas estatuas emplazadas en el mismo corazón de espacios que escapan a lo cotidiano.

La gran cabecera (transepto segundo) de la iglesia hacia levante y al parque de Studley Royal (anchura: 40 m).

El canal bajo la bodega.

Superior:
El río bajo los dos últimos tramos del edificio de los conversos (dos naves de veinte tramos), el mayor de todas las abadías cistercienses (véase fotografía de la página 76).

Página siguiente:
La puerta de la iglesia, en el eje de la nave.

FURNESS

Furnesium

Dalton in Furness/Cumbria/Inglaterra

fund. 1123 en Tulket/1127 en Furness por Savigny

(OC en 1147/filial de Claraval)

igles. 1130–1150

suprim. 1537 (Acta de disolución)

hoy ruinas (Monuments Commission)

Véanse también páginas 65, 67.

Fuentes
Henry THOROLD, *The Ruined Abbeys of England, Wales and Scotland*, Harpers Collins. Londres, 1993.

Los monjes de la orden de Savigny, buscando un paraje alejado del mundo, se habían aventurado en la península de Barrow-in-Furness, frente al mar de Irlanda. Allí habían encontrado un pequeño valle rocoso donde el bosque se aferraba al flanco de la ladera. La misma Barrow no era más que un caserío perdido y continuó siéndolo hasta la apertura del ferrocarril de Furness en 1846. En la actualidad, allí se carenan submarinos atómicos.

Benedictina desde su fundación, como era el deseo del futuro rey Esteban de Blois, la abadía pasó a ser cisterciense y claravalense en el año 1147. En esa fecha se estaba construyendo la iglesia. A pesar de las correcciones introducidas en los planos para respetar el esquema bernardino, conservó algunas características propias de los constructores benedictinos, especialmente los cruceros del transepto con capillas absidiales "escalonadas". La misma distribución vuelve a darse en Vaux-de-Cernay, filial de Savigny, cuyas obras habían empezado así mismo antes de 1147.

La abadía tuvo un rápido desarrollo y pronto fue casi tan poderosa como Fountains. Su abad controlaba una amplia zona de territorio hasta los confines de Escocia y sólo el poder real podía oponerse a su expansión. Después del Acta de disolución no quedaron más que ruinas.

También éstas son importantes en este paraje espléndido (que ni siquiera puede estropear la desangelada tienda del centro de visitantes). Lo primero que impresiona es la magnitud de los altos muros del coro y del transepto, así como de la base de la torre, que se empezó en 1500 y nunca se terminó. Lo que resta permite apreciar el estilo normando que inspiró a los primeros constructores. A comienzos del

siglo XV, otros agregaron al edificio unas ventanas de carácter perpendicular y un enorme rosetón que conserva algunos elementos de ripio.

No podemos dejar de admirar los soberbios *sedilia* del coro, extraño conjunto esculpido por un cantero muy hábil y compuesto de cuatro asientos para los oficiantes y de la doble piscina necesaria para la misa, todo bajo un baldaquino gótico y encuadrado por dos nichos de servicio. El lado este del claustro presenta una hermosa serie de arcos frente a la sala capitular del siglo XIII, bien conservada, mientras que del refectorio y del edificio de los conversos sólo pueden verse los cimientos.

No lejos está la enfermería con su capilla todavía abovedada y que ha sido convertida en museo. Dos estatuas del siglo XII representan a unos caballeros no identificados.

Página anterior,
derecha:
Puertas de la enfermería.

Superior:
El transepto románico,
nave lateral.

*El transepto y el arco
triunfal sobre el coro.*

*La nave lateral norte
vista desde el transepto.*

HEILIGENKREUZ

Sancta Crux

Heiligenkreuz/Baja Austria/Austria

fund. 1133 por Morimond

igles. 1148–1187 y 1284–1295

hoy monasterio OCCO con escuela teológica

y parroquias

Véanse también páginas 50, 127, 128.

Fuentes
P. Gregor Henckel y Donnersmack O.C., *L'Abbaye cistercienne de Heiligenkreuz*. Heiligenkreuz, 1989.

A la muerte de Carlomagno, que quería proteger el imperio de las incursiones de los bárbaros, se creó una *Ostarrichi* en la Marca del este de Baviera. Después, ese territorio casi autónomo fue gobernado por la familia Babenberg, que supo conservarlo hasta la llegada de los Habsburgo en 1246. En el apogeo de la Cristiandad, los príncipes tenían que proteger un gran monasterio e instalar en el mismo la sepultura de su familia, para legitimar su dinastía. Así fue como el margrave Leopoldo de Babenberg encargó a su hijo Otón, que estudiaba en París, que encontrase la orden religiosa más dinámica del momento. El joven acaba de entrar en el noviciado de Morimond y naturalmente fue esta abadía la que en 1133 acudió a fundar el monasterio de Heiligenkreuz, primero llamado Sancta Crux por la donación de un trozo de la Vera Cruz que el margrave hizo al nuevo enclave. El emplazamiento de Heiligenkreuz respondía a la necesidad del príncipe de disponer en su frontera oriental, todavía abierta y mal definida, de un monasterio cisterciense capaz de ser "la explotación modelo" para los colonizadores de aquella región. En cuanto a Otón, posteriormente llegó a ser abad de Morimond y luego obispo de Freising. Fue uno de los escritores más importantes de su tiempo, precursor del aristotelismo y reconocido como "el padre de la historiografía alemana".

La abadía no sólo no fue suprimida jamás, sino que continuó creciendo. Se presenta como una serie de patios, los primeros semipúblicos, los últimos reservados a la vida religiosa (claustro y patio del convento). Estas plazas acotadas y estos sucesivos espacios cerrados pertenecen a la expresión del urbanismo barroco, llevado a su perfección en la abadía benedictina de Melk, con sus siete patios. El Palais-Royal de París es la ilustración francesa del tema.

Pero Heiligenkreuz, con sus ornamentos barrocos como casi todos los monumentos de

222

Europa central en los siglos XVII y XVIII, ha conservado su arquitectura primitiva, especialmente en la iglesia abacial. Desde el bello patio de entrada, con sus arcadas en dos niveles y sus árboles centenarios que protegen dos fuentes de grandes pilones (una de ellas edificada en homenaje a la Santísima Trinidad), se descubre la fachada oeste de la iglesia, románica y muy retocada. En el interior, la nave presenta tres niveles (arco de medio punto, muro compacto, ventana alta), característicos del románico tardío. La bóveda, sin embargo, ya es ojival y los empujes recaen en dos columnas embebidas que reposan sobre ménsulas, típica solución de los arquitectos de la orden. El transepto

se abre sobre un coro gótico, cuadrado como el de las iglesias de Císter y de Morimond. El escaso mobiliario barroco que allí se encontraba fue sustituido en el siglo XIX por un altar neogótico. Las sillas de los monjes (Giovanni Giuliani) presentan paneles en relieve con escenas de la vida de Cristo.

El claustro y la sala del capítulo parecen dedicadas al culto de los muertos. En el sitio del *armarium*, la capilla de Santa Ana alberga el cuerpo de un abad del siglo XVIII. En el locutorio se ha instalado una capilla de difuntos donde los monjes fallecidos se exponen sobre un catafalco hasta su inhumación. La sala capitular es el mausoleo familiar de los Babenberg.

Página anterior:
El gran patio de ingreso. Giovanni Giuliani, el escultor de las sillas, levantó la columna de la Santísima Trinidad.

Superior:
La sala de los monjes (llamada "cofradía" en Heiligenkreuz). Puede observarse que no hay capiteles entre los arcos y las columnas cilíndricas, habiéndose convertido la última piedra tallada del arco en una elegante consola embebida.

Hay pinturas que recuerdan a cada miembro de la dinastía del fundador de la abadía.

El claustro ha perdido el refectorio, pero ha conservado el hermoso edificio de su fuente, de un estilo gótico que ha alcanzado un desarrollo pleno. La fuente, realizada durante el Renacimiento e inspirada en los pilones italianos, se ha convertido en una escultura espontánea gracias a los pintorescos depósitos que el agua caliza ha aportado en el curso de los siglos.

La sala de los monjes permite imaginar el entorno de trabajo de los copistas y de los minituritas medievales. Sobre la piedra de los muros y de las bóvedas de aristas, los monjes constructores pusieron un revoque y trazaron falsas junturas de color rojo (en armonía con la del enlosado). Antiguamente se protegía la piedra enluciéndola y Heiligenkreuz no fue innovadora en este aspecto.

Con el desarrollo de una liturgia más espectacular, durante el siglo XVII se construyó y se decoró una nueva sacristía, más espaciosa que la medieval. Así, los armarios para guardar las vestiduras sacerdotales y la orfebrería, con sus bellísimas marqueterías, son obra de los hermanos conversos del monasterio a comienzos del siglo XIX. Conscientes de la calidad de su trabajo, y contrariamente a los usos de la regla, pusieron su firma en la primera puerta del armario de la izquierda.

En el curso de la visita a Heiligenkreuz pueden verse, cerca de la sala de los monjes, fondos de toneles pintados, recordándonos que la abadía todavía posee viñedos en Gumpoldskirchen y en Burgenland. Los más antiguos son donaciones que se remontan a 1146.

Superior izquierda:
Claustro. La galería del
capítulo.

Superior derecha:
El lavabo de estilo
gótico (1290) y su fuente
renacentista. Las
vidrieras son del
siglo XIX, como
las del claustro.

Página anterior:
La gran sala capitular.
La arquitectura del
siglo XIII resistió la
ornamentación del
siglo XVIII. Las pinturas
murales evocan a los
personajes de los mar-
graves y de los duques
de Austria de la dinastía
Babenberg, inhumados
en la sala.

Doble página siguiente:
Las bóvedas de la iglesia
en el crucero del
transepto (ha. 1290),
modelo de toda la
arquitectura gótica
austriaca.

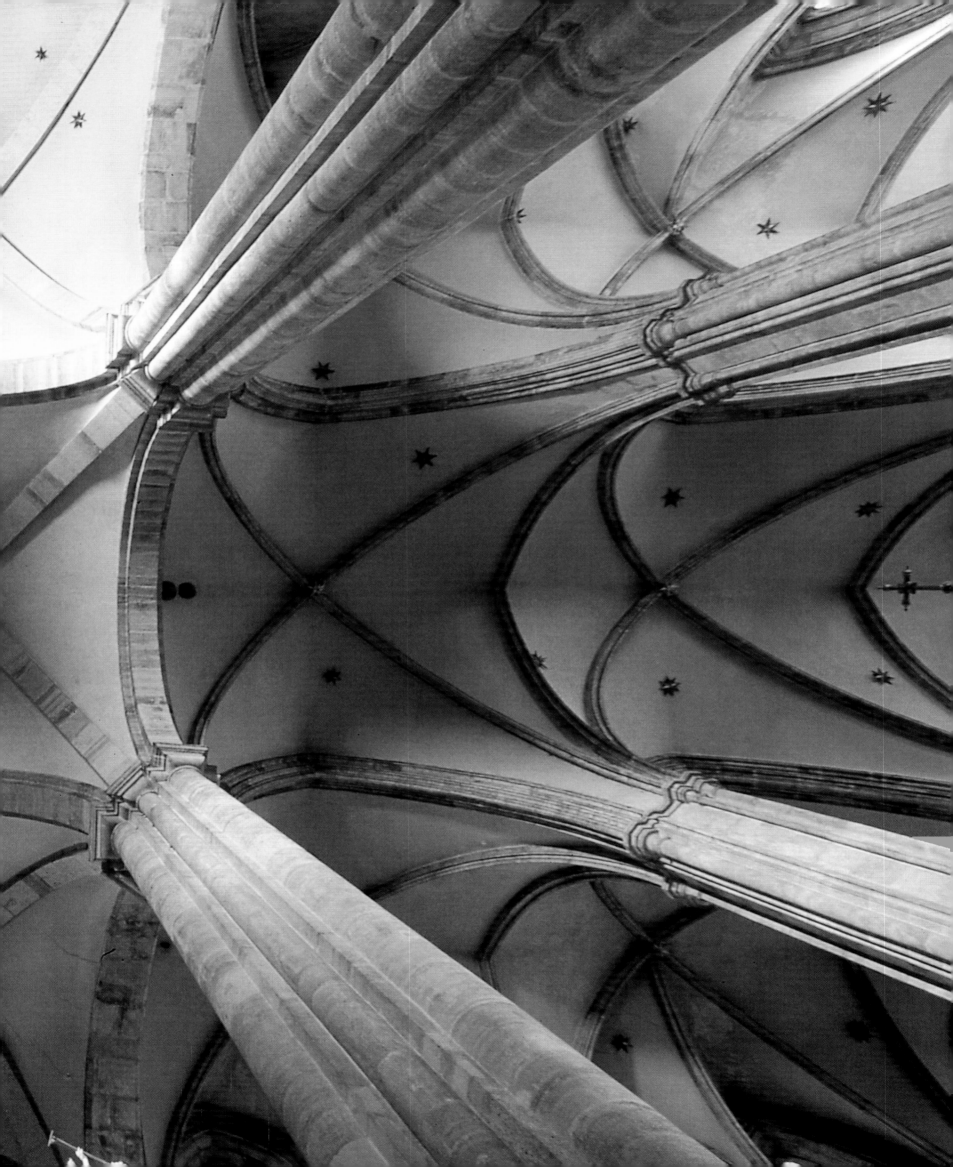

HOLY CROSS

Holy Cross encarna hoy la Irlanda profunda. Una verdadera campiña modelada por siglos de agricultura y ganadería. Un viejo puente de piedra para cruzar las aguas impetuosas del río Suir. Hermosas ruinas de una abadía medieval y también una iglesia restaurada y un *pub* abierto en una de las pocas casas de la aldea. Los domingos se llena el aparcamiento, las mujeres van a misa, los hombres al *pub*, y los jóvenes se reúnen en el claustro y charlan mientras escuchan el oficio por altavoces...

De hecho, Holy Cross ha heredado un pasado glorioso y accidentado. Fundada en principio por Donald O'Brien, rey de Thomond, para los benedictinos, la abadía conoció dificultades que los cistercienses, llegados al lugar en 1180, sólo pudieron superar instituyendo una peregrinación a una reliquia de la Vera Cruz. Habiéndose enriquecido de ese modo, los monjes pudieron reconstruir la abadía a finales del siglo XV sobre los planos del monasterio original, aunque en un estilo gótico tardío de una particular elegancia.

Holy Cross evitó la disolución gracias a la protección de la poderosa familia Butler, que transformó la abadía en colegio seglar. Así, los cistercienses permanecieron en el lugar hasta 1735, no sin sufrir las persecuciones y los saqueos de las tropas de Cromwell y de los combatientes de la guerra jacobita. Los monjes tuvieron que vivir en Kilkenny durante quince años y no pudieron cumplir con el noviciado. En 1685 sólo quedaban dos monjes.

Desde 1971, y después de tres siglos de abandono, Holy Cross ha experimentado restauraciones importantes que han salvado las ruinas de la degradación y han devuelto la vida a la abadía, convertida de nuevo en lugar de peregrinación, parroquia, centro cultural, oficina de turimo, etc. A pesar de todo, Roger Stalley, excelso especialista en historia y arquitectura cistercienses, no ha podido evitar esta queja: "Un número excesivo de estas obras recientes son de una calidad inaceptable para uno de los monumentos más destacados de Irlanda".

La iglesia presenta un pequeño presbiterio de dos tramos cubierto de bóvedas de ojivas con nervaduras y arcos terceletes, un transepto también gótico y un armazón nuevo de seis tramos y con colaterales. En el crucero, una gran torre. En el santuario se observa la *sedilia* bajo una arcada triple. En el transepto norte se encuentra una pintura mural del siglo XV que representa un ciervo. Sobre una pilastra del coro se vislumbra un búho muy realista y sobre el friso de un arbotante del transepto norte encontramos un perro. Así, vemos que la rigidez del arte cisterciense no consiguió eliminar de las abadías la escultura tradicional irlandesa.

Mainistir na Croise Nasfa, Sancta Crux
Thurles/Tipperary/Repúb. de Irlanda
fund. 1180 por Monasteranenagh
(filial de Claraval)
igles. principios del siglo XIII
suprim. 1735
hoy parroquia (y lugar de peregrinación)

Fuentes
Roger STALLEY, *The Cistercian Monasteries of Ireland*, Yale University Press. Londres, 1987.
Thomas MORRIS, *Holy Cross Abbey*, Eason. Dublín, 1986.

Página anterior, inferior:
Ménsula del pilar
sudeste del crucero
del transepto.

Superior:
Los restos del claustro
(ángulo noroeste).

Página anterior:
Zócalo del altar, actual-
mente en el muro norte
de la iglesia: la Virgen y
Cristo en la cruz.

Superior:
Ménsulas sin ornamen-
tos pero acompañadas
de elementos figurativos
populares según la
tradición irlandesa.

HORE

El obispo de Cashel había logrado convencer al abad de Mellifont para que enviara monjes que fundasen un monasterio al pie de su peñasco. Fue ésta la última fundación cisterciense en Irlanda, poco conforme con los principios de implantación recomendados por la regla. Los religiosos se quejaron: "Desde el monasterio se oyen demasiado las campanas de la catedral". En 1540 los tres monjes que todavía vivían en Hore convirtieron la abadía en parroquia y permanecieron en el lugar. Después las tierras fueron "donadas" a Jacobo Butler, conde de Ormond. La iglesia, el transepto meridional y la sala capitular fueron transformados en viviendas. Hoy, la abadía se ofrece sin barreras ni controles a los visitantes. A pesar de esto, no hay ni una sola pintada.

Como siempre, las ruinas se leen a la manera de un plano en relieve. Al igual que todas las abadías cistercienses, Hore se adapta a la planta tipo bernardina. Visitar una abadía cisterciense es una satisfacción para el espíritu: se sabe de antemano lo que se va a encontrar, sea en Irlanda o en Portugal, se comprende la función de cada cosa y se admiran las escasas variantes de adaptación de los principios básicos a cada lugar. A veces nos gusta soñar que un abad modificó el programa y dio plena libertad a su arquitecto...

Con todo, eso es lo que ocurrió en la Irlanda del siglo XV, donde casi todos los abades hicieron edificar torres, desafiando abiertamente la prohibición repetidas veces formulada por el Capítulo general de edificar estas muestras de vanidad. Y, sin embargo, casi todas están calcadas del mismo modelo. Hore tiene, sin embargo, una particularidad: es la única abadía irlandesa que construyó su claustro al norte, sin que se sepa con certeza el motivo de esta orientación.

Mainistir Chaisil, Rupes Casseliae

Cashel/Tipperary/Repúb. de Irlanda

fund. 1272 por Mellifont (filial de Claraval)

igles. siglo XIII

suprim. 1540 (Acta de disolución)

hoy ruinas

Véanse también páginas 43, 50.

Fuentes

Roger STALLEY, *The Cistercian Monasteries of Ireland*, Yale University Press. Londres, 1987.

No se puede llegar a Hore más que atravesando a pie las praderas pantanosas, en las que pacen grandes manadas de vacas indiferentes al sorprendente paisaje de esta abadía cisterciense, que aún sigue aislada, abandonada y casi olvidada al pie de Rock de Cashel. Allí, sobre el promontorio rocoso que sirvió de fortaleza a poderosos príncipes obispos, se yerguen las bellas ruinas románticas de una catedral cruciforme y de sus dependencias, y en especial, la capilla del príncipe Cormac, sin duda el monumento románico más notable que pueda encontrarse en Irlanda. La muchedumbre se apiña para visitar este Mont-Saint-Michel irlandés y hace caso omiso de la pequeña abadía perdida en medio del soto, que ni siquiera tiene un camino de acceso.

Izquierda:
Bóveda del crucero
del transepto con ner-
vaduras y terceletes.

Superior:
La cabecera plana del
presbiterio con su
triplete tapiado.

JERPOINT

Sciriopuin, Jeripons

Thomastown/Kilkenny/Repúb.de Irlanda

fund. 1180 por Baltinglass (filial de Claraval
a través de Mellifont)

igles. finales siglo XII

suprim. 1540 (Acta de disolución)

hoy ruinas (Office of Public Works desde 1880)

Véanse también páginas 17, 18.

Fuentes
Office of Public Works, *Jerpoint Abbey Co. Kilkenny*.
Roger STALLEY, *The Cistercian Monasteries of Ireland*,
Yale University Press. Londres, 1987.

Fue Donald Mac Gillapatrick, rey de Ossory, quien quiso implantar una abadía en su territorio. Recurrió a los benedictinos (1160), que rápidamente (1180) adoptaron los usos cistercienses bajo la autoridad de la abadía de Baltinglass.

Sin embargo, Jerpoint, aislada en una apacible campiña regada por el hermoso río Littel Avrigle, pronto se enfrentó a graves problemas de gobierno. La abadía se vio envuelta en la famosa conspiración de Mellifont (1227), que acabó con la destitución de su abad. Quedó entonces bajo el control de Fountains (Yorkshire), episodio importante en la política inglesa de anexión de Irlanda.

En el siglo XV, los monjes ya no practicaban con tanto rigor la austeridad primitiva. Algunas monografías antipapistas llegan a decir que fuera de las abadías de Santa María de Dublín y de Mellifont los religiosos ya no llevaban hábito. Es verdad que en los albores del siglo XV la abadía se dotó de una imponente torre almenada sobre el crucero del transepto y decoró su claustro con una hermosísima serie de estatuas-columnas. Era una abadía rica con 5.870 hectáreas de tierras y bosques, varias casitas de campo, molinos y sobre todo presas para pesquerías en estanques.

La disolución no supuso un gran trastorno para Jerpoint. No había entonces más que un abad y cinco monjes, los cuales recibieron una pensión, y los nobles protectores de la familia Butler de Kilkenny pudieron percibir los ingresos monásticos en su totalidad sin mantener por ello las instalaciones. Por fin, en el siglo XIX, y debido a la renovación de los estudios históricos sobre la Edad Media, la Kilkenny Archeological Society emprendió la renovación del lugar.

El coro de la iglesia, con bóveda de cañón, sigue siendo una hermosa muestra de la arquitectura románica de finales del siglo XII. Las ventanas del siglo XIV, que sustituyeron a los tres ojos de buey originales, iluminan los nichos mortuorios, los restos del fresco del lado norte y los *sedilia* de los celebrantes del lado sur. La figura yacente representa, según la tradición, al abad fundador.

Los cruceros albergan cada uno dos capillas abovedadas de cabecera plana. Las tumbas o las losas ilustran la calidad de los escultores de Jerpoint. Dos caballeros con cota de malla, *the brethren* (los hermanos), duermen en el lado sur sobre una losa del siglo XIII.

La torre descansa sobre cuatro pilares macizos y su bóveda, ya gótica, presenta finas nervaduras en estrella. Bajo el crucero, la tumba

Página anterior, derecha:
Lado norte de la nave
principal.

Izquierda:
El claustro y, en primer
plano, estatua inserta
entre dos columnas de
la arquería.

de Roberto Walsh y Catalina Power lleva la firma de su autor, Rory O'Tunney. En 1501 los escultores habían abandonado el anonimato de los artesanos para convertirse en artistas.

La nave ha conservado su colateral norte, muy estrecha como siempre entre los cistercienses, más preocupados por montar un buen contrafuerte que un espacio procesional. Las columnas cuadradas o circulares, alternativamente, sostienen capiteles adornados de festones. La hoja de agua del continente es infrecuente en Irlanda, salvo en Boyle. ¿Podía acaso resignarse el arte irlandés, siempre ingenioso y poético, a la repetición del mismo motivo?

El mayor interés de Jerpoint reside en la galería de arcadas de su claustro (1390–1400). Parcialmente reconstruida en 1953 sobre sus dos lados meridional y occidental con los vestigios encontrados en el suelo –una solución que los arqueólogos deberían recomendar con más empeño–, esta galería románica se abre al patio gracias a las secuencias de tres arcos de medio punto que descansan sobre columnitas embebidas en los paneles reservados a la escultura. Aquí está lo mejor del arte irlandés, presentando a príncipes, prelados, campesinos y monjes, todos con trajes de época. También se observan las figuras grotescas (de tradición irlandesa)

o los santos, como el admirable San Cristóbal representado como costalero de Cristo.

El ala de los monjes sigue intacta. La sacristía y el *armarium*, la sala capitular, el locutorio, el paso y la sala de los monjes exhiben bellas bóvedas de cañón. Durante las obras de restauración se descubrió gran parte del pavimento medieval, de barro cocido. Se distinguen las baldosas incrustadas de dos colores que muestran una cabeza de león (?) y las que llevan impresos cuatro motivos: un león en pie, una flor de lis, una viña loca y una flor en forma de cruz. Es un arte más naturalista que religioso, pero muy conforme a la tradición celta.

Página anterior:
• *Capitel adornado sobre un pilar de la iglesia.*
• *El presbiterio.*

Superior:
• *Estatuas entre las columnas del claustro; la de la izquierda representa a San Cristóbal.*
• *Cabeza de hombre agotado bajo el yugo.*

LÉONCEL

Lioncellum
Léoncel/Drôme/Ródano-Alpes/Francia
fund. 1137 por Bonnevaux (Císter)
igles. 1150–1188 y 1188–1210
suprim. 1791 (Revolución francesa)
hoy parroquia

Véase también página 116.

Fuentes
Les Cahiers de Léoncel.
Léoncel, une abbaye cistercienne en Vercors, número
especial de *La Revue drômoise*. Valence, 1991.

No hay un lugar que se haya resistido a los cistercienses. En Léoncel se adueñaron de una pequeña altiplanicie pantanosa del Vercors occidental, que domina la cuenca de Valence y de Romans y que por el puerto de la Bataille controla el acceso a la ciudadela del Alto Vercors.

El paraje es majestuoso, dominado por los acantilados del Échaillon y las pendientes del Signal de Tourniol. Es un relieve cárstico, en que los afloramientos calcáreos desgarran la capa boscosa: robles y castaños hacia las cañadas, hayas y abetos hacia la meseta de Ambel, vasta zona sinclinal cubierta de praderas de montaña. No obstante, el lugar es también eminentemente cisterciense porque el agua es abundante. El monasterio primitivo se instaló en un terraplén que permitía escapar a las inundaciones del Lionne *(Lion-cellum)* y controlar el importante caudal del riachuelo.

Sin embargo, la abadía sólo pudo desarrollarse lentamente por estar expuesta a los fuertes vientos y cubierta de nieve durante varios meses al año. El clima es allí muy duro y los monjes sólo podían cultivar los campos en verano, teniendo que recibir de la planicie un complemento de alimentos. Por ello, en 1194 se unieron a la pequeña comunidad monástica de Part-Dieu, instalada al pie de la montaña. El Capítulo general autorizó a los monjes blancos a residir allí desde el día de San Andrés (30 de noviembre) hasta Pascua.

Esa doble instalación permitió a los cistercienses asegurarse un amplio dominio, asociando cultivos de cereales y vitícolas del llano a una actividad forestal y pastoril de montaña. El control de los pastizales se negoció con la cartuja vecina de Val Sainte-Marie-de-Bouvante, lo que puso un enorme espacio bajo tutela monástica.

El esplendor espiritual de Léoncel fue paralelo al desarrollo económico del aprovechamiento directo, que exigía esfuerzos constantes para afrontar un clima muy duro y largos desplazamientos por la montaña. Uno de los primeros abades, Hugo de Chateauneuf, fue canonizado. Tras la peste y la guerra de los Cien años, la abadía ya no recuperó jamás el esplendor de sus dos primeros siglos de existencia: a partir de entonces estuvo marcada por la destrucción que llevaron a cabo las bandas gasconas en 1390, el repliegue de la comunidad a Romans durante treinta años, el incendio durante las guerras de religión (1568), abades regulares ausentes de la abadía, procesos continuos con los propietarios vecinos, abades comendatarios (1681) que se apropiaban de los ingresos de la planicie y dejaban a los escasos monjes todavía presentes los ingresos por los pastos de montaña, conflictos con el organismo que controlaba las aguas y los bosques a propósito de la explotación de los altos de Ambel, nuevo abandono provisional de los lugares en 1726, enfrentamiento con los aldeanos hostiles (1781)... La Revolución cerró una abadía que ya había muerto.

La llegada a Léoncel aún constituye un momento emotivo. La vieja iglesia, que sobrevivió a la Revolución porque era parroquia desde 1781, aparece en su simplicidad cisterciense enmedio de los prados y de algunos árboles que puntean el espacio encerrado entre las montañas. La fachada ha sido remodelada: la gran puerta central abierta para los fieles sustituye a la pequeña puerta lateral del tiempo de los monjes, y el campanario, de piedra para resistir la fuerza del viento, presenta el bello equilibrio de los campanarios alpinos de dos pisos y pirámide de ocho lados.

*Vista general de la
abadía en su valle.
Vista de la cabecera
desde el nordeste.*

Habría renegado de él Bernardo de Claraval, que no gustaba de esta exhibición de poder inútil para la vida monacal. ¿Y le habría complacido la cabecera de tres ábsides con redondeces tal vez demasiado sensuales?

El interior responde al espíritu cisterciense, incluso la severa cúpula sobre trompas en el crucero del transepto. Está construido con piedra calcárea de la región. Solidez de la arquitectura primitiva (1150-1188), románica en el coro de bóveda de cascarón flanqueado por dos absidiolas, en la nave central de pilares cuadrados así como en las laterales abovedadas en segmentos graduados. Luz de la bóveda gótica (1188-1210) que sustituyó el armazón original. Técnica aún arcaica, con los poderosos arcos perpiaños de medio punto, que sostienen la bóveda más que las ojivas. No obstante, las altas ventanas de medio punto iluminan la nave, entre columnas embebidas que recogen todos los empujes y descansan sobre ménsulas típicamente cistercienses.

Prosper Mérimée inscribió la iglesia en la lista de monumentos históricos en 1840. Subsisten otros vestigios, especialmente en el antiguo edificio de los monjes, ocupado por la casa Saint-Hugues, donde sor Marie-Françoise Giraud asegura desde 1974 la vida espiritual del lugar, mientras que la Asociación de amigos de Léoncel prosigue una serie de investigaciones históricas con motivo de los coloquios, que son objeto de publicaciones reconocidas (*Les Cahiers de Léoncel*).

Página anterior:
*Alzada del lado norte
de la iglesia.*

Izquierda:
*Las arquerías ciegas de
la nave lateral norte
de la iglesia.*

LÉRINS

Saint-Honorat

Cannes/Alpes Marítimos/Provenza-Costa Azul/Francia

fund. 1869 por Sénanque

igles. 1880–1930

hoy monasterio OCCO

Véase también página 135.

Fuentes

Théo Encyclopédie catholique, Droguet y Ardant/Fayard. París, 1992.

Bernard PEUGNIEZ, *Routier des abbayes cisterciennes de France*, Éditions du Signe. Estrasburgo, 1994.

Marcel PACAUT, *Les Moines blancs*, Fayard. París, 1993.

Véase la monografía CÎTEAUX.

Al convertirse en propietarios de la isla de Saint-Honorat en 1869, los cistercienses de Sénanque enlazaban con toda una genealogía de esplendorosa historia monástica. La abadía fue fundada por San Honorato en la menor de las dos islas de Lérins hacia el año 400, unos años antes de que Juan Casiano fundase Saint-Victor y Saint Sauveur en Marsella y algunos años después de la llegada de San Martín a la Galia (Ligugé 361).

Honorato y su compañero Capras llegaron de la Galia-Bélgica y vivieron primero como ermitaños para fundar después un monasterio que se convertiría en cuna de diversos obispos. La abadía adoptó la regla benedictina en

el siglo VI y se vinculó a Cluny en 978, a la orden de San Víctor en 1366, a la de San Mauro en 1638, a la congregación de Montecassino en 1645 y de nuevo a Cluny en 1756, antes de ser donada a la mesa de Grasse en 1786 y después venderse como bien nacional en 1791... Del monasterio primitivo subsiste un claustro románico de gran belleza, que el monasterio moderno (1880–1930) integró en su planta general. Existe así mismo un monasterio fortificado en espolón sobre el mar que contiene un claustro de dos pisos.

La abadía de Lérins es hoy la casa madre de la congregación de la Inmaculada Concepción, confederada con la Orden Cisterciense

Página anterior:
Vista aérea de la isla de Lérins.

Izquierda:
El monaquismo fortificado.

El claustro antiguo
(siglo VIII o IX).

de la Común Observancia (OCCO) u Orden del Císter, que agrupa doce congregaciones con 64 abadías de hombres (con unos 1.300 monjes) y cinco congregaciones con 86 abadías de mujeres (unas 1.500). En Lérins (y en el priorato de Sénanque) la vida monástica se aproxima a la de los cistercienses de la estricta observancia dictada por la OCSO (los trapenses), que mantienen la sumisión a los principios básicos de la regla (meditación, oración y trabajo). Por lo demás, las otras congregaciones prosiguen las orientaciones tomadas de la Europa central en el siglo XVIII, dando la primacía a las funciones de servicio al prójimo

(orfanatos, colegios, etc.) o al servicio pastoral en las parroquias. Una innovación de gran importancia en la historia de la Iglesia contemporánea: el papa Juan Pablo II nombró en 1998, por primera vez en muchas décadas, a un abad de la orden cisterciense (el de Lérins) para regir un obispado.

Superior izquierda:
La capilla de la Trinidad
(arquitectura primitiva
del siglo VI).

Superior derecha:
El claustro de dos pisos
del monasterio
fortificado.

LOC DIEU

Locus Dei

Martiel/Aveyron/Midi-Pyrénées/Francia

fund. 1124 (O.C. en 1162) por Dalon (Pontigny)

igles. 1159–1189 y 1250–1300

suprim. 1791 (Revolución francesa)

hoy propiedad privada

Véanse también páginas 61, 114, 122.

Fuentes

Françoise BAGUERIS, "Ancienne Abbaye Notre-Dame de Loc Dieu", en *Anciennes abbayes en Midi-Pyrénées*, Addoc. Tarbes, 1991.

Si la bella durmiente del bosque hubiera sido una monja que esperara a que su príncipe encantado regresara de la cruzada, habría encontrado en Loc Dieu el entorno ideal para su leyenda. Por lo demás, la Joconde no se engañó al refugiarse durante la Segunda Guerra Mundial tras los altos muros de esta abadía, fortaleza, casa de campo romántica. ¿Lo recuerdan todavía los cisnes blancos que nadan por el lago en el que se refleja la iglesia abacial?

Loc Dieu sólo pasó a ser cisterciense por la negligencia de sus fundadores benedictinos. En 1134, veinte años después de su llegada, ya habían levantado numerosos edificios; demasiados, puesto que en 1159 hubieron de pedir préstamos para iniciar la cimentación de la iglesia. Únicamente evitaron la ruina haciéndose cistercienses y asociándose con la abadía de Bonneval, que pagó las deudas de su nueva hermana, como requería la *Carta de caridad.*

Las desgracias de Loc Dieu se sucedieron inmediatamente después de sus primeras peripecias: nepotismo desde el siglo XIII y abandono después de la Revolución. A finales del siglo XIX sus dueños emprendieron una reconstrucción casi completa, con respeto por los lugares históricos y de forma admirable en lo que a las otras construcciones se refiere. La abadía de Loc Dieu tal vez no fue jamás tan hermosa como en 1900.

La iglesia ha conservado toda su pureza, con presbiterio en ábside, capillas del transepto con cabeceras planas (siglo XII) y toda la elevación de la nave central realzada por anchos arcos cruceros de ojivas (siglo XIII), sin modificar las naves laterales de cañones apuntados.

El claustro es del siglo XV, como la sala capitular de seis tramos con bóvedas de ojivas

sobre dos columnas molduradas que, olvidando su función de lugar de meditación cerrado, se abre al parque. Durante años, en los anocheceres veraniegos, Michel Dintrich y Jérôme de Souza con sus guitarras de diez cuerdas dieron magníficas transcripciones de la obra de Juan Sebastián Bach para clavicordio...

Página anterior, superior:
La nave lateral sur y la nave central de la iglesia vistas desde el coro.

Página anterior, inferior:
Ojo de buey del transepto meridional.

Superior:
La sala capitular, ahora iluminada como un invernadero de naranjos.

Doble página siguiente:
Vista general de la abadía.

MARGAM

Glamorgan/País de Gales

fund. 1147 por Claraval

igles. hacia 1200

suprim. 1536 (Acta de disolución)

hoy ruinas y templo

Fuentes
David H. WILLIAMS, *Atlas Cistercian Pands in Wales*, University of Wales Press. Cardiff, 1990.
Malcom Railton ELLIS, *Margam Abbey*, Margam (sin fecha).

Es difícil llegar a Margam: todas las guías han olvidado esta abadía galesa encajonada en el fondo de su valle. Por suerte siempre se puede recurrir a nuestro viejo amigo, el *Atlas de l'Ordre cistercien* de Fréderic Van der Meer, exhaustivo y siempre indispensable.

Margam está situada, no lejos del mar, en los altos del sur del País de Gales. Cardiff, donde la abadía tenía una "casa comunal", queda a unos veinticuatro kilómetros al este.

Hacia el siglo XIII, cuando las propiedades cistercienses representaban una gran parte de las tierras cultivables del País de Gales, Margam figuraba como una abadía importante, sin duda la más rica. El inventario de sus establecimientos era impresionante: quince graneros, once molinos de agua y dos de viento, cinco apriscos, cuatro pesquerías, cinco minas de carbón, dos minas de hierro y de plomo, cuatro caminos (de peaje) y cinco casas comunales. Los conversos trabajaban duramente. Entre las revueltas de conversos que la orden conoció en el siglo XIII, la de Margam en 1206 fue una de las más importantes: los rebeldes tiraron del caballo al cillerero y persiguieron al abad hasta unos diecisiete kilómetros de la abadía antes de parapetarse en su dormitorio. El abad de Fountains intervino para restablecer la disciplina. Los culpables fueron condenados a dirigirse a pie a Claraval y posteriormente fueron dispersados entre varias abadías de la orden.

Actualmente, el enclave de Margam es todavía muy cisterciense: se ubica en el fondo de un valle, entre prados y árboles frondosos y con un bello estanque natural. Un poco más lejos surgen las fachadas calcinadas de una enorme casa de campo de estilo *gothic revival,* que tanto gusta a los británicos. Dominando la abadía desde una altura de unos cien metros, una colina denudada conserva la huella de movimientos de tierra circulares junto a las ruinas de una capillita (Cryke Chapel). ¿Un antiguo montículo feudal o una vieja fortificación celta?

La iglesia conserva su planta bernardina, aunque la fachada sigue siendo un enigma. Se pueden admirar los importantes restos de una sala capitular fuera de lo común, redonda en su interior y con un muro dodecagonal en el exterior. Está precedida por un atrio abierto al claustro. Como el resto del monasterio, exceptuados algunos muros de la enfermería antigua, el claustro ha desaparecido totalmente. Desde 1933, un pequeño museo lapidario contiene algunas piezas antiguas.

Izquierda:

El gran árbol de Margam, aún muy venerado. Bernardo de Claraval glorificaba los árboles y los bosques, con lo que recuperaba la tradición celta.

Inferior izquierda:

La "palmera" de la columna central del capítulo dodecagonal, obra maestra de un experto en el arte de la talla.

Inferior derecha:

El hermoso vestíbulo que antecede a la sala capitular es un hallazgo del arquitecto de Margam que no se encuentra en ninguna otra abadía cisterciense, así como los dos sorprendentes campanarios que enmarcan la fachada de la iglesia.

MAULBRONN

Nunca está de más decir que una abadía cisterciense no puede reducirse sólo al cuadrado monástico en el que se practica la vida litúrgica, sino que también abarca el espacio de las dependencias, indispensables para el trabajo de los monjes y de los conversos, y de los graneros, donde éstos y los asalariados producían todo lo necesario –alimentos, herramientas– para satisfacer las necesidades de la comunidad, de los huéspedes de paso en la hospedería y de los pobres que se apiñaban en la portería.

Maulbronn es ejemplar. La abadía ha conservado en el interior de sus muros de recinto todos los talleres y los locales de servicio de esta ciudad en miniatura que era una abadía cisterciense, con vida autárquica según la regla de San Benito. Más allá de la portería fortificada, único lugar de intercambio con el mundo exterior, se encuentran la hospedería y la capilla de los forasteros (para cuantos no podían franquear la clausura, especialmente las mujeres), el taller del carretero y el del herrero, el establo y la caballeriza, el molino harinero y la panadería, el lagar y la casa de los viñadores.

El cuadrado monástico se conserva aún mejor y, salvo el dormitorio de los monjes, presenta todas las instalaciones de la planta bernardina. La UNESCO lo ha clasificado como patrimonio de la humanidad, al igual que Alcobaça, Fountains y Fontenay.

La iglesia, iniciada hacia 1150 y consagrada en 1178, conserva su elevación románica: arcos de medio punto sobre pilares cuadrados, muros lisos y ventanas pequeñas y altas de la época en que la cubierta era un armazón de madera. La nave sólo fue dotada de nervaduras radiales

Maulbrunnun
Maulbronn/Wurtemberg/Alemania
fund. 1138 por Neubeurg en-Forêt (filial de Morimond)
igles. 1150–1178
suprim. 1557 (Reforma)
hoy seminario protestante

Véanse también páginas 39, 79, 102, 114, 118.

Fuentes
Anselme DIMIER, *L'Art cistercien*, tomo II, Zodiaque. La Pierre-qui-Vire, 1971.
Margarete STILLGER, *Allemagne*, Hachette. París, 1964.
Marianne BERNHARD, *Abbayes*, IPG/PML. Múnich-París, 1994.

Página anterior, inferior:
*El patio del claustro y
la "capilla del lavabo",
construida hacia 1350
y realzada dos siglos
más tarde.*

Izquierda:
*La bellísima fuente
merecía un marco
suntuoso. En
consecuencia, los
monjes quisieron que
el lavabo pareciera una
capilla bautismal.
El proyecto se debe
al maestro del Paraíso,
célebre por el porche
de la iglesia, primera
experiencia gótica
realizada en Alemania
por un maestro de obras
formado en las construc-
ciones francesas.*

en el siglo XV, al mismo tiempo que se abría la cabecera plana del presbiterio para instalar en la misma una inmensa vidriera gótica. La luz transversal suavizaba la austeridad de los muros de esquisto.

Como un inusual testimonio de la segregación entre monjes y conversos, la iglesia ha conservado el muro alto de mampostería que separa la nave en dos coros distintos.

A comienzos del siglo XIII, se dotó a la iglesia de un pórtico de tres tramos abovedados con ojivas, abierto por vanos geminados sobre el patio de las dependencias. Es el "paraíso" hacia el que dirige sus pasos el viajero, que ha podido localizar la entrada de la iglesia gracias al pequeño campanario que la corona.

Las galerías del claustro, abiertas al patio octogonal que alberga el lavabo y el hermosísimo árbol que lo acompaña, presentan vanos románicos de la abadía primitiva y góticos, algunos flamígeros, de la abadía del siglo XIII. De esa época (1225) data el refectorio de dos naves y ocho tramos sostenidos por siete columnas ceñidas con moldura. Allí acudían los monjes después de haberse lavado las manos y la cara con el agua de una de las más hermosas fuentes de tres pilas sobrepuestas que nos han dejado los arquitectos cistercienses. Las bóvedas se atribuyen a un maestro de obras local, Jörg Largeb. Abriéndose a la galería este, la sala capitular presenta unas bóvedas de nervaduras radiales cuya elegancia contrasta fuertemente con las bóvedas de aristas de la sala románica dedicada a refectorio de los conversos, en el lado oeste del claustro.

Maulbronn ilustra así las diferentes maneras de abovedar un edificio religioso. Generaciones de estudiantes han tenido que aprender esto viviendo en estos lugares respetables desde que, tras la Reforma, el duque de Wurtemberg transformara la abadía en una escuela religiosa. El poeta Friedrich Hölderlin estudió en Maulbronn.

Superior:
La sala capitular y sus bóvedas en estrella (hacia 1320). La ornamentación emprendida por el maestro Ulrich en 1424 sigue siendo visible gracias a unas hábiles restauraciones.

Página siguiente:
Las bóvedas de seis secciones del refectorio de los monjes (ha. 1225).

MELLIFONT

seducido por la perfección de la vida religiosa que llevaban los cistercienses de la gran abadía y quiso hacerse monje, pero tanto el Papa como Bernardo de Claraval le aconsejaron que marchase a crear una abadía en Irlanda. Eligió un lugar salvaje en un valle próximo a Drogheda, en los confines del Mattock, lejos de los cotos de caza señoriales pero cerca de los territorios del rey de Airghialla, quien garantizó protección y donaciones al nuevo establecimiento.

Algunos monjes de Claraval habían acudido para enseñar la regla a los novicios irlandeses y para dirigir los trabajos de la abadía. Sin embargo, muy pronto se deterioró el trato entre los autóctonos y los franceses, como sucedió ulteriormente entre las abadías irlandesas y las anglonormandas instaladas en la isla tras la invasión de 1169. Mellifont había conocido una gran afluencia de vocaciones y rápidamente había asentado su autoridad de casa madre sobre el conjunto de sus filiales, cultivando las particularidades locales irlandesas, a lo que pudo favorecer la autonomía tradicional de las abadías cistercienses. Desde 1152, los cistercienses irlandeses venían reuniéndose en sínodo. Cuando en 1200 un abad de Mellifont aceptó cooperar con el poder inglés para asegurar una reforma de las costumbres religiosas, fue destituido por sus monjes. Más tarde, la "conspiración de Mellifont" (1227) reunió a seis abades implicados en una serie "de actos ultrajantes", lo que representó una oposición violenta a los visitadores nombrados por el Capítulo general. Éste hubo de destituirlos.

De hecho, los cistercienses, con su riguroso modelo arquitectónico, la rigidez de su regla, su ascetismo eremita y su entusiasmo por el progreso técnico sedujeron a la cristianísima

Mainistir Mhor, Mellifons
Drogheda/Louth/Repúb. de Irlanda
fundada 1142 por Claraval
igles. 1145–1157
suprim. 1539 (Acta de disolución)
hoy ruinas

Véanse también páginas 97, 109.

Fuentes
Mellifont Abbey and its Environs, Mellifont Abbey Press. Collon, 1980.
Roger STALLEY, *The Cistercian Monasteries of Ireland*, Yale University Press. Londres, 1987.
Françoise HENRY, *La Sculpture irlandaise pendant les douze premiers siècles de l'ère chrétienne*, tomo I. París, 1933.

Fue en Mellifont donde, en 1142, comenzó la historia de los cistercienses en Irlanda. Se trata de la crónica de una expansión sin precedente, ya que fueron treinta y ocho las abadías dependientes de esta cabeza de puente bernardina. Mellifont fue creada por Malaquías O'Morgair, arzobispo de Armagh, que llegó a ser un amigo muy apreciado de Bernardo de Claraval. Por lo demás, fue en Claraval donde acabó sus días y allí fue enterrado. San Bernardo escribió su vida, lo que permitió su rápida canonización. Como Esteban Harding, que se detuvo en Molesme de regreso de su peregrinación a Roma, también Malaquías se había desviado hacia Claraval tras su viaje a la Ciudad Eterna. Quedó

Construcción emblemática de Mellifont, el lavabo octogonal con piso es hoy el símbolo del último bastión cisterciense en el corazón de un campo de ruinas conmovedor. El arte románico irlandés aparece en su ruda perfección, adaptado por completo a los principios cistercienses.

Los restos del claustro vistos a través de una arcada del lavabo.

Irlanda. También transformaron el viejo monacato tradicional implantado en la isla desde
el siglo VI. A este propósito se ha señalado hasta qué punto el arte irlandés, todavía muy popular, se vio frenado en su desarrollo por los
principios cistercienses. A pesar de esto, el arte
céltico influirá en la arquitectura cisterciense
en muchos sitios, sobre todo gracias a los escultores. En cuanto a los arquitectos locales de las
abadías cistercienses en Irlanda, guardarán siempre un gran apego a las técnicas constructivas
del arte románico (conocido desde hacia generaciones) en detrimento del gótico (innovación
importada), que realmente no se generalizará
hasta los siglos XIV y XV con las restauraciones
y ornamentaciones.

Una vez pasado el cuerpo de guardia que
protegía el lugar, las ruinas de la abadía permiten admirar la planta cruciforme de la iglesia, inaugurada con gran pompa en 1157 y que
se remodeló y agrandó varias veces hasta la
supresión de la abadía en 1539 (cuando aún había ciento cincuenta monjes). El claustro, restaurado en parte, enmarca el grandioso lavabo
octogonal con piso. La sala capitular agrupa algunos vestigios arqueológicos obtenidos en las
excavaciones de la iglesia. Subsisten así mismo los restos de un gran campanario de piedra,
dado que los monjes irlandeses no se decidieron jamás a respetar la regla que los prohibía.

**Página anterior
e izquierda:**
*Restos de la sala
capitular: la bóveda
(principios del siglo
XIII), las baldosas del
pavimento y las
columnitas de un
pilón angular.*

MELROSE

Melrosa

Melrose/Roxburghshire/Escocia

fund. 1136 por Rievaulx (filial de Claraval)

igles. siglo XIII y 1385–1590

suprim. 1560

hoy ruinas

Véanse también páginas 50, 55.

Fuentes

Henry THOROLD, *The Ruined Abbeys of England, Wales and Scotland*, Harper Collins. Londres, 1993.
Richard FAWCETT, *Scottish Abbeys and Priories*, BT Batsford. Londres, 1994.
Richard FAWCETT, *Scottish Medieval Churches*, HBMD. Edimburgo, 1985.
Marguerite WOOD y J.S. RICHARDSON, *Melrose Abbey*, Historic Scotland, 1995.

Melrose fue fundada por David I, rey de Escocia, en 1136. En las cercanías había existido un viejo monasterio dirigido desde el siglo VII por una serie de santos monjes, casi todos canonizados (en la época en que la canonización no dependía de Roma sino del obispo local).

No duró mucho el período de paz que había permitido a David I atraer monjes ingleses a Escocia. La guerra, casi permanente entre los dos países, fue fatal para la abadía. Entre 1300 y 1385 los ingleses saquearon tres veces el monasterio. Fue reconstruido y la abadía que hoy puede admirarse representa el más bello ejemplo escocés del período en que emerge el estilo gótico "perpendicular".

Hoy sólo queda la iglesia, que es extremadamente bella. Tiene la envergadura de las "catedrales" que los monjes blancos construyeron en Vaucelles o Royaumont al inicio del siglo XIII. Un siglo más tarde (1385–1550) los arquitectos ya dominaban todas las posibilidades del gótico, de lo que Melrose se benefició: grandes vanos en las cuatro fachadas (tres de las cuales subsisten), elevación con triforio calado, arbotantes y estribos. Bajo la luz septentrional, la arenisca rosa del zócalo herciniano da cierta sensualidad a los edificios.

La visita de la abadía suscita algunas reflexiones provechosas. Aquí se puede ver, por ejemplo, el muro alto de piedra, que separaba el coro de los monjes del de los conversos, del que sólo quedan algunos ejemplos en las abadías de la orden. La separación entre los dos grupos monásticos es perceptible así mismo en los vestigios del callejón de los conversos, que discurre paralelo a la galería oeste del claustro. Es sabido que en Melrose trabajaban alrededor de 300 conversos (frente a un centenar de monjes de coro) y que se les había construido un claustro especial. ¿Cuántos millares de conversos hubo en las 750 abadías de la orden durante el apogeo del sistema económico cisterciense?

¿Y cuántos asalariados y oblatos para ayudar a aquellos conversos en sus trabajos o para sustituirlos en tareas especializadas? Se sabe que en Melrose el presbiterio fue obra de los canteros llegados de Yorkshire, pero que el transepto lo realizó un francés, Jean Moreau, nacido en París aunque debió de permanecer largo tiempo en las islas Británicas. Los versos labrados en un muro de la abadía recuerdan que John Morrow fue allí maestro albañil, pero que también había trabajado en la construcción de las catedrales de Sant Andrew y Glasgow, así como en los monasterios de Paisley, Nithsdale y Galloway.

En los límites del emplazamiento de Melrose, la casa de campo del abad comendatario, parcialmente construida en los siglos XVI y XVII con las piedras de la abadía, constituye hoy un pequeño y magnífico museo.

Página anterior, derecha:

Un complicado motivo de almohadillados y nervaduras adorna la bóveda del presbiterio. La abadía fue reconstruida en una

época en que los maestros de obras querían mostrar sus aptitudes. Pronto llegaría el final de los artesanos anónimos y se inauguraría la nueva era de los arquitectos y de los artistas.

"Cuando a lo lejos escuchas desencadenarse el río Tweed y ulular la lechuza encima de la tumba del
      hombre muerto,
entonces ve allí, pero ve solo, permanece un largo momento y contempla el edificio en ruinas del rey David. De regreso a casa, confiesa sinceramente que jamás hubo un lugar más triste y más hermoso."
Walter Scott, Canto del último trovador.

261

Nave lateral norte vista desde el transepto. Majestuosa como la nave lateral de una catedral, comprendía ocho capillas para sepultura de los protectores de la abadía, según los usos benedictinos, que el Císter sin embargo había rechazado.

El muro aguilón del transepto norte con la puerta de la sacristía y restos de la escalera de maitines. La puerta del dormitorio de los monjes encuadra hoy un paisaje de espléndida vegetación, como lo habría propuesto espontáneamente un arquitecto japonés deseoso de fundamentar la reflexión en la observación de la naturaleza.

Los pilares de la nave central. Una arquitectura poderosa. En el siglo XIV, los monjes aún vivían pobremente pero la abadía poseía un rebaño de varios miles de ovejas y establecía el precio de la lana en el mercado europeo.

MORIMONDO

Morimondus

Abbiategrasso/Lombardía/Italia

fund. en Coronago en 1133 por Morimond

igles. 1182–1296

suprim. 1799 (por la República cisalpina)

hoy parroquia

Véase también página 79.

Fuentes
Silvia NOCENTINI, "Morimondo" en *Architettura cistercense, Fontenay et le abbazie in Italia dal 1120 al 1160*, Edizioni Casamari. Certosa di Firenze, 1995.
Paolo CALLIARI, *L'Abbazia cistercense di Morimondo*. Morimondo, 1991.
Padre MAUROLOI, *L'Abbazia cistercense di Morimondo*, Fondaziona Abbazia. S.M. de Morimondo, 1993.

El propio nombre de la abadía de Morimondo proclama su filiación. Morimond solía crear filiales en Europa del Este, pero esta excepción italiana demuestra la independencia de las abadías que constituyó la fuerza de la orden (dentro del respeto a la regla y a la *Carta de caridad)*.

El nombre de la abadía expresa también todo el espíritu del monacato cisterciense: Morimondo, muerto para el mundo. A pesar de esto, la autarquía no impidó un fuerte desarrollo entre los muros de la clausura. Morimondo albergó a unos trescientos monjes en los años inmediatos a su fundación.

La abadía fue construida entre 1141 y 1158, mientras que las obras de la iglesia se prolongaron desde 1182 hasta 1296. Ésta representa el apogeo de la arquitectura cisterciense en Lombardía, el triunfo del ladrillo con columnas macizas y su cubierta con bóvedas de ojivas muy altas con cuarteles cubiertos de revoques blancos. Pero también el claustro, la sala capitular y todas las construcciones del monasterio apuntan a una magnífica utilización del ladrillo, material básico de los transalpinos.

Como muchas abadías del norte de Italia, Morimondo hubo de sufrir a lo largo de los siglos los conflictos entre ciudades y principados vecinos. Como territorio fronterizo entre Milán y Pavía, Morimondo sufrió los ataques de esta última en 1237, 1245, 1266, 1273 y 1290.

Grandes nombres de la historia están asociados a Morimondo: Federico Barbarroja, San Carlos Borromeo, el papa Gregorio XII, Bonaparte. Aquí reencontramos las querellas de los conversos y los abusos de los abades comendatarios, así como las controversias dogmáticas o simplemente litúrgicas que a menudo perturbaron la vida monástica. Después del concilio de Trento, Morimondo entró en conflicto con el obispo de Milán: ¿Había que orar según el rito ambrosiano o el romano?

Grandes proyectos de carácter cultural animan el actual centro religioso de Morimondo. Así mismo está en estudio un museo de historia de la agricultura del valle del Tessino.

Superior e izquierda:
Triunfo del ladrillo,
el primer material
normalizado de todos
los constructores
carentes de piedra y que
los maestros de obra
romanos e italianos
utilizaron con gran
talento para hacer
"cantar" a la
arquitectura (según
la expresión de Paul
Valéry).

**Página anterior,
derecha:**
El claustro.

NOIRLAC

Niger lacus
Bruere-Allichamps/Cher/Centro/Francia
fund. 1136 por Claraval
igles. 1150–1200
suprim. 1791 (Revolución francesa)
hoy centro cultural

Véanse también páginas 59, 88, 112, 114.

Fuentes
Anselme DIMIER, *L'Art cistercien*, Zodiaque. La Pierre-qui-Vire, 1971.
Émile MESLE y J. M. JENN, *L'Abbaye de Noirlac*, CNMHS, 1980.

Actualmente, Noirlac suscita una reflexión sobre la forma en que percibe los monumentos históricos en Francia el llamado "gran público", el mismo que acude en masa al Mont-Saint-Michel y sigue ignorando la obra maestra que es Noirlac. He aquí una abadía típicamente cisterciense, tan completa y bien restaurada como Fontenay o Le Thorenet y que, sin embargo, sólo acoge a cincuenta mil visitantes al año (un tercio de los que acuden a Sénanque y la mitad de los que van a Fontfroide). Es verdad que su restauración no empezó hasta 1949 y que el lugar, entonces cerrado al público, no se bene-

ficó del auge de la literatura turística de principios de siglo, que estableció una jerarquía de "lugares que hay que visitar" y que todavía hoy tiene influencia en las personas. Es también cierto que el entorno de la abadía no tiene la fuerza mítica de un calvero del bosque (Fontenay) o de un valle desértico (Fontfroide) y, que las abadías más visitadas están cerca de las zonas turísticas, y además...

Noirlac es una abadía cisterciense bella y conmovedora.

Sin embargo, su historia no explica bien su perfección arquitectónica. ¿Acaso se han guardado sólo las cartas, los archivos y los testimonios que informan sobre la larga serie de sinsabores que la abadía conoció? Todo comenzó con la elección del lugar, que no se ajustaba a las directrices del Císter. Cuando los monjes se instalaron entre las riberas del Cher (entonces navegable) y la carretera se cuestionó su intención de huir del mundo y no lograron impedir que se divulgara la leyenda (falsa, sin duda, pero significativa) de que el río se dividía en brazos muertos (en francés *noirslacs*, lagos negros), en los que un niño se había ahogado. ¿Por qué renunciaron al nombre primitivo de Maison-Dieu-sur-Cher?

El primer abad, designado por San Bernardo, fue su sobrino Roberto, que había escapado de Claraval para refugiarse en Cluny. Se le perdonó, pero ¿era capaz de asumir aquel cargo? Diez años después de su fundación, la abadía ya no podía vivir en la autarquía y el rey hubo de asignarle una donación de pan. Hacia 1175, una epidemia diezmó los efectivos personales. Tiempo después, un abad fue destituido por mostrar insumisión al Capítulo general, mientras que otro registró la abadía de arriba a abajo esperando

*La iglesia, lado norte.
Una arquitectura
cerrada al mundo. "Si
aspiráis a saber las cosas
que están en el interior,
dejad fuera los cuerpos*
*que habéis traido del
siglo, sólo los espíritus
pueden entrar."
(Bernardo de Claraval,
Discurso a los novicios)*

267

encontrar metales preciosos en el subsuelo (1234). Posteriormente, las grandes compañías asolaron Noirlac y Berry, y en 1476 fue asesinado un monje por uno de sus hermanos.

En 1506, los monjes se rebelaron contra el abad. En 1510, se impuso la encomienda. En 1562, los hugonotes devastaron el lugar. En 1654 sólo quedaban cuatro monjes. Después de la Revolución, se instaló una fábrica de porcelana en las dependencias, cuyos hornos se colocaron nada menos que en la iglesia. En 1890 ocupó el recinto un "orfanato industrial y agrícola". Más tarde lo hizo una comunidad de religiosas que pronto fueron condenadas por Roma. Después vinieron una colonia de vacaciones, los refugiados de la guerra civil española, un hospicio...

Noirlac es uno de los más bellos conjuntos monásticos franceses, prototipo del estilo cisterciense de la segunda mitad del siglo XII y, quizá, también de la flexibilidad de los espacios impuestos por el Císter .

Noirlac es, con Fontenay, una de las dos filiales de Claraval que se inspiraron fielmente en la planta de la iglesia de su abadía madre. Fontenay (1137-1147) se benefició de la generosidad del obispo Eberardo de Norwich, que había encontrado refugio allí. Noirlac no tendría una oportunidad igual. Los trabajos del presbiterio (de cabecera plana) se realizaron

Página anterior:
La palmera de uno de los dos pilares de la sala capitular con su capitel de hoja de agua, única ornamentación que los cistercienses acabaron por aceptar en sus monasterios. Pronto se multiplicaron asombrosamente las variaciones sobre el tema autorizado.

Izquierda:
La alzada del lado norte de la nave central.

entre 1150 y 1160, lo que explica la cubierta con bóveda de cañón y su iluminación proveniente del triplete románico y un ojo de buey. Paralelamente, se construyeron el transepto y las cuatro capillas destinadas a los monjes sacerdotes. Para cubrirlas, se ensayó la bóveda de aristas. Respecto al transepto, su primera función fue sostener una bóveda tradicional, pero luego se realzó para introducir los primeros cruceros de ojivas. La nave iba a ser gótica, pero la falta de medios hizo que pudieran emprenderse sólo los cruceros de dos tramos del coro de los monjes (lo que separó el arco triunfal y su ventana central) y el muro sur, que serviría de apoyo a la galería de la *collatio* del futuro claustro. Hubo que esperar el principio del siglo XIII para que se terminase la nave (seis tramos) y se construyese la fachada (dos puertas pequeñas bajo un porche actualmente desaparecido y un rosetón de seis lóbulos). La unidad de la iglesia no se resintió a pesar de esas obras tan prolongadas.

Este programa también se respetó en todas las construcciones del cuadrado monástico. El claustro actual no es el original. Su galería occidental fue reconstruida tras la supresión del callejón de los conversos. La oriental data del siglo XIV, pero la sala capitular (seis tramos cuadrados) es todavía la primera (finales del siglo XII). Su galería meridional permite acceder al refectorio. Dicha sala, notablemente restaurada, se divide en dos naves sobre cuatro tramos. Las nervaduras se apoyan en columnas embebidas sobre ménsulas. En el alero sur hay cuatro ventanas y dos rosetones: las vidrieras blancas de Jean-Pierre Raynaud aparecen aquí, como en otros monumentos, perfectamente integradas en la arquitectura cisterciense.

El edificio de los conversos conserva una hermosa bodega de fines del siglo XII. En ese espacio, al igual que en todas las salas renovadas, se desarrolla una actividad cultural permanente para el mejor aprovechamiento de un lugar que merece atraer más visitantes en el futuro.

Página anterior:
Arbotantes y contrafuertes, lado norte de la nave central. "Los arbotantes en segmento graduado sin sobrecarga ni ornamentos que apuntalan las bóvedas de la nave central se agregaron después" (Marcel Aubert). Se trata de un refuerzo de la estructura de la nave central hacia 1190.

Izquierda:
El refectorio de Noirlac es uno de los más elegantes de toda la arquitectura cisterciense. Las vidrieras de J.P. Raynaud, blanco sobre blanco, contribuyen a la perfección del conjunto.

Derecha:

*"El claustro de Noirlac,
casi intacto, es más
moderno. Iniciado en el
siglo XIV, su construcción
se prolongó sin duda
hasta mediados del siglo
siguiente. Los detalles
son graciosos y sencillos
y sus arquerías destacan
por su ligereza y la
forma elegante de sus
ojivas."
Prosper Mérimée,
Notes d'un voyage
en Auvergne, 1838.*

Página siguiente:

*El claustro, con sus tilos
bicentenarios.*

OBAZINE

Obazina
Aubazine/Corrèze/Limousin/Francia
fund. 1147 por Císter
igles. 1156–1190
suprim. 1791 (Revolución francesa)
hoy parroquia

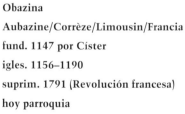

Véanse también páginas 20, 25, 47, 54, 107.

Fuentes
Bernadette BARRIÈRE, *L'Abbaye cistercienne d'Obazine en bas Limousin* (Origines-Patrimoine). Tulle, 1977.
Bernadette BARRIÈRE, *Aubazine en bas Limousin*, Association histoire et archéologie en Pays d'Obazine. Limoges, 1991.

Enclavada enmedio de la pendiente entre la meseta y el valle del Corrèze medio, la abadía de Obazine no respeta los principios de la orden cisterciense sobre la implantación de los monasterios. A pesar de todo, el Capítulo general y Bernardo de Claraval supieron olvidar a veces su dogmatismo cuando una gran abadía y su filial acudían a solicitar su adhesión. Éste fue el caso de Obazine, unida a Císter en 1147, o el de Savigny y sus veintinueve filiales, que se integraron a Claraval por las mismas fechas.

Desde 1142, Esteban de Vielzot había congregado a su alrededor, en el bosque de Obazine, a un grupo de hombres y mujeres que vivían como ermitaños, entregados a la pobreza y la oración. Viendo que los efectivos humanos aumentaban, aceptó crear dos monasterios cenobíticos, uno para hombres en el lugar actual de la abadía y otro para mujeres en Coyrou, 600 metros más abajo. Para asegurar el porvenir de su congregación, Esteban obtuvo la incorporación a Císter, aunque salvaguardando el carácter específico de su monasterio: la comunidad masculina se encargaría de la vida espiritual y material de la femenina, sometida por su fundador a una clausura absoluta.

Císter intervino para adaptar a sus usos la vida litúrgica y económica de Obazine. En menos de un siglo, la abadía se procuró un patrimonio de más de 20 graneros, notablemente diversificados: de cereales en el Bajo Limousin y en el Alto Quercy, vitícola en Donzenac, silvopastoriles en Auvernia e incluso una salina en la isla de Oléron.

Página anterior, derecha:

La iglesia sin sus seis primeros tramos y con una fachada ecléctica (siglos XVIII y XIX).

Izquierda:

El campanario románico, obra maestra de los carpinteros de Aubazine para la mayor perfección de la iglesia abacial de Obazine.

Sin embargo, la intervención más importante de los cistercienses fue el aprovechamiento hidráulico de la abadía. Obazine no disponía de suministro de agua corriente, mientras que las actividades laborales exigidas por la regla lo precisaban. Los monjes captaron el agua del Coyroux, a 1.500 metros del enclave del monasterio, gracias al famoso "canal de los monjes", abierto en el flanco de la montaña. Esta obra de arte es una secuencia de logros técnicos, como "la brecha de San Esteban", construida en saledizo por encima de un acantilado de más de 50 metros. La iglesia abacial, accesible por la plazuela del pueblo de Aubazine, perdió seis de sus nueve tramos en 1757. La nave central, entre dos naves laterales con bóvedas de aristas, está a su vez cubierta por una bóveda de

cañón ligeramente apuntado, sostenida por arcos perpiaños que descansan en columnas embebidas con capiteles lisos de gran simplicidad. La misma bóveda se utilizó en los cruceros del transepto, que disponen cada uno de tres capillas con cabecera plana. El coro, un ábside de tres lienzos y tres ventanas, cuenta con una cubierta más baja que hace destacar un arco diafragma abierto con tres ventanas, afirmación de la Trinidad en el momento en que los teólogos debatían sobre ella.

Pero la atención debe centrarse en tres elementos. Ante todo, en las vidrieras en grisalla, casi blancas, que presentan todavía los rasgos originales (vanos acanalados en el muro norte). Después, el famoso armario litúrgico de finales del siglo XII y uno de los escasos muebles

medievales todavía en buen estado. Por fin, la cúpula sobre pechinas, construida con sillares en el crucero del transepto, poco usual y perfecto ejemplo de este tipo de construcción. Está cubierta por un campanario muy original que supone una transición perfecta de la planta cuadrada a la octogonal por medio de una "paraboloide hiperbólica", a veces imitada por otros constructores de iglesias pero nunca con éxito. Actualmente, el campanario de Obazine es el único de estas características que se conserva.

Habría que agregar, sin duda, la modernísima estatua de la hermosa María Magdalena, encontrada entre los restos de una tumba del siglo XV en el marco de una excavación realizada en el cercano monasterio de Coyroux.

Página anterior:
La nave principal y
el presbiterio; éste
consta de dos tramos,
el segundo de los cuales,
con ábside de tres
lienzos, es más bajo
que el primero, lo que
permite el arco
diafragma y su triplete
de ventanillas. Cada uno
de los tres lienzos del
ábside está ocupado por
un vano de "molduraje
limusín" (moldura
alojada bajo el arco del
vano y apoyada sobre
columnitas del mismo
diámetro).

Izquierda:
Columna en el
transepto sur embebida
e interrumpida.

ORVAL

Aurea Vallis

Villers frente a Orval/Luxemburgo/Bélgica

fund. 1132 por Trois Fontaines (filial de Claraval)

igles. 1190–1206

suprim. 1797 (Revolución francesa)

hoy monasterio OCSO (desde 1926).

Véanse también páginas 68, 109, 122, 134, 135.

Fuentes

Abbaye d'Orval, Orval.
La Belgique selon Victor Hugo. Desoer, 1978.

Orval ofrece la interesante particularidad de presentar dos conjuntos monásticos contiguos: la abadía moderna, con su cuadrado monástico inspirado en la planta tipo tradicional, y la antigua, construida y reconstruida repetidas veces desde la Edad Media y de la que subsisten hermosas ruinas.

La visita de esas ruinas es conmovedora, aunque no sencilla si se quieren distinguir los vestigios de cada una de las abadías que se sucedieron en el lugar, tan querido por los monjes y por los ejércitos.

Al principio, unos benedictinos llegados de Calabria se instalaron (1070) en medio de los bosques del territorio Gaumais, al este de las Ardenas. La leyenda cuenta que la condesa Matilde de Toscana, su protectora, había perdido en el manantial de la abadía su anillo de bodas, que le había sido devuelto por una trucha de este "valle del oro". Al estar muy alejados de sus bases, los fundadores regresaron a Italia y les sucedieron unos canónigos regulares durante algunos años, antes de que Bernardo de Claraval delegase en el abad de Trois Fontaines la toma de posesión de los lugares. A finales del siglo XII, la comunidad cisterciense pudo por fin utilizar las construcciones (góticas).

La abadía, incendiada en 1637 por las tropas del mariscal de Châtillon (guerra de los Treinta Años), se reconstruyó en 1680. En el siglo XVIII, una vez olvidada la crisis jansenista y dada la prosperidad de que gozaban, los monjes demolieron una parte de los edificios y encargaron una nueva construcción al arquitecto Dewez en 1759. Los monjes apenas la disfrutaron porque las tropas revolucionarias destruyeron la abadía en 1793. En 1797 fue vendida y utilizada a partir de entonces como cantera. No recuperó su destino religioso hasta 1926, gracias a los monjes llegados de Sept-Fons. La abadía moderna se inició en 1938.

Orval se ajusta a todos los arquetipos asociados a las abadías cistercienses en la imaginación colectiva. Empezando por su ubicación en medio de los bosques, en un pequeño valle con una presa, para crear estanques tranquilos con nenúfares y fochas. También por sus ruinas, que testifican una larga y a menudo dramática integración de la orden en la historia, no sólo religiosa sino también política, económica y social. Finalmente, por ese espíritu arquitectónico del Císter, que se perpetuó aquí de abadía en abadía durante siglos, aunque la fachada de la nueva iglesia con su Virgen monumental y sus campanarios, que transgreden la regla, se haya desviado hacia una estética neofascista que no se ajusta al estilo de vida actual de los cistercienses. Gracias al renombre de su cerveza, fabricada en grandes edificios modernos que nos recuerdan la obligación de trabajar de los cistercienses, Orval disfrutó, tal vez demasiado, de la imagen del trapense asceta pero proveedor de productos gastronómicos y hasta medicinales. Prueba de ello son el jardín de simples y el museo de la farmacia, que pueden visitarse.

Antecesor de los turistas que hoy se aglomeran en Orval, Víctor Hugo acudió a visitar la abadía el 29 de agosto de 1862. Allí pintó algunas acuarelas, evidentemente románticas, con una joven en medio de las ruinas.

Capillita, lado sur de la cabecera de la iglesia primitiva.

Pilón del primer claustro y restos de la galería oeste.

*Nave lateral sur de la
iglesia primitiva.*

Puerta trilobulada de
la entrada de difuntos,
en el transepto norte de
la iglesia. Sólo se abría
el día del entierro de un
monje o de un converso.
El cementerio se
extendía al norte
del transepto y del
presbiterio.

OSEK

Ossecum

Osek/Bohemia septentrional/República checa

fund. 1193–1199 por Waldsassen (filial de Morimond)

igles. 1207–1280 y 1225–1250

suprim. 1420–1624 y 1945–1990

hoy monasterio

Véase también página 125.

Fuentes

Katerina CHARVATOVA y Dobroslav LIBAI, *Ràd Cister-ciàkù*. Praga, 1992.

Marianne BERNHARD, *Abbayes*, P.M.L. Éditions. Múnich, 1994.

Vaclav VENTURA, "Les cisterciens en Bohême et Mora-vie", en *Oculus* n° 10, 1997.

El pueblo de Osek alberga una bella abadía cisterciense, devuelta a los religiosos después de la revolución de terciopelo. Sin embargo, es ignorada tanto por los viajeros como por las guías turísticas porque de Bohemia septentrional sólo se conocen los estigmas de más de un siglo de industrialización intensiva de los famosos Montes Metalíferos (Krusné Hory), que forman la frontera entre Alemania y la República checa. Todavía hoy, las minas de carbón, las centrales térmicas, las fábricas siderúrgicas y los complejos químicos ocupan un paisaje de ciudades obreras contaminadas y de bosques destrozados por la lluvia ácida.

La abadía conoció un largo período de construcción bajo la protección de los Hrabysice, una familia noble que quería instalar en ella su mausoleo. La iglesia gótica de tres naves, muy inspirada en las iglesias borgoñonas (presbiterio de planta cuadrada como en Císter), fue edificada entre 1207 y 1280. El abad Slavko, hijo del fundador de la abadía, construyó el ala este del claustro y su sala capitular (1225–1250). Las demás galerías del claustro no se terminaron hasta un siglo después. Aún se puede admirar el claustro y su fuente, así como la sala capitular, únicos pero venerables testimonios de la abadía original.

En aquella época, la abadía controlaba una pequeña región agrícola que abarcaba una decena de graneros y cincuenta poblados. No había creado ninguna filial y confiaba vivir en paz al abrigo de los bosques y montañas que la rodeaban.

No obstante, las zonas fronterizas jamás son refugios de paz, y Osek pudo comprobarlo en repetidas ocasiones. Desde 1248, el monasterio sufrió daños con los combates entre el rey Wenceslao II y su hijo Premysl Otakar II. En el año 1278, Rodolfo de Habsburgo la saqueó. En 1341 un incendio redujo la iglesia a cenizas y la abadía hubo de buscar el patrocinio del rey Juan de Luxemburgo, lo cual no impidió la destrucción por los husitas en 1420.

Osek no recuperó una vida monástica hasta 1624, cuando la Bohemia católica se retiró de la guerra de los Treinta Años. Nuevos protectores le permitieron convertirse durante la época barroca en la abadía cisterciense más importante de la región.

El arquitecto Ottavio Broggio, encargado de restaurar la iglesia (1712-1718), invitó a numerosos artistas a participar en la transformación de la misma en un manifiesto barroco para gloria de Nuestra Señora de la Asunción. La munificencia barroca fue siempre una recopilación de todos los talentos.

Los cistercienses de Europa central, empujados por el poder político a asumir tareas de índole social (apostolado parroquial, educación de los jóvenes, etc.), *adoptaron con pasión la arquitectura barroca, capaz de seducir a los fieles. Regreso con fuerza del arte para la gloria de Dios.*

Marianne Bernhard ha establecido la lista de estos "talentos", muy frecuentemente menores, pero que proporcionaron a la abadía de Osek –como a tantos otros lugares de Europa central del siglo XVIII– una gran fuerza creadora, una innovación de formas, una fantasía que modificó el espacio arquitectónico introduciendo el movimiento en la interpretación de éste y sin duda una libertad que anunciaba otras liberaciones futuras.

La fachada principal, con sus tres niveles, su pórtico blanco y sus pesadas volutas, fue decorada por Franz Anton Kuen con estatuas de santos de la orden, de los Evangelistas y de los santos patronos de Bohemia. Edmund Johann Richter agregó en 1713 la de San Juan Bautista. Los ricos ornamentos del interior se deben a Giacomo Antonio Corbellini. Las pinturas son fruto de varios artistas de renombre: Wenzel-Lorenz Reiner, de Praga, pintó los frescos con

una majestuosidad de intensa influencia italiana; Johann Jacob Steinfels realizó entre 1716 y 1718 los frescos y los estucos del techo, que ilustran escenas de la vida de Jesús. Respecto al retablo del altar, que representa el martirio de San Sebastián, fue ejecutado por Michael Willman. Los altares de San Bernardo y del fundador de la orden también se deben a Reiner.

En 1945, los monjes alemanes fueron expulsados de la abadía, y la comunidad, muy reducida, arrendó el monasterio a los salesianos. Sin embargo, en 1950 se ordenó el cierre de las casas de religiosos del país y la concentración de éstos en campamentos. En 1953, la abadía pasó a ser un asilo para religiosas. Al pertenecer al Estado, las dependencias se deterioraron rápidamente. En 1990 los monjes regresaron a Osek tras la revolución de terciopelo y una pequeña comunidad de seis miembros intentó dar nueva vida a las instalaciones.

Los órganos pequeño y grande. El empleo del órgano en la liturgia se remonta a la noche de los tiempos (órgano portátil de los hebreos). Los cistercienses medievales conocían ese instrumento, pero no hay señales de que lo adoptaran en sus iglesias para acompañar la salmodia. En el siglo XVIII la música triunfa en la liturgia y aporta una emoción suplementaria al incienso de los oficios. Las tribunas de órgano son un pretexto para la ostentación y están sobrecargadas de esculturas y pinturas que evocan el paraíso, con acopio de maderas exóticas y metales rutilantes. Bohemia destacó en ese arte suntuoso.

El capítulo del monasterio gótico. El nudo que ata las dos columnitas es una obra maestra del obrero cantero, perfección o coquetería que se encuentra en otras abadías cistercienses (Véase Chiaravalle della Colomba, p. 167).

La galería del claustro sin duda ostentaba bellas vidrieras góticas desde su construcción, habida cuenta de los rigores del clima.

OTTERBERG

Otterburgum

Otterberg/Palatinado/Alemania

fund. 1145 por Eberbach (filial de Claraval)

igles. 1160–1210 y 1230–1254

suprim. 1560 (Reforma)

hoy iglesia de dos ritos (católico y protestante)

Véanse también páginas 105, 116.

Fuentes
L'Église cistercienne d'Otterberg, Presbytères protestant et catholique d'Otterberg, 1990.
Otterberg, Kirche Konfessionen Geschichte, 1993.
G. GLAPA y R. WESTRICH, *Otterberg (Pfalz)*, Deutscher Kunstverlag. Múnich-Berlin, 1995.

"Quien no ha visto Otterberg no puede conocer enteramente el espíritu cisterciense." Así se expresa Georg Dehios en su obra sobre los monumentos alemanes. Es verdad que la iglesia, único vestigio que queda de la antigua abadía, no es puramente románica ni significativamente gótica sino cisterciense por completo. La enseñanza de los cistercienses es que las técnicas constructivas han de estar al servicio de una concepción arquitectónica y no de un estilo.

Los monjes de Eberbach recibieron unas tierras que les permitieron fundar un nuevo monasterio en 1143. En 1145 empezaron a explotarlas. La explotación se reveló difícil y

habiendo consultado a Hildegarda de Bingen, ésta les aconsejó que cambiasen de lugar. Así lo hicieron en 1160 al instalarse junto al río Otter. Entonces se puso en marcha la construcción de la abadía, y el coro y el transepto románicos de la iglesia surgieron del suelo. Después de algunos años, necesarios para la reunión de nuevos recursos financieros, se reanudaron las obras entre 1230 y 1254, fecha de la consagración por parte del obispo de Maguncia de una iglesia cubierta con bóveda de ojivas. Un bello rosetón radial adornaba la fachada, pero con vidrieras blancas, mientras que el interior del edificio carecía de ornamentos, siguiendo las enseñanzas de Bernardo de Claraval.

En 1560 y como consecuencia de la Reforma, los monjes abandonaron la abadía. Algunos años más tarde, Juan Casimiro, príncipe del Palatinado, puso la abadía (vacía) a disposición de la familia Walon, y empezaron las primeras demoliciones. Sin embargo, en 1621 los españoles ocuparon el Palatinado y en 1629 devolvieron la abadía a los cistercienses. De nuevo los suecos invadieron el país y los monjes blancos fueron definitivamente expulsados en 1648 (Tratado de Münster). Hubo que esperar a la Paz de Ryswick (1697) para que la iglesia pasara a ser híbrida, ocupando los católicos la cabecera y el coro, y los protestantes la nave principal. Un muro transversal separaba a los fieles de las dos confesiones. A finales del siglo XVIII, y bajo la ocupación francesa, la iglesia se convirtió en un henil...

Hoy el muro ha sido demolido (1974) y se ha iniciado la renovación de la iglesia, que jamás fue tan bella como ahora. Las excavaciones han permitido encontrar una parte de la sala capitular debajo de una casa vecina...

El crucero del transepto.
El medio punto y la
ojiva, usados para crear
una arquitectura según
los más puros principios
cistercienses.
La calificación estilística
del monumento es de
interés secundario, ya
que únicamente cuenta
el significado que dieron
a la obra quienes la
decidieron y concibie-
ron, así como quienes
la utilizan.

Variaciones de las naves laterales.

POBLET

Populetum

Vimbodí/Cataluña/España

fund. 1150 por Fontfroide (filial de Claraval)

igles. 1166-1198

suprim. 1835 (Desamortización)

hoy monasterio OCCO (desde 1940)

Véanse también páginas 27, 39, 44, 49, 65, 91, 97, 114, 118.

Fuentes
Emilia ALTARRIBA y Joseph BALUJA, *Poblet*, 1988.
Jésus M. OLIVER, *Abbaye de Poblet*, Escudo de Oro.
Barcelona, 1997.
Anselme DIMIER, *L'Art cistercien*, tomo II, Zodiaque.
La Pierre-qui-Vire, 1971.

Durante siglos, hasta los señores más curtidos por la guerra y más hastiados de la vida hubieron de conmoverse al descubrir de lejos este Escorial cisterciense que fue y sigue siendo la abadía de Santa María de Poblet. Avanzaban en medio de aquel mar de viñedos, que batía los muros ocres del monasterio. Una de las doce torres del recinto alberga la portería: –*Benedicamus Domino*– *Deo gratias*. Una larga alameda llega hasta la Puerta dorada. "Aquí los reyes se apeaban y besaban las reliquias de la Vera Cruz, que les presentaba el abad, quien acudía a recibirlos acompañado de toda la comunidad" (Anselme Dimier). Los visitantes tenían que recorrer otra larga alameda para llegar al nártex de la iglesia o bien a la puerta real,

abierta como una falla entre dos torres. En su misma arquitectura, Poblet encarna el poder de la Iglesia de la época de la Cristiandad, con aquella confianza altiva que explica por qué, en las noches febriles de las revoluciones, el pueblo podía ir a destruir las estatuas, a romper las vidrieras y a abatir los símbolos de la influencia religiosa en la vida cotidiana.

La abadía fue fundada por los monjes de Fontfroide en medio de un paisaje de colinas pobladas de bosques de robles y almendros. Tenían que valorizar la generosa donación de Ramón Berenguer IV, el nuevo conde-rey de la flamante unidad Cataluña-Aragón, creada en 1137 por su matrimonio con la heredera del reino aragonés. Se imponía una gran abadía

Página anterior, derecha:
*La fachada occidental de
la iglesia se abre sobre el
nártex. El peregrino es
acogido por María en el
misterio de su Asunción,
patrona del monasterio y
de la orden, y por Benito
de Nursia y Bernardo de
Claraval.*

Izquierda:
*La bóveda del ábside
del presbiterio y la parte
superior del retablo de
Damià Forment, en
alabastro blanco (1527).*

Superior:
La altiva linterna del transepto, signo esplendoroso de la magnificencia de la orden cisterciense en la Cataluña del siglo XIV.

Página siguiente:
El lavabo visto desde el patio del claustro. En primer plano, un macizo de acanto, el eterno motivo decorativo de los capiteles corintios.

cruzada contra los albigenses. Cuando los cruzados llegaron a Languedoc, Pedro II de Aragón, llamado el Católico, no podía dejar indefensos a sus vasallos languedocianos y se opuso con las armas a Simón de Montfort, antes de morir en la batalla de Muret (1213). El abad de Poblet iba a descubrir en aquella ocasión cómo el carácter supranacional de la orden podía chocar con los intereses de los estados locales. Era cisterciense y amigo de Arnaldo Amaury, pero también era catalán y leal a Pedro II de Aragón. Murió asesinado en 1214.

Poblet tuvo dificultades y éxitos en los siglos sucesivos, como todas las abadías cistercienses de Europa, y sufrió una suspensión brutal de su actividad en el siglo XIX, como todas las españolas (1835). Sin embargo, tras los pillajes y las destrucciones, su restauración pudo iniciarse en 1883. En 1935 se restituyó su iglesia al culto y los cistercienses recuperaron la posesión de la abadía en 1940.

La iglesia (1166-1190) constituye un bello ejemplo de arquitectura románica, realizada con un sentimiento de fidelidad a las primeras grandes obras de la orden. La alta nave con bóveda de cañón apuntado y soleras sostenidas por columnas embebidas alcanza un raro nivel de perfección. A pesar de esto, las naves laterales presentan bóvedas de ojivas, como el crucero del transepto y el deambulatorio.

El siglo XIV fue rico en aportaciones nuevas a la iglesia. Los condes-reyes de Cataluña-Aragón instalaron sus tumbas en la iglesia abacial y ocuparon, sobre dos arcos rebajados, la entrada de cada uno de los brazos del transepto. Encima del crucero se construyó así mismo la famosa torre octogonal, calada como una cofia de puntillas. Todo esto fue llevado a cabo durante la peste negra, lo que demuestra una gran entereza frente a las desgracias. Las obras de ornamentación se reanudaron en el siglo XVIII: se añadieron adornos barrocos en la fachada oeste, se destacó el hermoso descendimiento de la capilla del Santo Sepulcro del nártex y se construyó una nueva sacristía en el ala sur del crucero. Su cúpula, realizada sobre una linterna más alta que la torre del transepto, modificó por completo el plano

como mausoleo de aquella nueva dinastía. Además, y como ocurrió con la fundación de la cercana abadía de Santes Creus, los cistercienses habían de apoyar la Reconquista, primero con su oración y después con su ayuda financiera.

A comienzos del siglo XIII, Poblet tuvo algunas dificultades cuando el papa Inocencio III encargó a Arnaldo Amaury, abad de Císter, que dirigiese con Simón de Montfort la famosa

vertical de la abadía y acentuó su parecido con San Geminiano. La tentación barroca fue posterior a la instalación (1527-1529) del inmenso retablo en alabastro debido al escultor valenciano Damià Forment.

El admirable claustro gótico comunica sucesivamente todos los espacios vitales de la comunidad, según la sabia disposición de la planta bernardina. Protegidos del sol del mediodía por la nave de la iglesia, el patio y sus cipreses aportan una nota de humilde humanidad a la abadía. El silencio sólo lo rompen los hilos de agua de la fuente. Algunos acantos crecen delante de los arcos de la galería este. Se puede admirar el hermoso

paso con bóveda de cañón, la sala de los monjes convertida en biblioteca después de haber sido escribanía, el calefactorio, el refectorio asimismo con bóveda de cañón y con el púlpito del lector que resalta del muro, la vieja cocina y sus chimeneas, y el antiguo refectorio de los conversos. Sin embargo, nos entusiasmará la perfección de la sala capitular con sus cuatro columnas esbeltas que sostienen nueve bóvedas con ojivas de una gran elegancia.

Volvemos a comprobar la enormidad de Poblet al subir al piso del edificio de los monjes, donde, con una extensión de casi 90 metros de longitud, se sitúa el inmenso dormitorio, cubierto, como en la abadía de Santes Creus,

por un armazón en albardilla sostenido por diecinueve arcos diafragmas, que descansan sobre ménsulas en forma de capiteles finamente esculpidos. La sala es muy luminosa gracias a una doble hilera de ventanas, con dos ventanas bajas en cada tramo que dan luz a los lechos y una ventana alta cada dos tramos para iluminar la sala y permitir la ventilación.

El espacio de las dependencias oculta otros centros de interés, especialmente claustros o capillas, fuera de los circuitos habilitados para los turistas (el claustro de San Esteban, por ejemplo). Sin embargo, dos museos permiten seguir la historia de Poblet (el museo de la Restauración y el del palacio del rey Martín).

Página anterior:
El lavabo y su pilón de
agua fresca.

Superior:
La sala capitular.

La nave lateral norte de
la iglesia. A la derecha,
la puerta de los difuntos;
a la izquierda, la tumba
de los soberanos de
Aragón (el Panteón real).

PONTIGNY

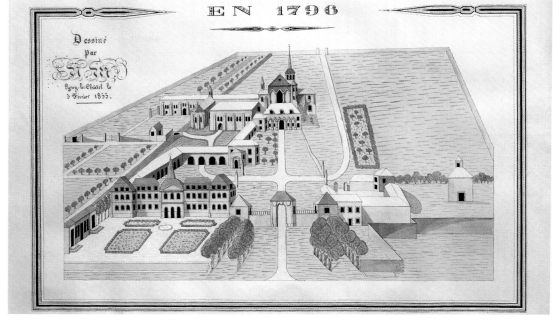

Pontiniacum
Pontigny/Yonne/Borgoña/Francia
fund. 1114 por Císter
igles. 1140–1170 y 1185–1205
suprim. 1791 (Revolución francesa)
hoy parroquia y centro de formación

Véanse también páginas 28, 37, 46–48, 74, 95-97, 102, 103, 106, 114, 117.

Fuentes
Claude WILNER, *Pontigny*, Zodiaque. La Pierre-qui-Vire, 1964.

Una gran nave en medio de los campos. Primero, pasear en torno a ella sin acercarse. Tomar sucesivamente todos los caminos que conducen a Pontigny. La vista más hermosa es la de la cabecera, cuando se llega desde Kigny-le-Chatel por La Tuilerie. Sólo después, subir por la alameda que conduce al porche de esta iglesia abacial que ya es la única que subsiste de Císter y de sus cuatro "primogénitas".

Una vez en el interior, todavía parece más grande y más alta. 119 metros de longitud y 20 metros de altura. Las naves laterales están cubiertas con bóvedas de aristas; las obras empezaron por ellas, ya que refuerzan la nave central. El crucero de ojivas no estaba todavía a la orden del día entre los cistercienses, mas pronto lo estuvo cuando los arquitectos se dieron cuenta de que permitía un ahorro en piedra y en peso respecto de la bóveda románica tradicional. Así pues, la nave gótica fue una

decisión que se tomó sobre la marcha. Los arqueólogos –y entre ellos Terryl N. Kinder, la especialista de Pontigny– tienen todas las pruebas de este cambio de plan. Más tarde, cuando la orden del Císter, empujada por su entusiasmo, construyó catedrales, los monjes de Pontigny demolieron el presbiterio de cabecera plana de su iglesia primitiva para sustituirlo por uno gótico y enorme, con once capillas radiales y una cabecera alta con nervaduras, elegantemente colocada sobre una corona de columnas monolíticas. La nave está dividida en dos partes por el conjunto de las sillas del coro, que datan de finales del siglo XVII (1676), aunque antes ya existían otras, cerca del crucero del transepto, que era un emplazamiento idóneo para ejecutar una bella salmodia y el mejor lugar para asistir al oficio divino. A los conversos, en el fondo de la iglesia, no les quedaba más remedio que aguzar el oído y resignarse a no ver nada.

296

Página anterior:
Vista general en el
siglo XVIII.

Izquierda:
La nave lateral sur.
¡Por qué las naves
laterales de las iglesias
cistercienses inspiran,
en mayor medida que
las naves centrales,
el sentimiento de
desprendimiento,
pureza y silencio
propios del ideal
monástico!

Pontigny no fue una casa madre prolífica y dejó que Claraval y Morimond se ocuparan de romper las marcas en lo que a filiaciones se refiere. Fue una abadía rica pero que no alcanzó los niveles de ingresos de las más poderosas (en 1765, la comisión real de Regulares le asignaba 25 monjes y 27.000 libras de recursos netos anuales; es decir, tres veces menos que Claraval para la mitad de monjes).

La riqueza de Pontigny tal vez estribó en sus amistades. En la Edad Media fueron inglesas. Fue un honor para la abadía haber acogido (1164-1166) a Tomás Becket, el prelado inglés exiliado por haberse opuesto al rey Enrique II y que en cuanto volvió a su diócesis fue víctima del "asesinato en la catedral". Otro arzobispo de Canterbury, Esteban Langton, también exiliado, le sucedió en Pontigny (1208–1213). Más tarde, el futuro San Edmo, asimismo arzobispo de Canterbury, de camino a Roma para pedir justicia, se detuvo en el monasterio y allí murió (1240). Su mausoleo ocupa todavía el presbiterio de la iglesia y constituye un testimonio de la importancia de la peregrinación que durante siglos llegaba allí cada año el día de Pentecostés para venerar al santo. La Asociación de amigos de Pontigny organiza todavía en esa fecha magníficos conciertos de música inglesa antigua en la iglesia abacial, a veces con la presencia de Mary Berry y su Schola Gregoriana of Cambridge...

Otros intelectuales dejaron su huella en el período "laico" de Pontigny. Aquí organizó cada verano el pacifista Paul Desjardins las famosas décadas de Pontigny, en las que se encontraban Gide, Malraux, Martin du Gard, Mauriac, Bachelard... Después de la guerra el centro de formación para discapacitados, creado por Suzanne Fouché (*Souffrance, école de vie* fue un gran éxito de ventas), que ocupa el edificio de los conversos, continúa dando a Pontigny una imagen extraordinaria.

Superior:
La nave lateral norte vista desde el deambulatorio del presbiterio. A la izquierda, las verjas del presbiterio (siglo XVIII).

Página siguiente:
La alzada del lado sur de la nave principal. Nótese la presencia de las ménsulas "cistercienses", que permitían instalar sillas hasta el mismo pilar.

Doble página siguiente:
Anclada sin cripta ni cimientos sobre la arcilla enormemente densa del valle del Serein (con la cual se fabrican las famosas tejas artesanales de Pontigny), la gran nave abacial parece encallada en medio de las cosechas, como llegada de otras latitudes. Para los campesinos del siglo XII, los cistercienses llegaban de otro mundo con su mística y su organización de guerreros de la fe y de colonizadores progresistas.

PORTALEGRE

Sao Bernardo de Portalegre

Portalegre/Alentejo/Portugal

fund. 1518 por Alcobaça (filial de Claraval)

igles. siglo XVI

suprim. 1854

hoy cuartel

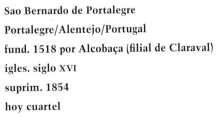

Véase también página 36.

Fuentes
Dom Maur COCHERIL, *Routier des abbayes cisterciennes du Portugal*, Fondación C. Gulbenkian. Lisboa-París, 1986. *Portugal*, Hachette. París, 1989.

En ningún país de Europa ejercieron los cistercienses una influencia tan grande como en Portugal. La fama de Alcobaça eclipsó el papel que desempeñaron las dieciocho abadías masculinas, los catorce monasterios de monjas y las dos órdenes militares, representantes del Císter en este país nuevo adonde los monjes blancos habían llegado siguiendo la llamada del fundador de la monarquía portuguesa, Don Alfonso Enríquez (1128-1185), para que se establecieran en el territorio. Más tarde sería un cisterciense, Don João I (1385-1433), maestre de la orden de Avis, quien crearía una nueva dinastía.

Entre todos aquellos establecimientos cabe destacar una abadía de mujeres fundada en 1518 en un pueblo en el extremo meridional de la provincia de Alentejo: Portalegre. Se trataba de una campiña poco poblada, con hermosísimos bosques y águilas planeando sobre las colinas de la Serra de São Mamede. El pueblecito, cargado de historia, ha conservado en el interior de sus murallas numerosos testimonios de su rico pasado y sigue gozando de fama merecida por las tapicerías de sus artesanos.

El fundador, Don Jorge de Melo, era un personaje pintoresco. Obispo de Egitane, comendatario de Alcobaça y más tarde abad regular de dicho monasterio, quiso acoger en Portalegre a muchachas sin dote, pero no como conversas sino como monjas de coro. Riquísimo como era, podía asegurar la subsistencia cotidiana de la abadía, que puso bajo la autoridad de su hermana. A su muerte se dividió su herencia entre su concubina, su hijo y la comunidad.

Las monjas de Portalegre, entre cincuenta y setenta, mantuvieron la abadía hasta 1854, fecha de los decretos de cierre de los monasterios en Portugal.

Página anterior, derecha:
La abadía de Portalegre consta de dos claustros con piso que se comunican mediante un paso cubierto.

Izquierda:
Ventanas abiertas al cielo de un edificio hoy demolido, pero cuyos espléndidos vestigios dan fe de la ornamentación exterior de la arquitectura de Portalegre.

Superior:
El nártex de la iglesia.

La entrada de Portalegre tiene una elegancia especial: un pórtico de mármol blanco coronado por las armas del reino y de la congregación. Sigue un gran patio cerrado con una hermosa fuente barroca en el centro. El pórtico de la iglesia se abre sobre un campo de azulejos, que se extiende bajo las bóvedas con nervaduras manuelinas que descansan sobre ménsulas con ornamentos de cordajes entrelazados. La iglesia, despojada de su mobiliario, no ha conservado más que las verjas de la clausura y el mausoleo de Don Jorge de Melo en mármol de Estremoz. Dos coros superpuestos permitían a las monjas tener sillas al nivel del dormitorio para recitar los maitines. Una galería asegura la comunicación entre la iglesia y los dos claustros del monasterio, ambos en el piso superior.

Los azulejos de la iglesia y los de la galería mezclan temas religiosos y profanos. Se atribuyen a un taller de Lisboa y datan de 1739. Entre las más bellas escenas representadas se encuentra el famoso episodio de San Bernardo niño dormido en la puerta de la iglesia y esperando la misa de medianoche, la muerte de San Benito, la de Bernardo de Claraval y los dos episodios legendarios de la hagiografía claravalense. En el primero, San Bernardo se presenta ante Cristo: el brazo izquierdo de Jesús, separado de la cruz, descansa sobre el hombro de Bernardo y la sangre que brota de su costado abierto cae en los labios del abad de Claraval. La segunda escena representa la lactación de la Virgen: Bernardo, arrodillado ante ésta con el Niño, recita el himno *Ave maris Stella*; en el momento en que pronuncia las palabras *monstra te esse matrem*, la Virgen desabrocha su corpiño y un chorro de la leche que ha alimentado al Niño Jesús inunda el rostro del santo.

La ornamentación de la iglesia comprende un retablo apoyado en el muro norte de la nave central, azulejos, losas sepulcrales, un hermoso púlpito, la tumba de Don Jorge de Melo y los dos coros de las religiosas.

Capiteles de los claustros.

RIEVAULX

Rievallis

Hemsley/Yorkshire-North Riding/Inglaterra

fund. 1132 por Claraval

igles. 1135–1170

suprim. 1538 (Acta de disolución)

hoy propiedad privada administrada por

The English Heritage

Véanse también páginas 74, 102, 107, 109.

Fuentes
Glyn COPPACK y Peter FERGUSON, *Rievaulx Abbey*, English Heritage. Londres, 1994.
Peter FERGUSON y Stuart HARRISON, *The Rievaulx Abbey Chapter House in the Antiquaries Journal*, tomo LXXXIV, 1994.
Anselme DIMIER, *L'Art cistercien*, tomo II, Zodiaque. La Pierre-qui-Vire, 1972.
Philippe BAUD, *La Ruche de Cîteaux*, Cerf. París, 1997.

Primera abadía cisterciense del norte de Inglaterra, Rievaulx contó con la ayuda de Claraval. Guillermo, antiguo secretario de San Bernardo, fue su primer abad. No obstante, rápidamente se hizo autónoma y prosperó tanto en religiosos (ciento cuarenta monjes y quinientos conversos) como en filiales (once abadías) y propiedades (más de diez graneros).

La arquitectura de la abadía reflejó fielmente las dos fases de su historia. Su implantación a la orilla del Rie, en un valle estrecho, respeta los principios bernardinos, aunque el emplazamiento obligó a girar la cabecera de la iglesia hacia el norte. Se emprendió su construcción en 1135, al mismo tiempo que Bernardo de Claraval iniciaba la construcción de su segunda abadía. Una cabecera cuadrada entre los cruceros de tres capillas, una nave románica y ninguna ornamentación. La abadía aplica al pie de la letra la esencia del Císter, definida por Bernardo de Claraval, y tanto más cuanto que estaba bajo la influencia de un monje de fuerte personalidad como Aelred de Rievaulx, que iba a ser abad entre 1146 y 1166. Autor de numerosas obras de tema espiritual, tuvo sobre la Iglesia de Inglaterra y los cistercienses ingleses una proyección igual a la del abad de Claraval sobre la Iglesia latina de su tiempo. Desde 1141 había recogido en el *Espejo de la caridad* los temas de la *Apología a Guillermo* de Bernardo de Claraval: "¿Por qué en los claustros de los monjes esas grullas y esas liebres, esos gamos y esos ciervos, esas urracas y esos cuervos? No son los instrumentos de [ermitaños como] Antonio o Macario, sino más bien diversiones de mujer. Todo ello no es conforme a la pobreza monástica y no sirve más que para saciar miradas curiosas..."

Página anterior, derecha:

Las cinco arcadas
subsistentes del claustro
original. Siempre romá-
nicas como en Fontenay,
pero de una elegancia
adquirida en las suce-
sivas construcciones por
los maestros de obras y
los canteros al servicio
de las abadías
cistercienses.

Superior:

Alzada exterior del lado
norte de la nave central.
Las ruinas permiten ver
la verdadera estructura
de la construcción.
Grandes arcadas, vanos
de la galería del triforio
y ventanas altas, según
una composición regular
dictada por las trans-
misiones de carga.

Pero en 1230 un nuevo coro de seis tramos con deambulatorio sustituyó al presbiterio primitivo y se elevaron los nueve tramos de la nave central (la diferencia de las piedras se advierte muy bien en los muros laterales) en un conjunto de más de 100 metros de largo. El edificio, con sus tres niveles (arcadas en ojiva y dos hileras de ventanas) ilustra la perfección del gótico inglés en el siglo XIII. Pese a las destrucciones posteriores al Acta de disolución, la iglesia ha conservado unas ruinas fascinantes. Sin duda vale la pena recorrer, al menos

una vez en la vida, la nave de Rievaulx con su bóveda a cielo abierto y las arcadas que recortan el paisaje agreste de la campiña circundante en numerosos cuadros románticos (en los que ni siquiera faltan las ovejas de los granjeros de hoy como recuerdo de la ganadería ovina, que hizo la fortuna de los cistercienses de Yorkshire), dejándose impresionar por las poderosas columnas que nada pudo abatir, pisando un suelo en el que aparecen excepcionales baldosas de barro cocido entre los céspedes peinados por The English Heritage.

Todavía pueden descubrirse los cimientos de una sala capitular, única en su género, que terminaba en un hemiciclo rodeado de un colateral; se pueden admirar en el emplazamiento del claustro algunas arcadas de medio punto sostenidas por columnitas geminadas alternativamente redondas y hexagonales, se pueden medir las dimensiones del refectorio (queda un hermoso torno hacia las cocinas) y estudiar las ruinas del pequeño claustro de la enfermería, elemento que sólo se encuentra en las abadías más pobladas y ricas.

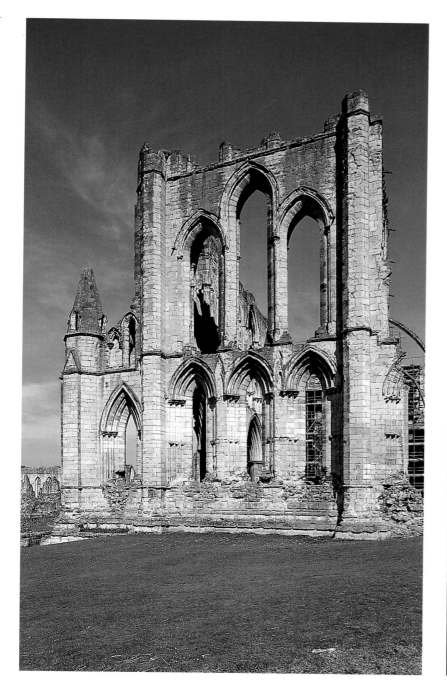

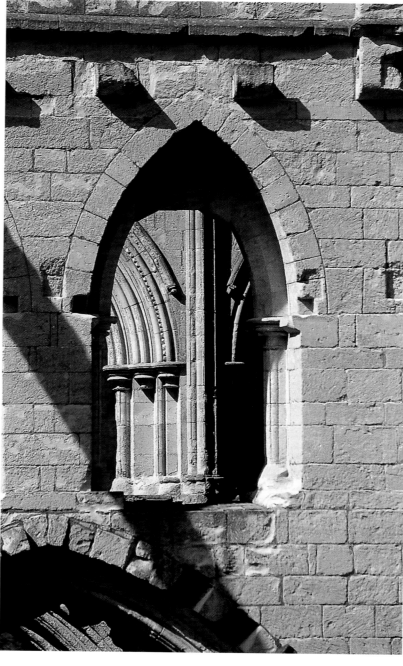

Página anterior:
La cabecera plana del presbiterio vista desde la nave central.

Superior:
La cabecera plana del presbiterio vista desde el exterior. Recuperación metafórica de las aberturas en triplete de las primeras cabeceras cistercienses, pero con una fuerza que revela una voluntad de grandeza incontestable.

Abertura sobre el triforio de la nave central.

ROYAUMONT

Regalis mons
Asnières-sur-Oise/Val-d'Oise/Île-de-France/Francia
fund. 1228 por Císter
igles. 1229–1235
suprim. 1791 (Revolución francesa)
hoy centro cultural

Véanse también páginas 64, 98, 100, 118, 131, 133.

Fuentes
Henri GOÜIN, *L'Abbaye de Royaumont*, CLT. París, 1967.
Christine LAPOSTOLLE, *L'Abbaye de Royaumont*, Ouest-France. Rennes, 1995.

Sabemos de la pasión de San Luis por su abadía de Royaumont: "Hemos juzgado oportuno erigir, en honor de Dios, de la bienaventurada Virgen y de todos los santos, una abadía de la orden del Císter en el lugar llamado Aulmont, que hemos decretado que en adelante se llame Royaumont." Un auténtico paraje cisterciense: ninguna vivienda, un bosque, un río y un manantial. Sin embargo, ya a comienzos del siglo XIII (1228) se deroga la regla y en la carta de fundación los monjes aceptan importantes medios de subsistencia: cánones en trigo, derechos de peaje sobre los puentes o los lagares... Era la vuelta a los usos cluniacenses, que Bernardo de Claraval tanto había desprestigiado.

Royaumont quedaba cerca de la residencia real de Asnières-sur-Oise y pronto se vio invadida por la corte. Fue admirable la rapidez de los trabajos subvencionados por el maná real. También se rezaba mucho bajo la mirada vigilante y la autoridad de Blanca de Castilla. El rey participó en una evolución heterodoxa del ascetismo que reaparecerá luego en ciertas épocas de reformas místicas en el seno de la orden cisterciense, entre los bernardos o los trapenses de Agustín de Lestrange en el siglo XIX. Después de la confesión, el rey exigía que se le azotase con una "disciplina" provista de cadenillas de hierro y "su carne tierna quedaba muy lacerada". Los padres fundadores no llevaban cilicio y habían recomendado a los abades que no recibieran a la corte de los príncipes ni albergaran su mausoleo familiar en la iglesia del monasterio. En Royaumont se inhumó a toda la familia de San Luis y durante siglos no cesó el desfile de los Grandes. En el siglo XIV, "los monjes suplicaron a la casa real que cesase de alojar a sus gentes y sus caballos en las dependencias de la abadía cuando viajaban por la región". Entre la larga lista de abades comendatarios se encuentra Mazarino (que disponía de los beneficios de catorce abadías en encomienda). Richelieu se alojaba en Royaumont cuando Luis XIII residía en Chantilly. La casa de Lorena consiguió conservar el privilegio de la encomienda durante varias generaciones. En 1781, el último abad comendatario, Henri Éléonore le Cornut de Balivière, limosnero de Luis XVI y que recibía con frecuencia a las testas coronadas, dotó a la abadía de un nuevo palacio abacial (1785–1789), obra de Louis Le Masson. Él no lo habitó jamás, al contarse entre los primeros emigrados.

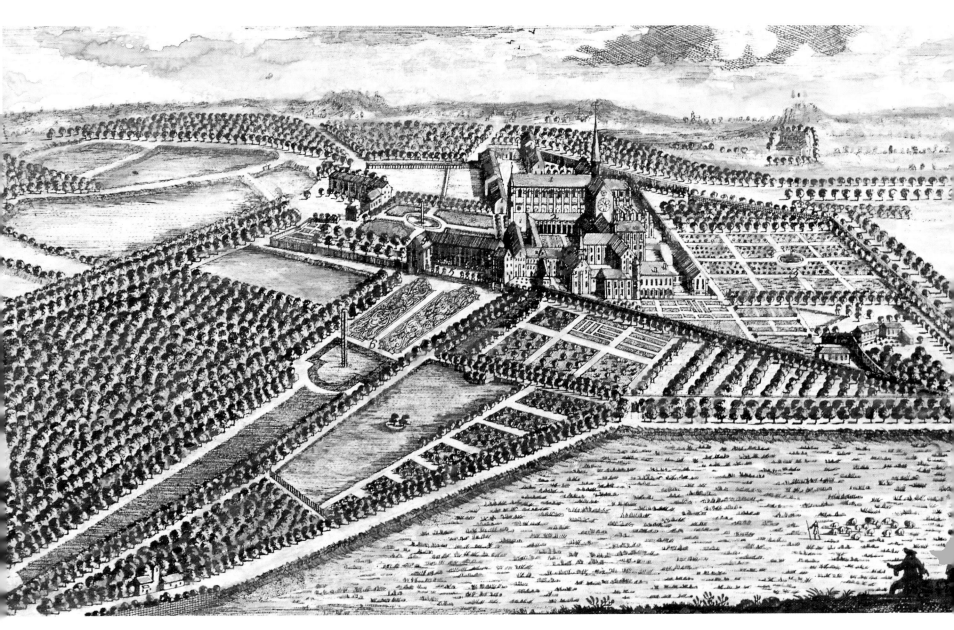

Izquierda:

En primer plano, las ruinas del ábside de la iglesia. Vista del edificio de los monjes y del muro sur de la nave central.

Superior:

Vista general (siglo XVII).

La galería oeste del claustro, frente a los vestigios del callejón de los conversos. A la derecha, las ruinas del muro sur de la iglesia.

En el momento de la venta de los bienes nacionales, fue también un noble quien consiguió comprar el monasterio. Joseph Bourget de Guilhem, ex marqués de Travanet, comenzó a destruir cuanto podía servirle para la construcción de una fábrica modelo con alojamientos para obreros. Eran los días anteriores a la revolución industrial, ya iniciada en Inglaterra, en la que el culto a la Industria iba a justificar la explotación obrera así como las demoliciones iconoclastas. Royaumont perdió su iglesia y el resto de la abadía se transformó en una hilandería de algodón con mano de obra de origen inglés. Todavía puede verse una gran rueda de paletas, instalada en el edificio de las letrinas, que suministraba energía a las máquinas de los 300 obreros de la fábrica.

En la época frívola de la monarquía de Julio, la sociedad parisiense se aficionó a las ruinas de la iglesia abacial. En los salones góticos del complejo industrial se hacía teatro al ritmo de las máquinas de vapor. Sin embargo, bajo el Segundo Imperio, los monjes y las monjas compraron abadías antiguas por casi toda Francia. Royaumont entró en el lote y fue la ley de 1905 sobre las congregaciones la que obligó a las religiosas de la Sagrada Familia a abandonar su monasterio.

Hoy el "castillo" abacial está separado del resto del conjunto y durante largos años ha sido restaurado por la familia Goüin, con el objetivo de crear un círculo cultural que favorezca los contactos entre los intelectuales y los artistas de todos los países. Lo que en 1937 era una utopía se ha hecho realidad con la Fondation Royaumont para el progreso de las ciencias humanas, que en 1964 inició la organización de programas de investigación, cursillos de formación, coloquios y notables acontecimientos musicales.

Los vestigios, ya emblemáticos, de la escalera del crucero norte de la iglesia. de Royaumont. En primer plano, las bases de las columnas del presbiterio.

El presbiterio de la
iglesia con la huella
perfectamente visible de
las capillas radiales.

"Desde el momento en
que tomó posesión de su
reino y logró conocerse a
sí mismo, Luis comenzó

a edificar iglesias y
muchas casas religiosas,
entre las que destaca por
su belleza y grandeza la

abadía de Royaumont".
Jean Sire de Joinville,
Le Livre des saintes
paroles et des bons

faits de notre saint roi
Louis, 1309.

El gran refectorio gótico
de los monjes. Hoy es la
sala de conciertos de la
Fondation Royaumont.

En 1993 se instaló
un pequeño órgano
románico.

SALEM

Salem Überlingen/Baden/Alemania
fund. 1134 por Lucelle (filial de Morimond)
igles. 1297–1414 y 1500–1794
suprim. 1804 (Napoleón)
hoy parroquia, centro cultural, museo y escuela

Véanse también páginas 42, 43, 67, 74, 75, 103, 105, 107.

Fuentes
Le Château de Salem, Salemer Kultur und Freizeit, GmbH, Salem.
Margarete STILLGER, *Allemagne*. Hachette, 1964.

¿Es aún una abadía ese inmenso castillo de Salem, reluciente como una moneda nueva y glorioso como un Versalles provincial? Al rodearla se da un paseo junto a las altas fachadas blancas abiertas por cientos de ventanas con los marcos amarillos. Entrar en ella conduce a hallazgos inesperados.

Con todo, se encuentra una iglesia abacial y un monasterio en el centro del conjunto construido. Se trata de una iglesia de planta basilical de estilo gótico tardío encargada en 1297, más de ciento cincuenta años después de la llegada de los monjes blancos a Salem, bajo los dobles auspicios del imperio y del papado. Hacía falta una fuerte presencia religiosa en el "Linzgau", entre el lago de Constanza y las montañas de Heiligenberg y Höchstein. Los cistercienses de Lucelle acudieron solícitos

y pronto la abadía se convirtió en centro destacado de la Cristiandad.

Sin embargo, los ejércitos tomaron también los caminos fronterizos y la guerra de los Treinta Años fue fatal para Salem. Apenas reconstruida, la abadía fue de nuevo destruida por un incendio en 1697. Durante el siglo siguiente, los abades –y especialmente Esteban I (1697–1707) y Anselmo II (1746–1778)– multiplicaron las construcciones, testimoniando su adhesión al estilo barroco (monasterio, portería, caballerizas) y después al estilo clásico (tesorería). La abadía alcanzó entonces el apogeo de su esplendor y lo demostró al levantar encima del crucero de la iglesia abacial una torre de 60 metros de altura, con dieciséis campanas, tan pesadas que al poco tiempo hubo que demoler aquella manifestación de vanidad. Bajo Napoleón, los margraves de Baden recibieron la abadía, secularizada en 1804, como compensación por la pérdida de sus propiedades en la orilla izquierda del Rin. Ellos continuaron la ornamentación de la abadía y crearon entre sus muros una escuela afamada.

Pese a tantos añadidos decorativos en el transcurso de los siglos, persistió la sobriedad de la arquitectura cisterciense, con su gran coro de cabecera plana, sus altas bóvedas de líneas muy puras y sus naves laterales que refuerzan la nave central mediante los muros adosados a las arcadas. La ornamentación barroca es suntuosa sin caer en excesos, aun contando los 27 altares en alabastro de la nave principal, las 94 sillas con bajorrelieves que representan escenas del Antiguo Testamento, las 3 tribunas incluida la del órgano, los 4 monumentos piramidales para honrar a los padres fundadores y las más de 20 estatuas de tamaño considerable.

Izquierda:
El salón de honor
reservado a los
visitantes ilustres.

Superior izquierda:
El coro y el presbiterio
de la iglesia.

Superior derecha:
Lateral sur de la nave
central. En cada pilar se
apoya un altar barroco.

Derecha:
Como todas las abadías
que seguían en activo en
el siglo XVIII, Salem
disponía de una
importante biblioteca.

Página siguiente:
Estufa de loza del
antiguo refectorio.
Su creador la decoró
con escenas de la vida
cotidiana de los
cistercienses.

Los edificios abaciales permitían albergar
el alojamiento de los monjes, los salones y des-
pachos del abad, así como un gran número de
salas capaces de acoger a dos cortes principes-
cas de visita al mismo tiempo. Se comprende
por qué uno de los edificios del monasterio
tiene 180 metros de longitud...

No se puede pensar en el barroco sin estucos. En Salem resultan admirables los decorados en estuco más célebres de Alemania, que
siguen la evolución del arte de los estuquistas
de la escuela de Wersobruun en el siglo XVIII.
La galería del claustro dedicada a San Bernardo, el refectorio de verano (convertido en oratorio), la biblioteca, el salón de recepción del
emperador, la sala numismática y las habitaciones privadas del abad (con el famoso ga-
binete rococó de color verde con el motivo del
cisne, emblema del abad Anselmo II) rivalizan
en logros exquisitos.

El espacio de las dependencias, en el recinto
monástico, alberga varias construcciones interesantes del siglo XVIII, como las caballerizas
que ofrecen una exposición sobre la historia
de Salem. Para los turistas, la abadía ha mul-
tiplicado sus centros de interés con un jardín
de lo imaginario, una casa de juguetes, una aldea de artesanos que incluye un herrero y un
maestro vidriero y todo un recorrido de aventu-
ras. Bajo el granero de los diezmos, una gran
bodega sigue produciendo el vino de Salem,
que puede paladearse en la taberna de las antiguas prisiones...

Mas, ¿cómo no asociar a Salem la iglesia
de peregrinación de Birnau, que dependía de
la abadía y que desde el siglo XIII contribuyó
a su fama y enriquecimiento? La iglesia actual, obra de Peter Thumb, el maestro de la
escuela barroca de Vorarlberg, se alza en un
paraje despejado del lago de Constanza. Un
retablo dedicado a Bernardo de Claraval está
flanqueado por la estatua de un angelote que
saborea miel, en alusión al título de "doctor
de palabra melosa", que desde hace mucho
tiempo se da al gran abad cisterciense, doctor
de la Iglesia.

SAN GALGANO

S. Galgani

Chiusdino/Toscana/Italia

fund. 1201 por Casamari (filial de Claraval)

igles. hacia 1124–1288

suprim. hacia 1600

hoy ruinas

Véase también página 95.

Fuentes

Vito ALBERGO, *San Galgano*, Andrea Pistolesi. Florencia, 1990.

Italo MORETTI y Renato STOPANI, *Toscane romane*, Zodiaque. La Pierre-qui-Vire, 1966.

Italie, Nord et Centre. Hachette, 1990.

¿Participaron los cistercienses de la abadía de San Galgano en la construcción del Duomo de Siena, como pretende la leyenda? Tal vez no. No obstante, su maestría de la arquitectura gótica les habría permitido desempeñar un papel destacado en ella. La gran iglesia (1224–1288) del monasterio, que fundaron en 1201, da prueba todavía del alto grado técnico de sus maestros de obras, pese a que sólo subsisten los muros toda vez que la bóveda se hundió en el siglo XVII. La espléndida nave de travertino y ladrillo es uno de los conjuntos de ruinas más bellos que pueden verse en Europa. Pureza absoluta de la fachada, dispuesta como la de una fortaleza. Se cumple la tradición de la cabecera plana con dos tripletes debajo de un ojo de buey grande y otro pequeño, y con el cielo azul de Toscana como vidriera.

¿Cómo se ha podido abandonar un monumento tan importante? Los ataques de los mercenarios de la República florentina, el pillaje de los ingresos por los abades comendatarios y la disminución de las vocaciones después del Renacimiento. En 1550 no había más que cinco monjes y únicamente uno, reducido al estado de ermitaño, en 1600.

De hecho, la abadía compitió con la capilla de peregrinación dedicada a San Galgano, que se construyó sobre una pequeña colina a unos centenares de metros de distancia y que, sin embargo, originó el monasterio.

Galgano Guidotti (1148–1181) era un noble caballero de Chiusdino. Apremiado por el arcángel San Miguel, y pese a las súplicas de su madre y de su prometida Polissena, fundó un eremitorio. Un día, su espada se quedó clavada en la grieta de una roca sin que se pudiera sacar y formando la guarnición y la empuñadura una cruz que Galgano veneró durante el resto de su corta vida. Desde su muerte se le dedicó una capilla redonda (1182–1185). La afluencia de peregrinos y donaciones movieron al obispo del lugar a construir la abadía, que confió a los cistercienses.

La capilla de planta centrada, todavía vigente, está provista de un pequeño presbiterio con ábside. Se accede a la misma por un nártex cuadrado. En el centro, la espada clavada en la roca. Una sacristía anexa está decorada con los frescos admirables de Ambrogio Lorenzetti. La parte central de la construcción está cubierta con una bóveda excepcional con cúpula de anillos concéntricos de piedra y ladrillo. El aparejo de los muros, con hileras de ladrillos y caliza blanca sobre una base de piedra, otorga un gran rigor a la forma redonda de la capilla.

La colina (Montesiepi) estuvo antiguamente rodeada de un muro. Un pequeño lago con robles centenarios refleja las ruinas de una antigua hospedería para los peregrinos. Un lugar realmente encantador como los que Toscana ha sabido preservar.

Página anterior, derecha:
La cabecera plana de la
iglesia. Con un ojo de
buey y dos tripletes,
no puede ser más
cisterciense.

Superior:
Alzada exterior de la
iglesia (lado sur) y los
vestigios del claustro.

*Alzada interior de la
iglesia (lado sur).*

Nave lateral sur.

Nave lateral norte

La sala capitular del siglo XIII. San Galgano ilustra a la perfección todos los cánones del espíritu cisterciense original.

En la misma época, los monjes blancos franceses ya habían olvidado estos principios.

SANTES CREUS

Sanctae Cruces

Aiguamurcia/Cataluña/España

fund. 1150/58 por Grandselve (filial de Claraval)

igles. 1174–1225

suprim. 1835 (Desamortización)

hoy centro cultural

Véanse también páginas 91, 95, 118.

Fuentes
Emilia ALTARRIBA y Joseph BALUJA, *Santes Creus*, 1988.
Eufemia FORT i COGUL, *El monestir de Santes Creus*, 1987.
Anselme DIMIER, *L'Art cistercien*, tomo II, Zodiaque. La Pierre-qui-Vire, 1971.

Santes Creus es, con Poblet, una de "las ciudadelas cistercienses" de Cataluña, aunque se trate de una encantadora ciudadela que con el paso de los siglos se ha dejado invadir por construcciones nuevas. Paseamos por ella como por una ciudad, yendo de un hallazgo a otro para encontrar al fin, en el corazón de la ciudad monástica, el inmutable cuadrado regular conforme a la planta bernardina.

La abadía fue fundada en 1150 en Valdaura del Vallés por los monjes de Granselve (diócesis de Toulouse), que se beneficiaron de tierras donadas por varias ilustres familias catalanas. El famoso condado acababa de unirse a Aragón y la Reconquista movilizaba a los señores feudales del lugar. Se necesitaban monjes, que sostuvieran con sus oraciones aquella "cruzada" contra los almorávides. Por lo demás, Valdaura del Vallés estaba todavía cerca de la línea fronteriza entre los cristianos y los musulmanes.

Los monjes emplearon cerca de diez años en encontrar el lugar ideal. Se trasladaron primero a Ancosa y después a Santes Creus, una especie de plataforma que domina el río Gayá

El hermoso claustro
gótico del siglo XIV
(1332–1341) con su patio
de naranjos. Es obra del
maestro inglés Raynard
Fonoyll, que introdujo
en Cataluña el gótico
flamígero.

y está rodeada de colinas. Los pastores llevaban allí sus ganados a pastar y por la noche iluminaban con hogueras las cruces que marcaban su emplazamiento. De ahí el nombre del monasterio. Los monjes blancos desempeñaron un papel político importante durante largos años, especialmente en la imposición de sus conocimientos técnicos a los campesinos reinstalados en los territorios reconquistados a los almorávides. Algunos abades fueron consejeros o capellanes de los condes-reyes

de Aragón-Cataluña, que hicieron fortificar la abadía (1375–1378). La nobleza quería Santes Creus como lugar de sepultura y los eruditos frecuentaban su rica biblioteca, actualmente en Tarragona.

La herencia de la Revolución francesa marcó el siglo XIX español. Hasta entonces los monasterios habían conservado una situación privilegiada en la sociedad, con excesivas prerrogativas. En el momento de la invasión de España por Napoleón, las tropas francesas empezaron

por saquear, lo que volvieron a hacer en 1823, cuando el rey Fernando VII recurrió a "los cien mil hijos de San Luis" para restablecer el orden monárquico. Sin embargo, durante décadas España no conoció más que revoluciones y represiones ininterrumpidas, sin monasterios activos por efecto de la ley que imponía la venta de los bienes de la Iglesia en 1835 para amortizar la deuda pública. Santes Creus se benefició desde 1844 de la atención solícita de la Comisión provincial de monumentos: la abadía,

que durante algunos años fue hospital y después cárcel, es actualmente una de las mejor conservadas de Europa.

La ciudad monástica se abre con dos plazas sucesivas, la segunda de las cuales está dominada por la puerta real de la Asunción. En su centro hay una fuente barroca con la estatua de San Bernardo Calvo, el abad cisterciense fundador del hospital de San Pedro de los Pobres fuera del recinto monástico; al sur, el antiguo palacio abacial con su precioso patio, hoy

ayuntamiento y escuela; algunas tiendas dan vida al conjunto. Atmósfera de burgo provincial, por fortuna menos concurrido que Montserrat, con sus hordas de turistas. Los lugares cistercienses estaban al margen del mundo y así permanecen (las abadías más visitadas tienen un tercio de los visitantes de los castillos del Loira), para alegría de los auténticos viajeros...

La iglesia abacial sigue siendo la fortaleza de la abadía. Su fachada maciza, coronada por seis anchas almenas, anuncia claramente la

Página anterior:
El patio, con su pozo, del palacio real construido en el siglo XIV por Jaime II el Ceremonioso, que gustaba de hospedarse en la abadía.

Superior:
El lavabo, visto desde la galería de la collatio.

327

nave austera, el único espacio del monasterio que lo es, con sus enormes pilares cuadrados que sostienen una bóveda de ojivas, de hechura todavía muy primitiva y reforzada por anchos arcos perpiaños sobre columnas embebidas y suspendidas a tres metros del suelo por las tradicionales ménsulas cistercienses, dispuestas aquí como canecillos de virutas. Basta mirar atentamente la elevación para comprobar que la cubierta gótica (hacia 1220) reemplazó un armazón de madera (hacia 1180). Más tarde se realizaron el gran vano de la fachada y el precioso rosetón de la cabecera y, con posterioridad, la torre octogonal del crucero del transepto coronada por una cúpula de linterna.

El claustro (1332–1341) es obra de un maestro inglés, que importó a Cataluña el gótico flamígero. El claustro original no era más que un simple cobertizo de madera, siendo el definitivo la última construcción de Santes Creus, por lo que presenta un estilo más refinado y perfecto que el resto de los edificios, a la vez que el atrevimiento de labrar los capiteles.

Por el contrario, la sobria sala capitular, el hermoso lavabo frente al refectorio, el dormitorio y sus arcos diafragmas bajo armazón fueron construidos al mismo tiempo que la iglesia.

Fuera del cuadrado monástico, el paseo conduce a través del jardín mediterráneo del "claustro viejo" (simples arcadas apuntadas sin capiteles) hasta el palacio real de Jaime II el Ceremonioso, con su patio refinado y su escalera labrada. En Santes Creus podían ir a rezar a la capillita de la Santísima Trinidad, joya románica de bella bóveda de cañón, situada junto al muro de recinto, lejos de los fastos y de las intrigas, construida en 1158, cuando los monjes llegaron al lugar.

Recomendación

Los poderes públicos y locales de Cataluña han financiado y mandado realizar en 1997 un sorprendente recorrido pedagógico estructurado en torno a un espectáculo audiovisual y algunas reconstrucciones museográficas, que permiten ver y escuchar un resumen preciso y bello de la aventura cisterciense. Bajo ningún pretexto deben omitirlo quienes tengan la oportunidad de visitar Santes Creus.

Superior:
El lavabo es anterior al claustro y recuerda el de Poblet. Los vanos de dos arcadas están coronados por un tímpano alternativamente calado por un rombo y un ojo de buey.

Página siguiente:
Capilla románica del transepto norte.

Derecha:
Nave lateral norte.

Página siguiente, superior:
La bóveda del capítulo está formada por nueve cruceros de ojivas que descansan sobre cuatro columnas redondas con capiteles de una ornamentación muy sobria.

Página siguiente, inferior:
La ménsula con el canecillo de virutas característico de Santes Creus.

SEDLEC

Sedlecium

Kutna Hora/Bohemia central/República Checa

fund. 1143 por Waldsassen (filial de Morimond)

igles. 1282–1320 y 1702–1707

suprim. 1442–1700 y en 1783 (José II)

hoy parroquia y fábrica (de cigarrillos)

Véanse también páginas 33, 110, 125.

Fuentes

Katerina CHARVATORA y Debroslav LIBAI, *Ràd Cisterciackv.* Praga, 1992.
Pierre CHARPENTRAT, *L'Art baroque*, P.U.F., 1967.
J. M. RICHARDS, *Who's who de l'architecture de 1400 à nos jours.* Albin Michel, 1979.

Como a menudo ocurrió con los edificios religiosos de Bohemia, la abadía cisterciense de Sedlec vivió dos grandes períodos separados por la revolución husita.

Su fundación por Waldsassen en 1143 se inserta en la política de "colonización" de los territorios del este europeo que el Capítulo general del Císter había recomendado a Morimond por intermedio de sus filiales alemanas o austríacas. Así, Waldsassen fundó Osek (1199) y Ebrach implantó Plasy (1144), Zdár (1251) y Vyssi Brod (1259), mientras que Heiligenkreuz creó Zlata Koruna (1263). Cuando en el siglo

XIII las abadías hubieron realizado sus filiaciones, la Bohemia cisterciense contaba con dieciocho abadías (trece para hombres y cinco para mujeres).

El monasterio encontró muchas dificultades para sobrevivir durante los primeros años, dado que la región estaba asolada por la miseria y el hambre. El monje Heidenreich, elegido abad, supo poner en marcha en 1282 una organización financiera muy bien pensada para participar en la explotación de minas de plata, que acababan de descubrirse en Kutna Hora y en parte dentro de los terrenos de la abadía. La leyenda incluso pretende que el descubrimiento de las minas se debe a un monje; de ahí el nombre de Kutna, que en checo significa "cogulla". El abad Heidenreich fue amigo de príncipes, a los que prestó dinero, a la vez que ellos le confiaban la educación de su descendencia. Emprendió entonces la construcción de una nueva abadía (1282–1320), inspirada en las "catedrales" cistercienses de Île-de-France, espectaculares por sus dimensiones y por la ligereza de su estructura gótica, aunque siempre marcadas por la austeridad cisterciense.

Su ejecución planteó un reto a la burguesía de Kutna Hora, que había de proclamar la importancia y el poder de la ciudad que se había convertido en el centro económico de Bohemia y el lugar en que se acuñaba el "grueso" de Praga, única moneda de toda Bohemia. La bella iglesia de Santa Barba se empezó a construir en 1384, en un estilo opuesto al cisterciense que se inspiraba en los adornos, las vidrieras y la estatuaria de la catedral de San Guido de Praga.

Los husitas pusieron fin a la euforia. La doctrina del antiguo rector de la Universidad de Praga movilizó una pléyade de discípulos. Su elocuencia y el rigor de sus costumbres le

habían permitido denunciar los vicios y la co-
dicia del clero, los escándalos de simonía y la
venta de indulgencias, que invadían de nuevo
la Iglesia. Enfrentándose a los dogmas romanos y protegido con un salvoconducto del emperador, aceptó acudir al concilio de Constanza
para justificarse. Sin embargo, fue encarcelado
por herejía, permaneció encadenado día y noche durante siete meses y fue quemado vivo
en 1415. Su muerte marcó el inicio de una sublevación popular de extraordinaria violencia
que se desencadenó contra los prelados y las
abadías durante más de diez años. Sedlec fue
demolida en 1421 y los monjes hubieron de
renunciar a la ocupación de la abadía.

La congregación regresó en 1700, dispo-
niendo de las ayudas suficientes para reconstruir y embellecer la abadía. Se confió la construcción de la iglesia al arquitecto Johann
Blasius Santini-Aichel, más conocido por el
nombre de Santini, quien supo magnificar la
bella arquitectura gótica original agregándole
sorprendentes invenciones estéticas. El famoso goticismo de las bóvedas de nervaduras en-
trelazadas de Sedlec (1702–1707) lleva al extremo
la capacidad decorativa de este estilo. Esta obra
maestra creó escuela y Santini repitió el procedimiento en muchas iglesias de Bohemia, así
como para los cistercienses de Zdár hacia 1710.

En 1783, fecha de los decretos "filosóficos"
de José II, la iglesia pasó a ser parroquia. Los
monjes contemplativos, inútiles para la sociedad –según el príncipe–, tuvieron que abandonar sus monasterios o aceptar el desempeño
de funciones pastorales. Entre éstas, los monjes
debían asegurar la peregrinación a la capilla-
osario llamada de Todos los Santos. Cuenta la
leyenda que en el siglo XII regresó de Jerusalén un abad con un puñado de tierra del monte de
los Olivos y lo esparció por el cementerio de
la ciudad. En los años siguientes, más de 40.000
personas quisieron ser enterradas en aquel lugar. En el siglo XVI un monje ciego comenzó
a decorar el interior de la capilla con calaveras
y huesos humanos. La obra la terminó el escultor Frantisek Rint. Es un ejemplo fantástico
de "instalación" surrealista.

El goticismo del arquitecto Santini confiere a la iglesia abacial de Sedlec una ligereza y una exuberancia rara vez alcanzadas en la arquitectura. Poco conocido en este aspecto, ese arte encarna un lirismo religioso que con el tiempo había de subyugar a los turistas que redescubren Bohemia y sus riquezas arquitectónicas.

SÉNANQUE

Sinanqua (Sana aqua)
Gordes/Vaucluse/Provenza-Costa Azul/Francia
fund. 1148 por Mazan (Bonnevaux-Císter)
suprim. 1780
hoy monasterio OCCO.

Veánse también páginas 44, 47, 60, 69, 88, 114.

Fuentes
Emmanuel MUHEIM, *L'Abbaye de Sénanque,* Ouest-France, 1982.
L'Abbaye de Sénanque, Éditions Gaud. Moisenay, 1993.

Llegando del viejo poblado de Gordes, en un viraje de la carretera moderna que se hunde rápidamente en una falla de la meseta de Vaucluse, el viajero descubre de repente, más abajo, legible como una maqueta e impúdicamente expuesta a las miradas, una abadía aislada en su entorno grandioso: es Sénanque.

Violencia del paraje: la armonía entre los tejados de losas pardas, los muros de piedra ocre y el marco violeta de lavandas en flor contrasta duramente con la meseta, sus afloramientos de calcárea cárstica y su monte bajo de escasa vegetación en que se asientan sus *bories* o cabañas de piedra seca, que antiguamente cobijaron a pastores y ermitaños.

En la época de los primeros monjes, cuando no existía la carretera, tan concurrida por los turistas actuales, la llegada a Sénanque se hacía por el valle de Sénancole. Descubrimiento progresivo del lugar. "Así es como se toma, de forma más precisa, la medida exacta del monumento. En perfecta comunión de las proporciones y de los materiales con el valle que la rodea, la abadía ha sacado de la montaña la materia que la compone y de la que no se distingue más que por la firmeza de su arquitectura". (1)

Como la mayor parte de las abadías cistercienses, Sénanque nació del acuerdo entre un abad de elevada espiritualidad y un buen organizador, Pedro de Mazan; un obispo favorable a los cistercienses, Alfan de Cavaillon; y, finalmente, un señorío protector, la familia de Agoult-Simiane, soberana de Gordes, que donó todas las tierras del valle de Sénancole.

La abadía conoció rápidamente una gran prosperidad. Bien irrigadas gracias a importantes obras –diques y canales, todavía visibles en parte sobre el río–, las tierras de la abadía permitían alimentar a una treintena de monjes. La comunidad pudo así expandirse a su vez (Chambon) y crear una docena de graneros y casas comunales.

Los ingresos de aquel patrimonio permitieron financiar la construcción de la iglesia entre 1160 y 1180, los edificios monásticos entre 1190 y 1200, y la sala capitular algunos años después.

En el siglo XIV, cuando la orden padeció graves dificultades, Sénanque se aprovechó de la influencia política y económica de Aviñón, convertida en sede papal. La leyenda pretende que Petrarca escribió su *Tratado de la vida*

Página anterior:
*"Tarjeta postal"
tradicional de Sénanque
con el ábside circular
inmerso en el campo
de lavanda, bien cuida-
do por los monjes. Por
esta razón, la arquitec-
tura cisterciense es
románica y provenzal.*

Derecha:
*El patio del claustro y
el campanario. Cada
galería del claustro
consta de cuatro arcos
que descansan sobre tres
pilares separados por
tres pequeñas arcadas.
Ronda la tentación de ver
en ello un simbolismo
de los números.*

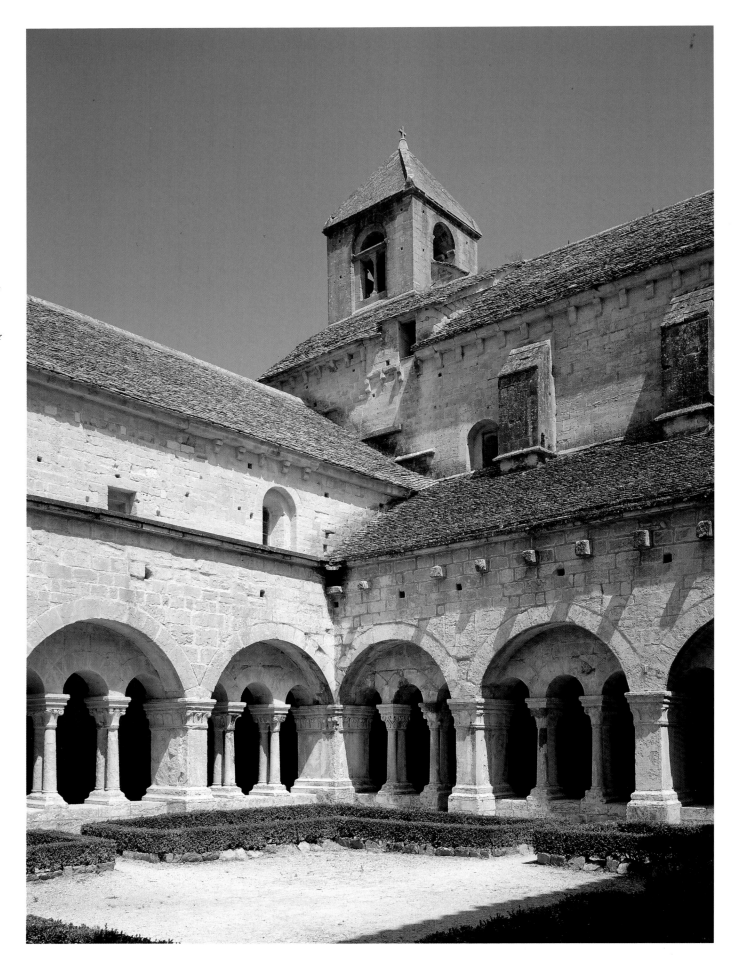

solitaria (1356) después de haberse alojado en la abadía. El afortunado monasterio se benefició incluso de un santo abad comendatario, Francisco de Estaing, el "padre de los pobres".

Sin embargo, la vida monástica se detuvo bruscamente en 1544, cuando los "valdenses" de Luberon, para vengarse de la Inquisición, que pretendía convertirlos por la fuerza y que había incendiado una treintena de poblados, tomaron la abadía, ahorcaron a algunos monjes, saquearon las bodegas, quemaron la biblioteca y destruyeron el edificio de los conversos y el refectorio. No se reconstruyeron hasta el siglo XVII, con la esperanza de restablecer una comunidad. Pero las vocaciones se habían agotado y en 1780 se enterró al único monje que vivía en Sénanque. Durante la Revolución, un viejo oficial monárquico transformó la abadía en una explotación agrícola, con lo que salvó los edificios de la destrucción.

En el siglo XIX fue una de las escasas abadías que recuperaron su uso religioso. En 1854, el abad Barnouin reunió allí a algunos ermitaños, que se afiliaron a la Común Observancia. La afluencia de novicios permitió a la comunidad extenderse a Fontfroide, Hautecombe, La Garde Dieu Segries, y crear una congregación que fijó su sede en Lérins. Las leyes sobre congregaciones (1880 y 1901) obligaron a los monjes a exiliarse. De regreso en número insuficiente en 1928, cedieron el lugar a un centro cultural de encuentros, que durante veinte años (1968–1988) restauró los edificios y su entorno, los abrió al público, instaló colecciones etnológicas y albergó un centro de estudios medievales (Georges Duby) y otro de estudios gregorianos. Desde 1988, la abadía alberga un priorato dependiente de Lérins.

Los primeros constructores de Sénanque perpetuaron una arquitectura románica de gran perfección formal, fiel exponente del Císter y conforme a la planta tipo de Bernardo de Claraval. Sin embargo, mientras que en el norte de Francia la orden aplicaba en todas sus obras las nuevas técnicas de la construcción ojival, sus arquitectos y albañiles provenzales continuaron con los procedimientos tradicionales. Los restauradores sucesivos hicieron lo mismo en el transcurso de los siglos. Siendo la abadía cisterciense más visitada, Sénanque contribuyó, pues, a transmitir la idea generalizada de que la arquitectura de la orden era románica. Puede serlo, como en Sénanque, en una especie de estado de gracia.

Nave lateral con bóveda de medio cañón.

Superior:
Capiteles del crucero
del transepto.

Al lado, izquierda:
La tarasca, frente al
capítulo, recuerda que
el mal merodea y que es
preciso combatirlo.

Al lado, derecha:
Capitel de hoja de
agua.

Página siguiente:
La sala capitular. Tres
gradas de piedra para los
monjes que escuchaban
al abad.

SILVACANE

Silva Cana

**La Roque-d'Antheron/Bouches-du-Rhône/Provenza/
Francia**

fund. hacia 1144 por Morimond

igles. 1175–1230

suprim. 1443

hoy propiedad de la CNMHS (ministerio de Cultura)

Veánse también páginas 53, 114.

Fuentes
Marcel AUBERT, *L'Architecture cistercienne en France*,
Vanoest. París, 1947.
Yves ESQUIEU, *Silvacane*, Ouest-France/CNMHS. Rennes,
1995.

La abadía de Silvacane aparece ahí, como por azar, al borde del Durance. En este emplazamiento tan poco cisterciense (con excepción de las cañas: Silva Cana, bosque de cañas) no habría habido una abadía cisterciense si los monjes de Saint-Victor, que tenían el vado o la barcaza sobre el río, no hubieran llamado a los monjes de Morimond para que les relevaran garantizándoles donaciones de Ramón de Baux y Ramón Berenguer de Barcelona. La abadía, que rápidamente se enriqueció, es una construcción soberbia, hasta el punto de despertar la envidia de los monjes benedictinos de Montmajour, cerca de Arles, que no dudaron en invadir Silvacane y ocupar las dependencias manteniendo a los monjes como rehenes (1289). Fue necesario un miniconcilio en Provenza para que los prisioneros fuesen liberados. Más tarde, la banda del señor de Aubignan saqueó por completo el monasterio y sus graneros (1358). Las malas cosechas agravaron la situación financiera de la abadía (1364), y los monjes, desanimados, abandonaron el lugar, que fue incorporado al capítulo de Aix (1443).

Hoy persiste un conjunto monástico, que no sufrió las transformaciones debidas a generaciones de monjes constructores. Al igual que Le Thoronet y Sénanque, Silvacane es la obra de un arquitecto que dominaba las técnicas románicas, mientras que el crucero de ojivas se hallaba todavía en estado experimental en el sur de Francia. La coherencia es total, aunque la construcción se prolongó durante décadas. La iglesia presenta bóvedas de cañón apuntado, para la nave central, las laterales y el transepto, y un crucero de ojivas casi arcaico. El claustro, por su parte, posee galerías con bóvedas de cañón y arcadas de medio punto. La sala capitular, la de los monjes y el refectorio fueron construidos más tarde con crucero de ojivas, pero el dormitorio se cubrió con bóveda de cañón.

Después de haber fotografiado un centenar de abadías por toda Europa, Henri Gaud guarda un afecto particular a Silvacane: "¡Es la más hermosa!" Marcel Aubert, que cita la abadía setenta y cinco veces en su memorable obra, se detiene largamente en la descripción de la iglesia abacial. Subraya "el poder de sus formas y la grandeza de su planta, el hermoso equilibrio de sus proporciones así como la calidad de su aparejo y la austeridad de su decoración".

El pilón de la fuente en
el ángulo noroeste del
claustro, sin su tejadillo,
que no resistió a la
violencia de los
demoledores.

La nave central: Un tramo del lado sur y un pilar del crucero del transepto. La nave principal y las laterales están separadas por banquetas de piedra, que permiten "absorber" el desnivel del terreno. Esa dificultad se convirtió en un elemento funcional de la iglesia.

Aubert ha analizado cada lienzo de muro y describe todo con entusiasmo: "La arquivolta de la puerta de la fachada oeste tiene un extradós escalonado."

La iglesia de Silvacane es tal vez la más bella, pero con decenas de otras. No hay abadía cisterciense que no conmueva. Sería necesaria una enciclopedia para presentarlas a todas, aunque a veces sólo quede un lienzo de muro por descubrir, como en Cherlieu. La selección que ofrece esta obra proviene más del azar de los viajes que de un programa que hubiera

jerarquizado los emplazamientos de la aventura cisterciense. Sólo cabe la emoción al descubrir Vaucelles con su enorme sala de los monjes; Valloi-res con la decoración barroca de su coro; Longpont, Trois Fontaines, Chaalis, Preuilly, Notre-Dame de Lys, Aulps con sus grandiosas ruinas; Ourscamp con su elegante enfermería gótica; Notre-Dame de Val con su luminoso dormi-torio; Maubuisson con su bella sala de las monjas; Vaux-de-Cernay con su suntuoso conjunto de edificios; Morimond con su lago romántico; Villers Bettnach con su

capilla de Santa Catalina; La Bussière, Vaulisant con sus parques; Val de Choues con su enclave en el fin del mundo; Bonport, Breuil Benoît, Fontaine Guérard, Abbaye Blanche, Aiguebelle, Vignogoul, Villelongue, Escaladieu, Belloc, Cadouin, Bonnecombe, Étoile, Boquen, Clairmont, Épau y el importante patrimonio cisterciense que han preservado; Mégemont perdida en la soledad; Bénisson Dieu con su bello tejado de baldosas vidriadas; Boschaud con sus cúpulas extraordinarias; Hautecombe al borde de su lago, Tamié en su montaña...

En España, Santa María de Huerta y su claustro de los caballeros; Moreruela en Castilla; Las Huelgas con su famoso convento de monjas; Piedra en medio de sus cascadas;

Valdediós con su capilla de San Salvador; La Oliva con sus vidrieras de alabastro; Leyre sobre su montaña; Osera, el Escorial de Galicia; Valbonna, la tercera abadía catalana...

En Alemania, Eberbach con sus lagares antiguos; Ebrach con su iglesia barroca; Himmerod con sus vestigios claravalenses; Arnsburg con su sala capitular; Bronnbach con sus altas ventanas; Heina con su claustro del Cordero místico; Heilbronn con su retablo de los santos auxiliadores; Kaishem con su deambulatorio; Altenberg con su "catedral"...

En Inglaterra, Kirkstall con sus bellas ruinas en el corazón de Leeds... En Escocia, Culross con sus ruinas en el antiguo burgo real... En el País de Gales, Neth con su torre-porche.

En Austria, Lilienfeld con su bella nave gótica; Schlierbach, suntuosamente barroca...

En Bélgica, Aulne con su bella cabecera...

En Irlanda, Corcomroe, Grey, Inch, Kilbeggan con sus ruinas...

En Italia, Valvisciolo, otra Fossanova entre los olivares; Fontevivo y su Virgen con el Niño... En Suiza, Bon-mont, Hauterive y Montheron con sus vestigios de espíritu cisterciense; Weltingen, discretamente barroca...

En Polonia, Wachock, Krzeszow, Henrykow con sus iglesias barrocas; Oliwa con su festival de órgano cada verano; Mogila con sus pinturas al fresco...

En Grecia, Daphni con su arquitectura bizantina...

Izquierda:
*Ventana de la nave
lateral de la iglesia.*

Inferior:
*La banqueta entre la
nave central de la iglesia
y una lateral.*

Página anterior:
*Las galerías del claustro,
con su simplicidad
románica.*

SILVANÈS

Silvanesium

Silvanès/Aveyron/Midi-Pyrénées/Francia

fund. 1136 por Mazan (filial de Císter)

igles. 1150–1250

suprim. 1768

hoy parroquia y centro cultural

Veánse también páginas 54, 114.

Fuentes
Geneviève DURAND y Nicole ANDRIEU, « Sylvanès, ancienne abbaye Notre-Dame », en *Anciennes Abbayes en Midi-Pyrénées*, Addoc. Tarbes, 1991.
Robert AUSSIBAL y André GOUZES o. p, *Sylvanès*, Éditions du Beffroi. Millau, 1989.

La violencia y la fe que impregnaron la época románica originaron la fundación de Silvanès. Un pequeño señor local, Pons de Léras, exigía rescate como un vulgar salteador a los viajeros que franqueaban el paso de Éscalette, entre Auvernia y Languedoc. Una Nochebuena, conmovido por los cantos religiosos, decidió devolver sus bienes a sus víctimas, marchar en peregrinación para obtener el perdón de sus pecados y hacerse monje con sus compañeros de rapiñas, arrepentidos como él. En 1132 se fundó un eremitorio cerca de Camarès, que en 1136 se convirtió en la abadía de Silvanès. Las obras de la iglesia y de los edificios monásticos comenzaron en 1151 para prolongarse durante casi un siglo.

Aquella violencia y aquella fe aparecen, en la arquitectura de la abadía, maciza como un certeza de piedra atravesada en el valle. Levantar semejante nave debía exaltar el entusiasmo de los monjes al descubrir su lugar de oración, el de los conversos dedicados a su construcción y el de todos aquellos llegados de lejos para realizar los planos y tallar las piedras del edificio. Los trabajos eran un combate contra los elementos, los rigores del clima y las dificultades del terreno. ¡Nada más incitador para los hombres feudales de la Edad Media! Cuando la construcción estaba terminada, había que regresar a la rutina de los oficios y de los trabajos agrícolas repetidos incansablemente. Desde finales del siglo XIII la abadía no tuvo

Página anterior:
Vista general de la abadía
y la cabecera plana.

Superior:
El transepto y el
presbiterio. El gran arco
diafragma y sus tres
ventanas. La cabecera
con sus tres ojos de buey
y su triplete cisterciense.

rosetones y un pequeño ojo de buey) y el coro de los monjes por tres ventanas del muro diafragma. Los contrafuertes de la bóveda, integrados en la cubierta, recuerdan también a Fontenay. Durante las obras, los constructores, expertos reconocidos en las técnicas del románico, se esforzaron por integrar las nuevas técnicas góticas, que revolucionaban las construcciones de Francia septentrional, como recuerda Marcel Aubert: "Los cruceros del transepto están cubiertos por bóvedas de cañón transversales que penetran en el arco de cañón de la nave con una estereotomía muy sabia: el aparejo de la parte baja de la bóveda es normal en la curva de intersección y sólo se hace horizontal en la cima de la bóveda. Sobre el último tramo de la nave, y formando un transepto, un gran crucero de ojivas, de perfil abocelado y terminado en punta, enlaza con la bóveda, en la que penetra mostrando el ensayo de un procedimiento cuyo sentido no se comprendía." La bóveda de ojivas reflejará una mayor maestría en el ala este del claustro, único edificio monástico que se conserva actualmente y que agrupa, según el programa bernardino, la sacristía, la sala capitular y la de los monjes, que también servía de escribanía.

Es en esos lugares donde Silvanès ha cobrado una intensa animación a partir de 1969 (compra efectuada por el ayuntamiento), de 1975 (inicio de los encuentros culturales organizados por André Gouzes, dominico, y Michel Wolkowitsky) y de 1979 (inicio de la restauración de los edificios históricos). Unos cien mil visitantes y estudiantes cada año dan fe del éxito de este baluarte de la música en Francia que, además de sus conciertos y sus creaciones musicales, propone cursillos de formación instrumental, canto coral, pintura, danza, así como sesiones de liturgia, de teología y de filosofía, ciclos de conferencias, talleres de formación artesanal y exposiciones.

historia, pero inició una lenta decadencia marcada por todas las peripecias de los siglos negros del monacato: epidemias, guerras, abades comendatarios, crisis de reclutamiento... En 1768, la Comisión de los regulares, instituida por Luis XV, recomendó a los seis monjes de Silvanès que se integraran a otras abadías. Algunos años después, la iglesia abacial pasó a ser parroquia.

No hay nada más cisterciense que este monumento. La fachada oeste se presenta como un gran aguilón de piedra carente de ornamentación. El vano gótico, que se incrusta en el mismo, no le priva de la austeridad reforzada por las dos pequeñas puertas románicas que se abren lateralmente sobre la nave. Su aspecto de "ciudadela" se ve corroborado por

la escasa pendiente de los tejados y su cubierta con escamas de losa, así como por el aparejo de arenisca tallada y ensamblada en las junturas vivas de la cabecera y de todos los muros. Las ventanas y hasta los ojos de buey tienen aspecto de troneras.

Y, sin embargo, desde la entrada de la iglesia, impresiona su amplitud y luminosidad. La nave única, de una longitud excepcional, idéntica a la altura bajo la clave de la bóveda de cañón apuntado, avanza hacia el presbiterio de cabecera plana, con una bóveda baja y entre capillas cuadradas según la planta tradicional de Claraval y de Fontenay. La luz blanca del amanecer ilumina el altar a través de dos hileras de elementos triples (tres ventanas, tres

Superior:
La entrada de la sala
capitular.

Página siguiente:
La bella puerta de los
monjes.

STAFFARDA

Tras el incendio de 1189, tan grave que los monjes hubieron de exiliarse durante varios años en San Martino al Cimino, la abadía fue totalmente reconstruida a comienzos del siglo XIII. De ahí la aparición de una voluntad ornamental expresada en una combinación de ladrillo y piedra, que los cistercienses de la fundación no habrían aceptado. Esta opción arquitectónica, que aún presentaba ciertas deficiencias, ya no se ajustaba a la simplicidad bernardina, ni alcanzaba la elegancia de las grandes iglesias góticas. En Staffarda la emoción cisterciense persistió en la *fonasteria*, la gran sala de la enfermería de dos naves ojivales sostenidas por pesadas columnas de piedra coronadas de capiteles no figurativos y muy discretos.

Staffarda no escapó a las vicisitudes: la encomienda de 1463, la destrucción (parcial) durante la guerra de sucesión en España (en Staffarda el mariscal Catinat resultó triunfador el 18 de agosto de 1690 frente al rey Víctor Amadeo II de Saboya, que pagaría las reparaciones), el pillaje de las tropas francesas en 1799... Los cistercienses no pudieron mantener activo su monasterio y el papa Benedicto XIV lo entregó en "encomienda perpetua" a la orden militar de San Maurizio, que lo abandonó en 1804, cuando la iglesia pasó a ser parroquia.

Desde 1826 se reanudaron las obras para salvar la abadía de un lento deterioro. Éstas prosiguieron de forma sistemática desde 1923 y permitieron salvar una de las abadías más hermosas del Piamonte.

Staffarda
Revello/Piamonte/Italia
fund. 1135 por Tiglieto (filial de La Ferté)
igles. siglo XIII
suprim. 1804
hoy parroquia

Véanse también páginas 60, 111.

Fuentes
Maria Carla PRETTE, *Guida all'Abbazia di S. Maria di Staffarda*, Mariogros, Turín.
Alessio MONCIATTI, *Staffarda* en *Architettura cistercense, Fontenay e le abbazie in Italia dal 1120 al 1160*, Edizioni Casamari. Certosa di Firenze, 1995.

Los cistercienses no siempre se instalaron en el "desierto". Así, en Staffarda, los monjes blancos llegados de Tiglieto (Liguria) pudieron aprovecharse de los trabajos de ocupantes anteriores. El lugar pantanoso había sido saneado desde la época romana y sólo tuvieron que continuar el trabajo, igual que sólo hubieron de integrarse en el convento benedictino que existía en el lugar desde 1122. Mas no llegaron con las manos vacías: Manfredo I, señor de Saluzzo, les había hecho una donación de tierras. Eso debió de ocurrir en 1135, aunque no hay documento que lo certifique. Otras donaciones, autentificadas, llegaron en 1138.

La arquitectura románica de cubierta gótica de la abadía es de una gran homogeneidad.

Al lado, izquierda:
La galería sur del claustro y el desafortunado contrafuerte, que se hubo de construir para que la iglesia no se derrumbase sobre el claustro. También los maestros de obras de los monjes cometían fallos.

Al lado, derecha:
La siempre hermosa decoración de las arquitecturas de ladrillo.

Superior:
Los monjes de Staffarda, inmortalizados en un fresco de la abadía.

SWEETHEART

Dulce cor/Novum monasterium
Lock-Kindar/Kirkcudbright/Escocia
fund. 1275 por Dundrennan (filial de Claraval)
igles. Comienzos siglo XIV
suprim. hacia 1540 (Acta de disolución)
hoy ruinas

Fuentes
Henry THOROLD, *The Ruined Abbeys of England, Wales and Scotland*, Harper Collins. Londres, 1993.
Richard FAWCETT, *Scottish Medieval Churches*, HBMD. Edimburgo, 1985.
J.S. RICHARDSON, *Dundrennan Abbey*, Historic Scotland, 1994.

Algo en Sweetheart confiere gravedad a las ruinas: todos los muros de la abadía antigua resistieron el abandono de siglos, pero las bóvedas se derrumbaron. Los vestigios del último monasterio fundado en Escocia por los cistercienses son, pues, importantes. La arenisca roja de sus muros asentados sobre la hierba intensamente verde de la Escocia lluviosa les da además un aspecto flamígero.

Aunque construida en el siglo XIV, la iglesia presenta una arquitectura gótica bastante malograda. La nave no ha heredado los grandes vanos y la fachada tampoco presenta el bello rosetón, tan del gusto de los arquitectos ingleses. Con su enorme torre cuadrada en el crucero del transepto, el conjunto más bien da la impresión de una fortaleza a la espera de los invasores llegados del mar de la vecina

Irlanda. El recinto de dimensiones ciclópeas de la abadía refuerza esa idea.

¿Qué había, pues, que proteger en esta abadía situada en el fin del mundo? Tal vez el corazón embalsamado "sweetheart" de John, Lord Balliol, fundador del Balliol College de Oxford y cuyos restos su esposa, Lady Devorgilla, confió a los monjes de la abadía en 1269. Al acercarse su muerte, acaecida en 1289, la dama solicitó ser enterrada cerca de su amado cofrecito. Era ella quien había hecho las donaciones necesarias para la fundación de la abadía.

Superior:
La cabecera plana de la iglesia.

Página siguiente:
La nave casi intacta de la iglesia.

LE THORONET

Thoronetum
Le Thoronet/Var/Provenza/Francia
fund. 1136/1176 por Mazan (filial de Císter)
igles. 1160/1190
suprim. 1791 (Revolución francesa)
hoy propiedad de la CNMHS (ministerio de Cultura)

Véanse también páginas 38, 47, 60, 114, 116, 117, 137.

Fuentes
François CALI y Lucien HERVÉ, *La plus grande aventure du monde, Cîteaux*, Arthaud. París, 1956 (con un prólogo de Le Corbusier).
Fernand POUILLON, *Les Pierres sauvages*, Seuil. París, 1964.
Yves ESQUIEU, *L'Abbaye du Thoronet*, Ouest-France et CNMHS. París, 1985/1995.
Raoul BERENGUIER, *L'Abbaye du Thoronet*, CNMHS. París, 1973.

Le Thoronet fascina a los arquitectos de hoy, que han de responder con medios escasos a programas complejos. Descubren también una continuidad entre los maestros de obras del funcionalismo cisterciense y los constructores de la modernidad actual, al menos aquéllos que se imponen el mismo nivel de exigencia.

Le Thoronet fascinó a Le Corbusier. Visitó el lugar con Lucien Hervé, que preparaba entonces su admirable libro –hoy imposible de encontrar– de fotografías en blanco y negro sobre la abadía y que insistió para que el gran arquitecto le escribiera el prólogo.

"Cada elemento de la obra es aquí un valor creador de arquitectura.

Arquitectura en adición incesante de gestas positivas. Unidad del conjunto con el detalle.

La piedra es aquí amiga del hombre; su nitidez, asegurada por la arista, encierra planos de piel áspera. [...]

La luz y la sombra son los altavoces de esta arquitectura de veracidad, de paz y de vigor. Es inmejorable.

En la hora del 'hormigón áspero', sea bienvenido este admirable encuentro en el camino."

Página anterior, derecha:

Vista general de la iglesia y del ábside. La disposición de los volúmenes ha inducido a algunos arquitectos contemporáneos a hablar de "geometrismo", concretamente a propósito de Le Thoronet.

Izquierda:

El lavabo y la fuente. Ésta fue reconstruida en el siglo XIX por el arquitecto Revoil gracias a un fragmento recuperado por los arqueólogos.

El claustro. *La galería de la* collatio, *horizontal, está bordeada por el banco en que los monjes leían los libros sagrados sacados del* armarium, *situado en el primer rellano de la galería del capítulo. Ésta desciende hacia el lavabo. En medio del silencio no se oye más que el agua de la fuente que cae al pilón.*

La regla prevé que cada hermano pueda pedir al chantre un libro del armarium *para la* lectio divina. *Libros santos, naturalmente. Éste es el origen del adagio latino: "Claustrum sine armario, castrum sine armamento".*

Le Thoronet fascinó igualmente a Fernand Pouillon, que levantó los planos, descifró las cartas y excavó los cimientos, hasta el punto de identificarse con el arquitecto de la abadía para escribir el magistral libro que describe el diario imaginario de la construcción. Además de su incontestable valor literario, el libro

Les Pierres sauvages constituye un testimonio real sobre la vida de una obra medieval, a la vez que un documento valioso sobre el proceso de la creación arquitectónica. Fernand Pouillon, como Le Corbusier, insiste en la perfección de la cantería y en el equilibrio que le da a la obra entera el diseño del aparejo.

"En el interior, los paramentos serán lisos, tan regulares como sea posible. Los bloques puestos en hiladas horizontales [...] serán colmados con cal [...]. No nos exponemos a desórdenes, ese asiento está previsto para el interior, al abrigo de las heladas y de las quemaduras del sol. Las junturas no se agrietarán en siglos, porque la cal endurece indefinidamente hasta resultar tan dura como la piedra. [Para los paramentos exteriores] el asiento será de juntura seca, es decir, sin mortero. Este procedimiento, empleado raras veces, era clásico en la antigüedad; en nuestros días, sigue siendo excepcional, incluso tratándose de piedras finas.¡Exige tantos cuidados! Fachadas perfectamente dispuestas en hiladas horizontales. Junturas con el espesor de un trazo, colocación difícil que obliga a limar asperezas sobre la marcha [...]. Los tiempos de labra y de colocación se duplican al menos [...]. Esa colocación dispensará lujo en la pobreza [...]. Si para los interiores y la iglesia las juntas rellenas y las superficies lisas agregan dulzura en la penumbra, las juntas a pleno sol colmadas y rellenas en exceso quitarían todo refinamiento a esa materia labrada admirablemente, como piedras engastadas. Las fachadas de nuestros monasterios, macizas y rectas, reclaman ardientemente la piel más bella."

Todo Le Thoronet está en este texto. Qué importa que la abadía la hubiese querido Ramón Berenguer, que los monjes viviesen primero en Tourtour, en Val de Florège, que fueran pobres y luego ricos, y después explotados por su abad comendatario, y más tarde aburguesados en el siglo XVIII, y luego expoliados por la Revolución... Lo que importa es que Prosper Mérimée y Viollet-le-Duc pasaron por allí y quedaron cautivados, los primeros como siempre, porque les debemos todo lo que hoy nos seduce en Francia, y que iniciaron la restauración de esta obra maestra de la piedra labrada, con o sin junturas, asentada según una planta bernardina casi perfecta, a la que se le perdona la cabecera de la iglesia en bóveda de cascarón porque resulta tan austera como la plana.

Seguir describiendo esta abadía sería hacer literatura.¿Quién puede describir a Dios?

Al lado, izquierda:
La escalera del claustro.

Al lado, derecha:
Un capitel del claustro.

Superior:
La sala capitular.

Página anterior:
Arquivolta del claustro.

La nave lateral norte de la iglesia.

Capiteles de la sala capitular.

TINTERN

Tinterna Major
Chapel Hill/Monmounthshire/País de Gales
fund. 1131 por Aumone (filial de Císter)
igles. 1269-1280
suprim. 1538 (Acta de disolución)
hoy ruinas

Véanse también páginas 38, 72.

Fuentes
Anselme DIMIER, *L'Art cistercien*, tomo II, Zodiaque. La Pierre-qui-Vire, 1971.
David M. ROBINSON, *Tintern Abbey*, CADW. Cardiff, 1995.
Henry THOROLD, *The Ruined Abbeys of England, Wales and Scotland*, Hasper Collins. Londres, 1993.

Un paisaje romántico, unas ruinas novelescas y unos poetas que las exaltan. Así es Tintern. El valle del Wye, que serpentea entre colinas boscosas, es particularmente pintoresco.

En lo que a la abadía se refiere ¿no es más hermosa en ruinas que en la época de su esplendor? Como esos bocetos que ya expresan el sentido del cuadro sin que haya que terminarlos...

En Tintern, los elementos arquitectónicos que faltan son virtuales. Se ve la iglesia abacial como si estuviera en perfecto estado. William Wordsworth, el padre de los poetas románticos ingleses, fue el primero en cantar el esplendor de Tintern. Uno de sus poemas lleva esta anotación: "Líneas compuestas a pocas millas de la abadía de Tintern, 13 de julio de 1798".

> "...Y de nuevo escucho
> esas aguas que fluyen ondulantes
> desde sus manantiales de montaña
> con un suave murmullo interior,
> una vez más
> contemplo esos riscos abruptos y
> altaneros,
> que en un escenario salvaje y apartado imprimen
> pensamientos del alejamiento más hondo;
> y unen el paisaje con la quietud del cielo."

El propietario de entonces, el duque de Beaufort, fue sin duda el responsable de la admiración por las ruinas de Tintern. Apasionado por el patrimonio que heredaba, no se propuso restaurarlo sino, por el contrario, mantenerlo en un perfecto estado como ruinas. Trabajo difícil, que aúna el arte del arquitecto y el del jardinero. Las hiedras mantienen los muros y añaden encanto a las viejas piedras, aunque demasiadas pueden resquebrajar los cimientos y hacer caer lienzos enteros de muros. Los ingleses son maestros en el arte de escenificar las ruinas.

Desde su llegada a Tintern en 1131, los monjes construyeron una iglesita de nave única, como lo habían hecho antes que ellos los monjes de Étoile, su casa madre francesa. Más de un siglo después, en 1269, se empeñaron en dotar a la abadía de la más bella iglesia gótica de su época. Por aquellos finales del siglo XIII, los arquitectos cistercienses dominaban por completo el arte de la bóveda de ojivas y el de los gigantescos vanos con relleno.

Mientras que los edificios monásticos están arrasados y sólo pueden localizarse por sus cimientos, la iglesia permanece casi intacta con sus cuatro fachadas, su inmenso coro y sus naves laterales. Dejemos a los especialistas la descripción con términos adecuados.

"En la fachada principal, el pórtico presenta dos superficies abovedadas con vértice de ojiva, con dos puertas separadas por un entrepaño y enmarcadas por dos ventanas falsas de doble forma, y coronado por un inmenso ventanal de siete formas en lanceta, con un complejo relleno radial que sostiene un ojo de buey en lo alto. Por encima, el aguilón está calado por una ventana grande en vértice de ojiva. Una puerta pequeña coronada por una ventana de triple forma y un pequeño ojo de buey en rombo se abre a la nave lateral sur" (Anselme Dimier).

También cabe olvidar las palabras y pasearse por la inmensa ruina como por una enorme escultura, a la que se puede contornear o contemplar desde el interior.

La iglesia en toda su perfección. Como si, habiéndose detenido las obras, fuesen a reanudarse de un momento a otro.

TINTERN MINOR

Cinn Eich, Tintern Minor
Duncannon Castle/Wexford/Repúb. de Irlanda
fund. 1200 por Tintern Major (filial de Císter a través
de Aumone)
igles. siglo XIII
suprim. 1536 (Acta de disolución)
hoy propiedad privada (vivienda)

Fuentes
Roger STALLEY, *The Cistercian Monasteries of Ireland*,
Yale University Press. Londres, 1987.

Por un precioso puente medieval, romántico a más no poder, se accede a la abadía de Tintern Minor, que debe su nombre a su casa "anterior", Tintern Major, en el Monmouthshire inglés. Por lo demás, todo en la historia de este monasterio es novelesco, empezando por su fundación en el año 1200, como consecuencia de una promesa del conde de Pembroke, William Marshal, que acababa de escapar de un naufragio durante una tempestad terrible en el mar de Irlanda, cuando regresaba de Inglaterra.

Después, su ornamentación bajo el abaciado, en 1447, de un monje con suficiente patrimonio como para tomar a su cargo el coste de las obras.

Finalmente, su atribución, tras la disolución en 1536 por el rey: la propiedad fue donada a sir Anthony Colclough, cuyos descendientes vivieron en la abadía hasta 1963 y transformaron el coro y la nave de la iglesia en una casa neogótica.

Importantes excavaciones emprendidas en 1982 intentan restablecer las ruinas a su estado original.

Superior:
El puente gótico
de la abadía.

Página siguiente:
La iglesia y su torre
"perpendicular"
del siglo XIV.

TISNOV (PORTA COELI)

Porta Coeli

Tisnov/Moravia meridional/República Checa

fund. 1234 (monjas)

igles. siglo XIII

suprim. 1782 (por José II)

hoy monasterio (monjas cistercienses)

Véase también página 100.

Fuentes
Josef ZACPAL, *Porta Coeli*, Nakladatelstvi Ave. Brno, 1997.

Con mucha frecuencia fueron las reinas quienes fundaron los monasterios de monjas cistercienses. Como Blanca de Castilla en Maubuisson o la reina Berenguela en Épau, fue la reina Constanza, hija del rey húngaro Bela III y viuda del soberano de Bohemia Premysl Otakar I, quien fundó Porta Coeli en 1234. La abadía continúa llevando este hermosísimo nombre.

La iglesia gótica de tres naves, consagrada en 1239, posee un pórtico bellísimo, que ha sobrevivido a los siglos pese a las visicitudes de la abadía, saqueada en 1241 por los tártaros y en 1425 por los husitas. La mayor parte fue restaurada en el siglo XV, sin destruir ni el claustro ni la sala capitular originales.

Tras la supresión del monasterio por José II en 1782, los edificios monásticos fueron transformados en una fábrica (téxtil) y la iglesia pasó a ser parroquia. Sin embargo, la abadía está de nuevo habitada por monjas cistercienses desde 1899 y sin interrupción, a pesar de las dificultades que hubieron de afrontar para mantener su vida regular durante el régimen comunista (obligación de realizar trabajos agrícolas fuera de la clausura y prohibición de compartir la vida litúrgica con la población).

Las obras de restauración permiten a los turistas visitar esta abadía aún activa sin interferir en la vida monástica. Las macetas con florecillas detrás de cada ventana del claustro (que ha conservado un hermoso manzano) representan una atención a los visitantes a pesar de la vida enclaustrada de las monjas.

Frente al famoso pórtico de la abadía se extiende un largo edificio, llamado "el antiguo prebostazgo", que desde los años cincuenta del siglo XX alberga el museo de historia regional de Podhoracko ("del valle bajo la montaña").

**Página anterior,
derecha:**
El granero de la abadía,
almacén para el lúpulo
que recientemente servía
para la fabricación de
cerveza.

Izquierda:
La galería (cerrada) del
claustro. Las monjas,
que ocupan la abadía
desde la revolución de
terciopelo, la utilizan
también como
invernadero para sus
macetas de plantas.

Superior:
Porta Coeli. Se dice
que este bello pórtico
se inspiró en el de
Chartres.

La iglesia con su nave
lateral sur y la central.
La ornamentación
barroca ha puesto de
relieve la arquitectura
gótica del siglo XIII.

VALCROISSANT

Valais Cresceus

Die/Drôme/Ródano-Alpes/Francia

fund. 1188 (fecha discutida, quizá 1140) por

Bonnevaux (filial de Císter)

igles. siglo XII

suprim. 1568 (abandono) y 1791 (Revolución francesa)

hoy explotación agrícola

Fuentes

Marcel AUBERT (y la marquesa de Maillé), *L'Architecture cistercienne en France*, Vanoest. París, 1947.

Bernard PEUGNIEZ, *Routier des abbayes cisterciennes de France*, Signe. Estrasburgo, 1994.

Serge DURAND, *L'Abbaye cistercienne Notre-Dame de Valcroissant* (2 tomos). Die, 1997.

Algunas abadías, abandonadas por los monjes desde antes de la Revolución y perdidas en lugares casi inaccesibles, han quedado olvidadas, como la mayor parte de los graneros cistercienses. Éstas se convirtieron en explotaciones agrícolas, con vacas en la sala capitular y heno en la iglesia abacial. Hoy se vuelven a descubrir. El visitante debe felicitarse de que se hayan preservado (al menos en parte) por la explotación agrícola, a veces restauradas por los ediles locales y apoyadas por el empeño de alguna asociación cultural y por el interés que representan para devolver una identidad a la región y desarrollar un turismo verde que no influya negativamente en el ecosistema local. Mégemont (Puy-de-Dôme) ha seguido recientemente ese camino y Valcroissant lo está haciendo actualmente.

A Marcel Aubert –acompañado por la marquesa de Maillé, que levantó los planos de la abadía– le resultó tan difícil, hace cincuenta años, llegar hasta Valcroissant que sólo nos dejó la descripción "literal" de su incomparable enciclopedia cisterciense: "La abadía está en el fondo de un inmenso circo de altas montañas, apenas unido al resto del mundo por un estrecho sendero agarrado al lecho del torrente (...); los edificios, hoy transformados en granja, se acurrucan en un hueco un tanto abrigado al pie del Glandasse, en medio de un paisaje desnudo y salvaje, a veces abrasado por el sol y otras rígido por el frío, que apenas animan los escasos nogales, los áridos campos de centeno, avena, zanahorias y coles, junto a la fuente del torrente, protegidos de la violencia de los vientos y las avalanchas de nieve por algunos pinos y abetos canijos".

Hace diez años, el infatigable caminante de las abadías cistercienses que es Bernard Peugniez evocaba el difícil camino hacia Valcroissant así como la emotiva recompensa del viajero al acceder a este monasterio.

De hecho, el lugar no permitía una vida comunitaria equilibrada entre un duro trabajo de supervivencia y la vida espiritual. La abadía construida es un monasterio cisterciense conforme con la planta bernardina, aunque reducida: la nave de la iglesia sólo tiene dos tramos, el patio del claustro mide doce metros por doce, y la sala capitular, diez por seis. En 1496 únicamente había cuatro religiosos. En 1568, después de un ataque de los protestantes, los últimos monjes abandonaron el lugar. La iglesia, la sacristía, el *armarium*, la sala capitular, el paso, el noviciado, el refectorio y una parte de la cocina existen todavía. Se acoge a unos trescientos visitantes cada año. Se trata de una visita que merece realmente la pena.

*La bella sala abovedada,
situada entre la iglesia y
la sala capitular, servía
sin duda de sacristía
y de* armarium.

VALLE CRUCIS

abadía en tierra galesa, en 1201, por iniciativa de Madog ap Gruffydd Maelor, príncipe de Powys, el país aún no había sido colonizado por los ingleses, pero abundaban las escaramuzas en las fronteras y la conquista eduardiana se perfilaba en el horizonte (1282–1283). Algunos monjes galeses fueron entonces deportados a Inglaterra. De esa época data sin duda el capitel que todavía hoy puede verse en Valle Crucis y que representa una flor de lis invertida, en señal de rechazo al poder real inglés.

El paseo por las ruinas permite descubrir una pequeña sacristía dispuesta como bodega (en aquella época sólo servía para guardar las vestiduras sacerdotales, ya que el sacerdote se vestía en el altar), el arranque de la escalera de día, que es aquí circular, un bello *armarium*, el pozo cuadrado en el centro del claustro, la sala capitular, que ha podido ser restaurada y cuyas ventanas se abren a una hermosa campiña, y el reflejo de la cabecera en las aguas del vivero de peces.

Vallis Crucis/Llanegurist

Valle Crucis/Denbighshire/País de Gales

fund. 1201 por Shata Marcella (filial de Claraval)

igles. 1210–1250

suprim. 1536 (Acta de disolución)

hoy ruinas

Véase también página 54.

Fuentes
Henry THOROLD, *The Ruined Abbeys of England, Wales and Scotland*, Harper Collins. Londres, 1993.

La orden cisterciense quiso ser supranacional, en la unanimidad de la regla. No obstante, los monjes supieron también defender las peculiaridades locales vinculadas a los sitios en los que encontraban protección y donaciones. Así, los monjes de Valle Crucis se comportaron sin duda como galeses con los galeses. El nombre de su abadía, por lo demás, no es una referencia explícita a la cruz de Cristo sino al Eliseg's Pilar, una cruz del siglo IX plantada cerca del monasterio como homenaje a los antiguos reyes celtas de Powys, que, arma en mano, lucharon por la supervivencia de la independencia galesa tras la conquista normanda de 1066. En el momento en que los monjes de Shata Marcella (Yshad Margel) establecieron una nueva

Página anterior, inferior:
El pasaje de los monjes entre el claustro y el jardín.

Izquierda:
La sala capitular restaurada en el siglo XIV (abovedada sin capiteles).

VALMAGNE

Vallis Magne

Villeveyrac/Hérault/Languedoc/Francia

fund. 1155 por Bonnevaux (filial de Císter)

igles. 1257–1400

suprim. 1790 (Revolución francesa)

hoy explotación vitícola

Véanse también páginas 73, 91, 118.

Fuentes
Marcel AUBERT, *L'Architecture cistercienne en France*, Vanoest. París, 1947.
Diane GAUDART d'ALLAINES, *Abbaye de Valmagne*, SAEP. Colmar, 1989.

Como en Poblet, el mar de viñedos bate los muros de Valmagne, otra ciudadela languedociana de la orden del Císter. Fuera de su imponente iglesia, que da testimonio todavía del poder del monasterio, una especie de encanto toscano impregna los lugares, sin duda irradiado por la atmósfera excepcional de flores y agua del patio del claustro, bajo la luz siempre ligeramente tamizada de los bordes del estanque de Thau.

Todo comenzó en 1138 cuando, a petición de Raimundo Trincavel y de varios señores de la diócesis de Agde, los monjes de Ardorel, de la diócesis de Albi, fueron a instalarse en el Bajo Languedoc, no lejos de la antigua vía Domitia, siempre muy concurrida, entre Narbona y Montpellier. Ardorel era filial de Cadouin, una de las abadías fundadas por Géraud de Sales, discípulo de Roberto de Arbrissel (orden de Fontevrault), y que adoptaron rápidamente la regla del Císter. Ardorel y Cadouin se vincularon a Pontigny. La nueva abadía de Valmagne también quiso unirse a los cistercienses: el Papa la afilió en 1145 a Bonnevaux, hija directa de Císter, cosa que no agradó a sus primeras casas madres. Es evidente que las "ramas" de la orden del Císter estaban enfrentadas.

Valmagne conoció muy pronto un crecimiento importante. Las donaciones afluían y el cartulario de la abadía, que cubre sólo el período de 1185–1225, contiene más de novecientas cartas. Algunos graneros se incorporaron al territorio, hasta las mismas puertas de Béziers (Ortes). Más tarde, la abadía se benefició del derecho de peaje del puente de Lunel en la ruta de la sal. Además, los monjes blancos representaban entonces –en un territorio provisionalmente aragonés que toleraba el maniqueísmo cátaro– un apoyo infalible a la causa del

Papa en su lucha contra la herejía. Esto les reportaría dividendos. En 1257, la abadía demolió la iglesia románica primitiva construida cien años antes para reconstruir en el mismo emplazamiento una "catedral", con las proporciones desmesuradas que alcanzaron entonces todas las empresas de la orden. El abad recurrió a los maestros de obras del norte de Francia, que llevaron a Languedoc aquella arquitectura nueva, el gótico flamígero, veinte años antes que las naves de Saint-Just de Narbona, Saint-Étienne de Toulouse y la catedral de Rodez. Con 83 metros de longitud y 23 metros de altura, con forma de cruz latina y siete capillas abiertas al deambulatorio, la iglesia revela

Página anterior, derecha:
El lavabo y la fuente.

Izquierda:
*El claustro visto desde
la sala capitular.*

también una voluntad de efectos estéticos contraria a los principios cistercienses. Así, los machones del coro cada vez más cercanos conforme se dirigen hacia la cabecera generan arcos cada vez más apuntados, lo cual acentúa el efecto de perspectiva. Las obras se financiaron con la venta de las indulgencias, que motivaron la reforma luterana.

La peste negra, la guerra de los Cien Años y la encomienda empobrecieron a la abadía, que hubo de fortificarse (las torres de la fachada). Las guerras de religión la "desequilibraron": el abad, que se había afiliado a la Reforma, saqueó Valmagne para alimentar a sus tropas protestantes. El monasterio, abandonado, es-

tuvo a punto de ser derribado. Hubo que esperar un siglo para que los monjes regresaran, reparasen la iglesia, repusieran la bóveda del claustro del siglo XIV (1610) y pidieran a los maestros fontaneros de Saint-Jean-de-Fos, Jacques y Pierre Hugolz, que instalasen de nuevo una fuente alimentada por las aguas de un manantial cuya canalización pasaba por debajo de la iglesia abacial. En 1768, se llevó a cabo "la bella construcción que encuadra a la fuente, sencilla corona de nervaduras radiales en torno a una clave central, disposición que utiliza fragmentos de un monumento más antiguo" (Marcel Aubert). Un abad comendatario de gran autoridad, el cardenal Pierre de Bouzi,

había devuelto a la abadía un boato de palacio (1680–1697), que permitió a los monjes todavía presentes sobrevivir hasta la Revolución.

Después de ser saqueada por los campesinos, Valmagne fue vendida. El nuevo propietario hizo colocar en las naves laterales y en las capillas de la iglesia grandes cubas, que durante 200 años sirvieron para el añejamiento de vino y que salvaron la abadía de la demolición. En 1838, el conde de Turena adquirió la propiedad, que después de más de 150 años permanecía en manos de la misma familia. La abadía restaurada fue abierta al público en 1975 y en 1985 obtuvo el premio que recompensa a los salvadores de "obras maestras en peligro".

Superior:
Galería del claustro.

Página siguiente:
La "catedral de los viñedos" con sus cubas en los nichos de las naves laterales. El buen olor del vino en bodega impregna la gran nave luminosa, contruida en otros tiempos por los ricos viticultores que fueron los cistercienses.

VERUELA

Veruela

Vera de Moncayo/Aragón/España

fund. 1146 por Escaladieu (filial de Morimond)

igles. 1170–1190

suprim. 1835 (Desamortización)

hoy centro cultural

Véanse también páginas 44, 91, 118.

Fuentes

Monasterio de Veruela, guía histórica (obra colectiva), Consejo General de Zaragoza, 1993.

Eladio ROMERO GARCÍA, *Monasterio de Veruela*, Quine. Huesca, 1996.

No lejos de Tarazona, pequeña ciudad adormecida de Aragón, los cistercienses de Fitero heredaron en 1146 unas tierras donadas por el rey de Navarra y más tarde, en 1171, intercambiadas con Ramón Berenguer, conde-rey de Aragón. Bajo su protección nació Veruela. Pronto los monjes blancos desarrollaron allí los cultivos de trigo y cebada, de olivos y vid, de lino y cáñamo, con tan buenos resultados que de inmediato pudieron financiar la construcción de su abadía y terminar la iglesia en 1190. Veruela está cerca de Castilla y en 1357 sufrió las destrucciones que conocen todas las zonas fronterizas en períodos de guerra. Los monjes hubieron de huir ante el invasor castellano para después, a su regreso, reconstruir la abadía. La agrandaron y ornamentaron hasta el siglo XVIII. Llegó entonces el período agitado del cierre de los monasterios (1835), su saqueo durante muchos años y su salvación el día en que fueron inscritos como monumentos nacionales. Veruela se convirtió en hotel y más tarde en colegio jesuita. Hoy tiene una actividad polivalente (museo del vino, centro de formación, centro de conferencias...).

La abadía está totalmente cercada por un alto muro almenado y reforzado con torres. El acceso se efectúa por el porche de un torreón macizo embellecido con ornamentaciones platerescas. El patio de honor cuenta con una hermosa alameda, que se extiende a lo largo del palacio abacial del siglo XVI y que desemboca en la fachada de la iglesia con su pórtico románico de cinco arquivoltas sobre capiteles con follajes. La iglesia abacial posee tres naves sobre seis tramos, con bóvedas de ojivas y muy conforme con los principios cistercienses. El presbiterio, en el centro de un deambulatorio circular de cinco absidiolas, está abovedado con ojivas simples.

El claustro de Veruela resulta interesante por sus tres niveles de estilos diferentes. El claustro inferior, gótico, comunica con la sala capitular, el refectorio, la cocina y el locutorio. Un lavabo sólido, desgraciadamente sin pila, no se abre curiosamente al patio por las arcadas ligeras, que se ajustan a este tipo de edificios, sino a través de pórticos de cinco arquivoltas desmesuradas, que estarían mejor en la fachada de la iglesia. El claustro alto, obra elegante de estilo Renacimiento con arcadas de medio punto decoradas con motivos platerescos, conduce al dormitorio y a la vivienda abacial del siglo XVI. El conjunto demuestra evidentemente que siempre se puede añadir un estrato de arquitectura nueva a cualquier construcción existente, con tal de que también se sumen los talentos de los constructores.

El claustro de planta y dos pisos.

Izquierda:
Los ojos de buey polilobulados están cerrados con vidrieras de alabastro lechoso.

Página anterior, derecha:
Gárgolas del claustro.

VILLERS-LA-VILLE

Villarium
Villers-la-Ville/Brabante/Bélgica
fund. 1146 por Claraval
igles. hacia 1190–1267
suprim. 1796
hoy centro cultural

Véanse también páginas 37, 41, 47, 51, 56, 71, 80, 136.

Fuentes
Henri GILLES, *Abbaye Notre-Dame de Villers en Brabant*,
S.I. de Villers. Villers-Bruselas, 1989.
Victor HUGO, *Pierres*.
Roger MASSON, *Abbaye de Villers*, Masson. Villers, 1983.
Thomas COOMANS, *Analyse critique des gravures anciennes
de l'abbaye de Villers*. Villers-Bruselas, 1988.

Una inmensa y hermosísima abadía no podía dejarnos en herencia más que ruinas monumentales y bellísimas. Así ocurre con Villers, que se descubre en el recodo de un camino forestal. El tiempo y el espacio casi se anulan en este paisaje donde parece haberse detenido la historia. Victor Hugo acudió a meditar aquí durante su exilio y expresó también la melancolía intrínseca a esta abadía cisterciense:

"... Inmerso en mis mediataciones
en Villers, la abadía derrumbada y esquiva
donde se ve cada oscurecer, cuando el sol se pone,
de vuelta a sus nidos ocultos entre las tumbas,
la llegada en medio de estridentes chillidos de bandadas de cuervos."

Según la leyenda, Bernardo de Claraval, que en el año 1146 había enviado a algunos de sus monjes para fundar Villers, acudió personalmente para ayudarles en la elección del asentamiento definitivo de la abadía en el valle y el aprovechamiento de los recursos hidraúlicos disponibles en el mismo. La verdad histórica atribuye al señor de Marbais la iniciativa de la fundación, en un lugar parcialmente ya ocupado y acondicionado, aunque no es del todo imposible que el famoso padre abad, que efectivamente visitó a su "nueva hija" en enero de 1147, antes de marchar a Vaucelles, hubiera marcado algunas directrices. De hecho, las daba gustoso en todos los terrenos y había visitado suficientes abadías como para tener ideas bien fundamentadas.

A finales del siglo XII, el octavo abad de Villers, Carlos de Seyne (1197–1209), aprovechando la sabia gestión de sus predecesores, consideró que la abadía era lo bastante rica como para construir su iglesia abacial y modernizar todas las dependencias provisionales del monasterio. Fue una aventura que duró nada menos que setenta años. Un siglo más tarde, Villers estaba ya en pleno apogeo de su poder tanto espiritual como material: cedió un abad a Claraval (Guillermo de Dongelbert), fundó dos filiales (Grandpré y Saint-Bernard-sur-Escaut), dirigió la abadía de monjas de La Cambre y logró que varios de sus abades fuesen declarados "muertos en olor de santidad". Poseía 10.000 hectáreas de cultivos, prados y bosques, e instaló numerosos graneros. La abadía albergaba la cantidad de cien monjes y trescientos conversos.

Como toda la orden del Císter, Villers ya no conoció a partir del siglo XIV el poder y la

Las ventanas de la
fachada este del refectorio
de los monjes. El arte de
agregar a las ruinas
plantas decorativas
alcanzó su perfección
en Villers. Esta
recomposición de
la arquitectura se
convierte en un
procedimiento
cargado de poesía
y contradicciones
(inestabilidad de las
ruinas y de las plantas),
pero seductor.

Superior izquierda:
Los ojos de buey del
presbiterio y de los
transeptos de Villers
forman una especie de
decoración felliniana,
que rompe con la imagen
tradicional de las
cabeceras cistercienses.
En el presbiterio, la
alzada se divide en
tres registros de vanos,
estando los intermedios
calados con dos ojos de
buey superpuestos.
Sobre cada aguilón

del transepto, un damero
de nueve ojos de buey
grandes divide el
espacio. El efecto
provocador (surrealista)
del conjunto es a todas
luces excepcional.

Superior derecha:
Pilar del transepto
meridional.

Página siguiente:
La sala capitular vista
desde el claustro.

gloria de sus dos primeros siglos de existencia.
La abadía se encontraba en el corazón de territorios europeos regularmente devastados por las
guerras o diezmados por las epidemias. Se llegó
incluso a que los monjes tuvieran que abandonar su abadía para refugiarse en sus casas de la
ciudad: durante dieciséis años en el siglo XVI y
cuatro veces al menos en el siglo XVII durante
las guerras franco-españolas.

Pero la abadía había conservado su territorio y eso permitió a los abades del siglo XVIII
disponer de ingresos para transformar y ornamen-
tar Villers. Se erigió un palacio abacial, la iglesia se dotó de un pórtico majestuoso y los monjes dispusieron de habitaciones individuales.

El nuevo esplendor de la abadía duró poco, pues
los movimientos revolucionarios de finales de
siglo fueron fatales para ella. El abad fue exiliado por oponerse a José II de Austria, quien a su
juicio era demasiado antirreligioso. Después
de la batalla de Fleurus, la abadía fue cerrada
por haber mostrado su adhesión al emperador
ante la amenaza de las tropas francesas.

Las destrucciones comenzaron con la venta de la abadía como bien nacional. Los compradores utilizaron los edificios como cantera
y los habitantes de los lugares vecinos la saquearon con regularidad. El ferrocarril atravesó
sus dominios en 1855. Los techos se desplo-
maron y los muros se agrietaron. En el año 1892

el estado belga se hizo cargo de ella para salvar lo que quedaba. El arquitecto Charles Licot unió su nombre a la obra restauradora emprendida por la administración. Apasionado de las enseñanzas de Viollet-le-Duc, las aplicó para restablecer un conjunto que puede considerarse como uno de los más significativos de lo que era una gran abadía cisterciense en la Edad Media.

El objetivo era estabilizar las construcciones existentes y destacar su valor, como venían haciéndolo en Gran Bretaña desde hacía décadas los "arquitectos de ruinas". Hay una ética y una estética implícitas en semejante labor, que tiene parte de arqueología, generalmente interesada en conservar, de historia, que preconizaría de buena gana una reconstrucción idéntica, y de arquitectura, que reivindica el derecho de construir "la ciudad sobre la ciudad" añadiendo las obras de su tiempo a los cimientos del pasado.

Villers está rodeada de una muralla de 1.700 metros. Para entender bien el enclave es conveniente franquear la puerta de Bruselas y soñar que ya se ha recorrido el camino que atraviesa el corral. Entonces, y antes de llegar a la iglesia que se impone con su gran fachada, se puede medir la amplitud de las construcciones de servicio de los conversos, el molino convertido en restaurante y la cervecería, que deberían venerar todos los bebedores de cerveza trapense.

Cuando se llega al cuadrado monástico, resulta impresionante el bosque de pilares truncos, de bóvedas abiertas y de muros calados. A pesar de todo, se puede reconocer la planta tipo bernardina y la arquitectura característica del Císter. Los esquistos negros, la hierba y las hiedras verdes y el cielo a través de las ventanas ofrecen un "espectáculo", que llega al paroxismo en el coro de la iglesia abacial, majestuosa catedral más misteriosa hoy de cuanto debió serlo antes de su demolición parcial.

Los poderes públicos y la asociación que gestionan el lugar llevan a cabo un trabajo ejemplar de animación cultural. Las ruinas de Villers tienen un hermoso porvenir.

VYSSI BROD

Altovadum
Vyssi Brod/Bohemia meridional/República Checa
fund. 1259 por Wilhering (Ebrach y Rein/filial de
Morimond)
igles. 1260–1370
suprim. 1946–1992
hoy monasterio OCCO

Véanse también páginas 18, 22, 56, 125, 131.

Fuentes
Milan HLINOMAZ, *Vyssi Brod, Cistercian Abbey*, VEGA.

Muy cerca de la pequeña y hermosa ciudad de Cesky-Krumlov y en el borde del mítico valle del Vltava, la abadía de Vyssi Brod ha recuperado –como Osek– su vocación monacal. Algunos monjes ancianos, expulsados en 1950 y que hubieron de refugiarse en Rein, han regresado a sus celdas y conservan los lugares que el ilustre Vok de Rozmberk eligió hace ocho siglos.

Durante diez generaciones, desde el siglo XIII al XVIII, los Rozmberk favorecieron a la abadía y ésta extendió sus dominios por zonas todavía despobladas, llegando a poseer ciento cinco poblados y dos pequeñas ciudades (Vyssi Brod y Horice) con sus mercados. Ocupada sin destrozos por los husitas en 1422, ésta continuó su expansión durante siglos. El josefismo no la alcanzó porque desde 1629 se había encargado de algunas parroquias. En 1939 todavía atendía dieciséis.

En la actualidad, después de haber cruzado la torre fortificada de la puerta de la abadía, aparecen numerosos edificios monásticos abandonados en medio de un herbazal silvestre. ¿Se podrá restaurar algún día todo el patrimonio del viejo monasterio?

La iglesia gótica, una sala alta de 1259 ampliada en 1370, ha conservado la simplicidad querida por la regla, aunque el mobiliario da un aire barroco al espacio. Las sillas de madera roja sostienen las estatuas de Pedro y Pablo en actitudes declamatorias. El gran retablo del presbiterio oculta las vidrieras del ábside para que las maderas doradas brillen más bajo la luz de las velas. Una de las estatuas representa a Roberto de Molesme sosteniendo dos abadías, la que le dio un nombre para la historia y Císter. Una verdad histórica que recordó el escultor, pero que no se representó en otras abadías.

En medio de todas estas obras maestras del siglo XVIII se pueden descubrir dos estatuas de terracota representando una a san José con el Niño y la otra el Sagrado Corazón. Un testimonio para la historia del arte del notable apogeo que en 1900 había alcanzado la estatuaria de San Sulpicio de la Manufactura de arte cristiano de Vendeuvre (Champaña), que inundaba el mundo con más de 10.000 estatuas por año.

Auténticas obras maestras subsisten en la biblioteca de la abadía, equiparable a las más célebres, como Saint-Gall o Melk. Alberga setenta mil volúmenes y cerca de un millar de manuscritos, pergaminos e incunables en tres espacios especializados: las salas filosófica, científica y teológica. La cercana galería de pintura permite admirar el famoso retablo del maestro de Hohenfurth, que representa escenas de la vida de Cristo.

La biblioteca barroca
(sala de filosofía).

*La bóveda tripartita de
la sala capitular.*

ZDÁR

Fons Sancta Maria in Saar
Zdár/Moravia del Sur/República Checa
fund. 1251 por Nepomuk (filial de Morimond)
igles. 1253–1264 y siglo XVIII
suprim. 1784 (José II)
hoy parroquia y centro cultural

Véase también página 34.

Fuentes
Katerina CHARVATORA-Dobroslav LIBAL, *Ràd Cisterciackv.* Praga, 1992.
Pierre CHARPENTRAT, *L'Art baroque*, P.U.F., 1967.
J. M. RICHARDS, *Who's who de l'architecture de 1400 à nos jours*, Albin Michel, 1979.

No se conocen bien las circunstancias de la fundación de Zdár. Por falta de organización, la primera tentativa de instalación (1240) por parte de cinco monjes llegados de Osek fracasó. Un segundo intento de fundar un monasterio, que se habría llamado Bernhardi Cella, por iniciativa de un señor local, no duró más que cinco años. Una implantación más duradera permitió a los monjes de Nepomuk construir una iglesia entre 1253 y 1264, ampliarla hasta 1330, reconstruirla tras el paso de los husitas (1422) entre 1458 y 1471, y encargar (hacia 1710) una transformación importante de la misma a Johann Blasins Santini Aichel, llamado Santini.

La intervención de Santini, aplicando en la iglesia de Zdár los logros de su experiencia "goticista" de Sedlec, fue un elemento determinante en la historia de esta abadía. Pero la obra maestra de Zdár –y de Santini– está situada a unos cientos de metros, sobre la verde colina que alberga un cementerio rodeado de un claustro decagonal señalado con diez capillas. En medio del mismo se encuentra una espléndida e inesperada iglesita de planta centrada y dedicada al culto de San Juan Nepomuceno. Después del concilio de Trento, la Iglesia concedió gran importancia al culto de los santos. Se peregrinaba a los lugares que albergaban reliquias y, si había testimonios de milagros, se multiplicaban las peticiones de sepultura en el lugar santo. El abad de Zdár había conservado el hueso hioides de San Juan Nepomuceno y había organizado una peregrinación que tenía muchos seguidores. La iglesia pentagonal concebida por Santini está formada por un deambulatorio que encierra por completo una nave formada por cinco elipses, soldadas entre sí por cinco triángulos curvilíneos. Son el recuerdo de las cinco estrellas que flotaron sobre el Vltava cuando en él se arrojó al mártir. El interior es barroco, refinado y muy acorde con el concepto de la bella iglesia bávara de Weis. La cubierta y el campanario sobre cúpula confieren al conjunto una connotación de iglesia ortodoxa, subrayada por las superficies alabeadas de los techos de las diez capillas periféricas. La obra de Santini merece ser redescubierta.

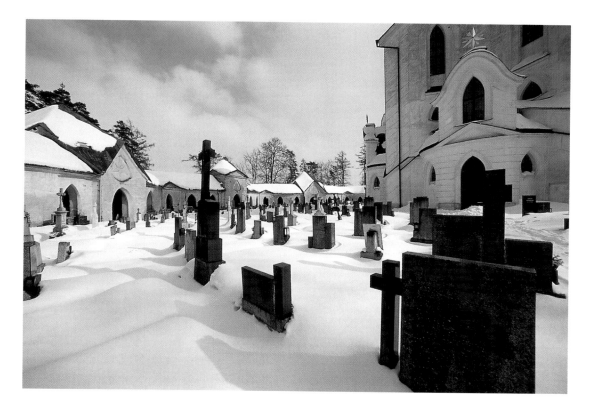

La iglesia pentagonal San Juan Nepomuceno en medio del cementerio de Zdár.

Esta obra maestra de Santini es una muestra insigne del arte barroco.

ZLATA KORUNA

Aurea Corona
Zlata Koruna/Bohemia meridional/República Checa
fund. 1263 por Heiligenkreuz (filial de Morimond)
igles. hacia 1320
suprim. 1785 (por José II)
hoy parroquia

Véanse también páginas 34, 37.

Fuentes
Jindřich SPINAR, *Zlata Koruna*, Zlata Koruna District, 1995.

En su origen, la abadía iba a llamarse Sancta Corona, porque el rey Premysl Otakar II había conseguido comprar a San Luis una espina de la corona de Cristo y se la había regalado al monasterio. No obstante, el nombre pronto se convirtió en Aurea Corona, corona de oro (Zlata Koruna), sin que se sepa muy bien por qué. ¿Era una alusión a la riqueza de la abadía?

Por aquel tiempo, Premysl Otakar II era soberano de Bohemia y de Austria. La abadía tenía que contribuir al acercamiento de los dos pueblos. De ahí su implantación en la proximidad de la frontera, en el camino de Praga a Viena, no lejos de Cesky-Krumlov. El hecho de haber solicitado al padre abad de Heiligenkreuz que fuera "el padre inmediato" de esta nueva abadía era un buen gesto político respecto de los austríacos, lo que no impidió la pérdida de Austria en 1276.

Zlata Koruna encontró en su ajuar de fundación, además de la espina sagrada que iba a procurar importantes ingresos de las peregrinaciones, una notable superficie de bosques estimada en unos 880 kilómetros cuadrados, y la misión de explotarlos. Su colonización permitió crear cien poblaciones nuevas. "Zlata Koruna fue entonces como una china en el zapato de la nobleza local." Durante la guerra contra los Habsburgo, que acabó con el rey Premysl Otakar II (1276), el monasterio fue atacado e incendiado por algunos vasallos del rey en rebelión. Mas todo volvió al orden y nuevas donaciones reales permitieron a la abadía poseer los mayores dominios de toda Bohemia: veinte graneros, ciento cincuenta aldeas y la pequeña ciudad-mercado de Netolice.

El poder de Zlata Koruna no podía escapar a los revolucionarios husitas, que quemaron la abadía en 1420. Ya no querían más reyes ni arrendamientos sino la igualdad para todos. La rica familia de los Rozmberk de Cesky-Krumlov recuperó los bienes del monasterio. Los monjes no regresaron hasta 1599, no recibiendo más que los diezmos de sus antiguas propiedades. Nada era ya como antes y José II hizo cerrar la abadía en 1785.

La bella iglesia gótica, esbelta gracias a un inmenso muro macizo entre las arcadas y las ventanas de la nave, ha conservado una gran simplicidad cisterciense. El revoque blanco del interior de la nave está dividido por los pilares embebidos de arenisca parda. La luz penetra a raudales. Sólo se transformó el presbiterio para permitir la instalación de un gran retablo barroco en honor a los Padres de la Iglesia. La estructura gótica, la mejor conservada de Zlata Koruna, es una capilla de dos pisos (hoy a un solo nivel) erigida a comienzos del siglo XIII para servir como capilla real.

Se han emprendido importantes trabajos de restauración. El claustro cerrado, el antiguo palacio abacial y la biblioteca recuerdan que los monjes del siglo XVIII aún contaban con importantes recursos financieros y pudieron adaptar su abadía al estilo de la época.

Página anterior, derecha:
Detalle de la bóveda del claustro.

Izquierda:
El claustro; la galería del capítulo.

ZWETTL

Claravallis

Zwettl/Baja Austria (Waldviertel)/Austria

fund. 1137 por Heiligenkreuz (filial de Morimond)

igles. 1159–1240

jamás suprimida

hoy monasterio OCCO con instituto

Véanse también páginas 47, 129, 131.

Fuentes

Johann TOMASCHEK, *Zisterzienserstift Zwettl*, C. Brandstatter Verlag. Viena, 1989.

La suntuosa abadía de Zwettl fue adquiriendo arquitecturas nuevas a lo largo de los siglos y posee el campanario más alto de todas las iglesias abaciales cistercienses, rematado a 99 metros con la estatua dorada de un Cristo que bendice al mundo. Provocadora transgresión de la antigua prescripción del Capítulo general (1157), que prohibía los campanarios de piedra y recomendaba edificarlos de madera y con escasa altura. Suprema adhesión de los cistercienses al barroco religioso y a la ostentación que debía deslumbrar a los príncipes y al pueblo y apartarlos de la influencia creciente de los reformadores protestantes, de los filósofos y de cuantos extendieron la revolución por toda Europa.

La barroquización de Zwettl no deslució las construcciones más antiguas de la abadía, empezando por el puente que atraviesa el río Kamp y que se utilizó para los acarreos de granito necesarios para las primeras obras. La sala capitular, el dormitorio de los monjes y el claustro han conservado paredes románicas (1159–1180) muy características bajo bóvedas ojivales (1180–1240) de gran perfección borgoñona. Debido a la dificultad para extraer la piedra, la construcción se prolongó durante decenios, lo cual explica la evolución del estilo entre las cuatro galerías del claustro. El dominio del gótico por los constructores austríacos es patente en el coro de la iglesia, con su corona de catorce capillas (1343–1348) y su alta nave (1360–1390), símbolo de una vitalidad recuperada después de la peste negra. De esa fecha data también la elegante construcción de la fuente del claustro.

La abadía superó sin demasiados daños la revolución husita y la guerra de los Treinta Años, y se benefició en los siglos XVII y XVIII de una serie de abades notables. Primero el abad Link (1646–1671), el sabio historiador de los *Annales Austrioclaravallenses*. Después, Caspar Bernhardt (1672–1695), que dispuso las extensiones del monasterio en una serie de patios cerrados característicos del urbanismo barroco. La *Abteihof*, adornada en su centro con una fuente, presenta fachadas blancas con revoques de color amarillo claro. Las ventanas y el pórtico toscano son los únicos con una ornamentación que magnifica la función de las salas ceremoniales del piso.

Pero fue el abad Melchior Zaunagg (1706–1747) quien transformó la iglesia de Zwettl, agregando dos tramos a la nave para levantar

la famosa torre sobre la entrada, creando un inmenso retablo encima del altar y recurriendo a los mejores pintores, escultores, estuquistas, ebanistas, maestros vidrieros y fresquistas de su tiempo para decorar los muros y amueblar los espacios libres de la iglesia abacial. Como Bernardo de Claraval o Suger en

su tiempo, el abad dialogaba con su arquitecto (Joseph Mungenast) para modificar los planos, presidía las reuniones en la obra y fijaba los programas de los artistas. El viejo maestro del arte barroco, Mathias Steinl, le asesoraba.

La espléndida unidad de la obra proviene evidentemente de la fuerte implicación del capataz

y de su compenetración con el arquitecto. Ambos supieron evitar los excesos barrocos, que inundaban con sus oros y su exuberancia la totalidad de un edificio. Pese a la multiplicación de obras barrocas ejemplares, la gran pureza de la arquitectura gótica aparece con fuerza y majestad, con un rigor todavía cisterciense.

Superior:
La bóveda del
deambulatorio.

Página siguiente:
Vano abierto de la
sala capitular sobre
el claustro.

Capítulo 1

Para complementar el presente capítulo, pueden consultarse:
- Jean Daniélou, *L'Église des premiers temps*, Le Seuil-Points, París, 1963.
- Jacques Le Goff, René Rémond y otros, *Histoire de la France religieuse* (tomo I), Le Seuil, París, 1988.
- *Encyclopédie catholique Théo*, Droguet-Ardant et Fayard, París, 1989.

Capítulo 2

1. Adalberón de Laón citado por Jacques Le Goff, *La Civilisation de l'Occident médiéval*, Arthaud, Champs Flammarion, París 1964/1982, p. 234. Adalberón fue obispo de Laón desde 977 y uno de los cómplices de Hugo Capeto en 987. Escribió un largo poema satírico sobre las costumbres de su tiempo.
2. Paul Zumthor, *Guillaume le Conquérant*, Tallandier. París, 1978.
3. Ordéric Vital, *Historica ecclesiastica* citado por Eliane Vergnolle, *L'Art roman en France*, Flammarion. París, 1994, p. 26.
4. *Comisión de Historia de la Orden del Císter, Bernard de Clairvaux*, Alsatia. París, 1953, p. 48.
5. Jean Berthold Mahn, *L'Ordre cistercien et son gouvernement, des origines au milieu du XIIIe siècle (1098-1265)*, Éditions E. De Broccard. París, 1982, p. 23.
6. Marcel Durliat, *L'Art roman*, Éditions d'art Lucien Mazenod. París, 1982.
7. El contexto arquitectónico. Este recuadro se refiere a la cronología propuesta por Alain Erlande-Brandenburg y Anne Merel-Brandenburg, *Histoire de l'Architecture française, du Moyen Âge à la Renaissance*, CNMHS et Mengès. París, 1995.

Capítulo 3

1. Jean Berthold Mahn, op. cit. p. 41.
2. Marcel Pacaut, *Les Moines blancs*. Fayard, 1993.
3. La Comisión de Historia de la Orden del Císter propuso en 1953 el nombre de Aubri, único nombre románico del latín Alberticus; el apelativo tradicional de Albéric es un "barbarismo autorizado". No obstante, después de esta recomendación, fueron pocas las obras que tuvieron en cuenta la sugerencia.
4. Hermano Marcel Lebeau, *Abrégé chronologique de l'histoire de Cîteaux*. Císter, 1980, p. 9.
5. Fórmula de Robert Folz citada por Marcel Pacaut, op. cit. p. 41.
6. J.A. Lefevre, *Saint Robert de Molesme dans l'opinion monastique*, Analecta Bollandiana LXXIV, 1956, pp. 68 y 80-83.
7. *Cîteaux, documents primitifs*. Cîteaux Commentarii cistercienses, 1988.
8. Comisión de Historia de la Orden del Císter, op. cit. p. 31.
9. Hermano Marcel Lebeau, 1980, op. cit. p. 10.
10. Comisión de Historia de la Orden del Císter, op. cit. p. 32.
11. Guillaume de Saint Thierry, *Vie de saint Bernard*, III. 15, F.X. de Guibertet OEIL. París, 1997.
12. Hermano Jean-Baptiste Auberger, OFM, *L'Unanimité cistercienne primitive: mythe ou réalité?* Cîteaux Commentarii cistercienses. Achel, 1986, p. 1.

Capítulo 4

1. Jean Leclercq, *Nouveau visage de Bernard de Clairvaux, approches psycho-historiques*, Cerf. París, 1976, p. 155.
2. Guillaume de Saint Thierry, *Vita prima*, VII. 33.
3. *Dictatus papae* de Gregorio VII, apartado 2.
4. Comisión de Historia de la Orden del Císter, op. cit. p. 379.

Capítulo 5

1. La cifra doce es evidentemente simbólica en referencia al número de los apóstoles, pero no siempre se respetó.
2. *Voyage de deux bénédictions de la Congrégation de Saint Maur (1717-1724)*.
3. P. Dalloz, *L'Architecture selon saint Bernard*, como anexo a la traducción francesa de la obra de San Bernardo, *De la Considération*. Cerf, p. 177.
4. *Apologie à Guillaume*, traducción de François Cali, *La plus grande aventure du monde, Cîteaux*, Arthaud. París, 1956.
5. Citado por Marcel Aubert (y la marquesa de Maillé), *L'architecture cistercienne en France*, Vanoest, ediciones de arte y de historia. París, 1947, tomo I, p. 97.
6. Viollet-le-Duc, op. cit., tomo I, artículo Architecte, pp. 107-116.
7. Marcel Aubert, op. cit. P.97.
8. Alain Erlande-Bradenburg, op. cit.
9. Anselme Dimier, *Recueil de plans d'églises cierteciennes*. París, 1949.
10. Jacques Le Goff, *L'Imaginaire médiéval*, Gallimard, Bibliothèque des Histoires, 1985, p. 59 (referencias de Ch. Higounet, M. Bloch y G. Roupnel).
11. Bernadette Barrière, *Les Cisterciens d'Obazine en Bas Limousin*, en *L'hydraulique monastique*, Rencontres de Royaumont/Creaphis. Giane, 1996, pp. 13-33.
12. Paul Benoit, *Vers une chronologie de l'hydraulique monastique*, en *L'hydraulique monastique*, op. cit. pp. 475-485.
13. Jacques Laurent, *Les Noms des monastères cisterciens dans la toponymie européenne*, en *Saint Bernard et son temps*, tomo I, 1928, pp. 168-204.
14. *Dialogues inter Cluniac. et Cisterc.*, en Marcel Aubert, tomo I, op. cit.p. 53.
15. Sobre el simbolismo de la orientación de la iglesia, véase M.M. Davy, *Initiation à la Symbolique romane*, Champs Flammarion. París, 1977, p. 196.
16. Sobre Villard de Honnecourt, véase M.M. Davy, op. cit. p. 182.
17. Benoit Chauvin, *Le Plan bernardin*, en *Bernard de Clairvaux, histoire, mentalités, spiritualité*, Colloque de Lyon- Cîteaux-Dijon de 1990, Cerf. París, 1992, p. 339.
18. Marcel Aubert, op. cit. Tomo I, p. 320.
19. Dante, *Divine Comédie*, canto X del cuarto cielo, 1321, en Jean Gimpel, *La Révolution industrielle au Moyen Âge*, Seuil (Points-Histoire). París, 1975, p. 145.
20. André Stirling reconstruyó la clepsidra de Villers a partir de los textos que figuran sobre pizarras descubiertas en las excavaciones de 1894. La presentó en el coloquio *Villers, une abbaye revisitée*, APTCV, 1996, p. 135.
21. Marcel Aubert, op. cit.
22. Gérard de Champeaux y dom Sebastien Sterckx, *Le monde des symboles*. Zodiaque, 1980.
23. Thérèse Glorieux de Gand, *Le Langage des signes chez les cisterciens*, en el coloquio *Villers, une abbaye revisitée*, op. cit. p. 157.
24. Bernard Garnerin, *La Musique française du Moyen Âge*. PUF, 1961, p. 5 a 22.
25. Esta explicación se debe en buena medida a Sam Baruch, ingeniero acústico y a su documentación, especialmente J.M. Fontaine, *Un systeme historique de correction sonore:les vases acoustiques*. Camille de Montalivet estudió asimismo con gran paciencia este dato, mediante la implantación de 55 ánforas de Vitruvio en las bóvedas de la abadía de Loc Dieu.
26. Léo Moulin, *La Vie quotidienne des religieux au Moyen Âge Xe-XVe siècle, Hachette*. París, 1978, *p. 166*.
27. Léo Moulin, op. cit.
28. Régine Pernoud y Georges Herscher, *Jardins de monastères*, Actes Sud, 1996.
29. Sylvie Fournier, *Brève histoire du parchemin et de l'enluminure*, Fragile. Tiralet 1995, p. 5.
30. Yolanda Zaluska, *L'Enluminure et le scriptorium de Cîteaux au XIIe siècle*. Císter, 1989, p. 113. Véase así mismo André Vernet con la colaboración de J.F. Genest, *La Bibliothèque de Clairvaux au XIIe et XIIIe siècles. Paris, 1979*; Françoise Bibolet, *La Bibliothèque de Clairvaux* en *Vie en Champagne*, en su número especial *Abbaye de Clairvaux*, 1986, p. 22.
31. Marcel Aubert, op. cit. p. 122.
32. Viollet-le-Duc, op. cit. tomo VI, p. 172.
33. Georges Duby, *Saint Bernard, l'art cistercien*, Flammarion. París, 1976.
34. Citado por Michel Miguet, *Les Convers cisterciens, l'institution, les hommes, les bâtiments*, documento inédito.
35. Robert Fossier, *La Vie économique de l'abbaye de Clairvaux, des origines à la fin de la guerre de Cent Ans 1115-1471*, archivos de Aube, serie J.
36. *L'Espace cistercien*, bajo la dirección de Léon Pressouyre, Comité des travaux historiques et scientifiques. París, 1994.
37. Viollet-le-Duc, op. cit., tomo III, p. 482.
38. Bertrand Gille, *Origines de la grande industrie métallurgique en France*; Paul Benoit y Denis Caillaux, *Moines et Métallurgie dans la France médiévale*. París, 1991.
39. Catherine Verna, *Les Mines et les forges des cisterciens en Champagne du Nord et en Bourgogne du Nord*, AEDEH. París, 1995, pp. 33-35.
40. Louis J. Lekai, op. cit., pp. 261-263.
41. Viollet-le-Duc, op. cit., tomo I, p. 275.
42. Marcel Pacaut, op. cit., p. 261, según el mapa trazado por J.F.Leroux en *L'Abbaye de Clairvaux*, Vie en Champagne, 1986, p. 11.

Capítulo 6

1. La lumière cistercienne. Serge Clavé, *Entretiens avec Pierre Soulages* en *Architecture cistercienne, Architecture moderne*, documento dactil. 1996. La cita de Georges Duby está sacada de *Cahiers du musée d'Art moderne*, marzo 1980.
2. La lumière cistercienne. Georges Duby, prólogo de *Conques, les vitraux de Soulages*. Seuil, 1994, p. 8.
3. La lumière cistercienne. Documento establecido por dom Olivier Briand, abad de Acey.
4. La lumière cistercienne. Georges Duby, prólogo de *Noirlac, Abbaye cistercienne. Vitraux de J.P. Raynaud*, EMA. París, p. 11.
5. Alain Erlande-Brandenburg, op. cit., p. 247.
6. Heinfried Wischermann, *L'Architecture romane en Grande-Bretagne* en *L'art Roman*. Könemann. Colonia, 1996, pp. 235- 236.
7. Erwin Panofsky, *Architecture gothique et pensée scolastique*, Éditions de Minuit. París, 1967, p. 69.
8. La hermosa restauración del edificio de conversos de Claraval se debe al añorado Jean-Michel Musso, ACMH, fallecido en un accidente en 1998.

Capítulo 7

1. Louis J. Lekai, op. cit.
2. René Locatelli, *L'Expansion cistercienne en Europe*, en *Dossiers de l'archéologie*, diciembre de 1997, p. 20, y Marcel Pacaut, op. cit. P.129.
3. Stephen Tobin, *Les Cisterciens, moines et monastères d'Europe*, Cerf, París, 1995, p. 190. La cifra de 754 abadías de hombres, censada por Stephen Tobin, corresponde al número de abadías presentadas por Frédéric Van der Meer en su importante *Atlas de l'Ordre cistercien*, Editions Séquoia. París-Bruselas, 1965.
4. Las zonas de expansión de las cuatro primeras filiales en Europa están representadas en los croquis extraídos de *Cysterci W kulturze Sredniowiecznej europy*. Poznan, 1992.
5. Lucelle, nieta de Morimond a través de Bellevaux, pertenece hoy a Francia, departamento del Alto Rin.

Capítulo 8

1. Louis J. Lekai, op. cit., p. 74.
2. Jacques Berlioz, *"Tuez-les tous, Dieu reconnaîtra les siens", la croisade contre les albigeois vue par Cesaire de Heisterbach*, Loubatières. Portet, 1994, p. 9.

Capítulo 9

1. Louis J. Lekai, op. cit., p. 265.
2. H. d'Arbois de Jubainville, *Études sur l'état intérieur des abbayes cisterciennes et principalement de Clairvaux aux XIIe et XIIIe siècles*, Durand. París, 1858, p. 277.
3. H. d'Arbois de Jubainville, op. cit., p. 279.
4. H.d'Arbois de Jubainville, op. cit., p. 281.
5. Véase el mapa de Graneros de Claraval.
6. H. d'Arbois de Jubainville, op. cit., p. 295.
7. Charles Higounet, *La Grange de Vaulerent*, París, 1965 y François Blary, *Le Domaine de Chaalis, XIIe-XIVe siècles*, ECTHS. París, 1989, p. 382.
8. Marcel Pacaut, op. cit., p. 260.
9. Marcel Aubert, op. cit. tomo II, p. 161
10. Michel Miguet, op. cit., 1997.
11. Jean Gimpel, *La Révolution industrielle au Moyen Âge*, Seuil Points Histoire, París, 1975, p. 69 con referencia a J.S. Donnelly, *The Decline of the Medieval Cistercian Laybrotherhood*, Fordham U.P. Nueva York, 1949, p. 32.
12. Marcel Pacaut, op. cit., p. 276.
13. Benoit Chauvin, *Notes et documents pour servir à l'histoire du sel au Moyen Âge*: *Les archives de l'abbaye de Clairvaux (1173-1234)*, en *Actes du Colloque sur l'histoire de Clairvaux*, op. cit., p. 303.
14. Gilles Villain, *Trois granges de l'ancienne abbaye de Clairvaux* en *L'Espace cistercien*, op. cit., p. 581.
15. François Blary, op. cit., p. 106.
16. Claude Royer, *Les Vignerons, usages et mentalités des pays de vignobles*, Berger-Levrault. París, 1980, p. 34.
17. El vino de la Côte des Bars, elaborado por los conversos de Claraval, ¿tenía una efervescencia natural? ¿Hay que atribuirles la primera champañización, muy anterior al benedictino dom Pérignon?
18. Louis J. Lekai, op. cit., p. 270.
19. Richard Hoffmann, *Medieval Cistercian Fisheries Natural and Artificial*, en *L'Espace cistercien*, op. cit. p. 401.
20. Jean Gimpel, op. cit. p. 19.
21. Louis J. Lekai, op. cit., p. 273.
22. Paul Benoit, *Moines et métallurgie dans la France médiévale*, AEDEH. París, 1991, p. 355.
23. Louis J. Lekai, op. cit.
24. Louis J. Lekai, op. cit.

Capítulo 10

1. Marcel Aubert, op. cit., pp. 127 y 133.
2. Marcel Aubert, op. cit., p. 128.
3. Fernand Pouillon, *Les Pierres sauvages*, Seuil. París, 1964, p. 175.
4. Jean-François Dhuys, en *L'Architecture selon Emile Aillaud*, Dunod. París, 1983, p. 18.
5. François Cali, op. cit.
6. Raymond Oursel, *L'esprit de Cîteaux*, Zodiaque. St. Léger-Vauban, 1978, p. 15.
7. Marcel Aubert, op. cit., p. 218.

Capítulo 11

1. Frédéric Van der Meer, *Atlas de l'Ordre cistercien*, Séquoia. París-Bruselas, p. 32.

Capítulo 12

1. P.Colomban Rock, *Les codifications du droit cistercien*, Westmalle, p. 51.
2. Louis J. Lekai, op. cit.
3. Louis J. Lekai, op. cit. p. 100.

Capítulo 13

1. Louis J. Lekai, op. cit., p. 140.
2. Louis J. Lekai, op. cit.
3. Jean-Marie Pérouse de Montclos, *Histoire de l'architecture française, de la Renaissance à la Révolution*, Mengès et CNMHS. París, 1989, p. 190.
4. Dominique Fernandez, *Le Banquet des anges*, Plon. París, 1984, p. 50.
5. Dominique Fernandez, op. cit.
6. Jacques Foucart-Borville, *Simon Pfaff, un sculpteur autrichien en Picardie*, Paillart. Abbeville, 1996.

Capítulo 14

1. Marie Gérard Dubois, *Le Bonheur de Dieu, souvenirs et réflexions du père abbé de la Trappe*, Robert Laffont. París, 1995, p. 372.
2. François Cali, op. cit.

Bibliografía cisterciense (documentos de la época)

RÈGLE DE SAINT BENOIT, Éditions de la documentation cistercienne, Rochefort, 1980.
DOCUMENTS PRIMITIFS, Cîteaux - Commentarii cistercienses, Cîteux, 1988.
ŒUVRES COMPLÈTES DE BERNARD DE CLAIRVAUX, Fuentes chrétiennes, Cerf, desde 1990.
TEXTES DES PREMIERS PÈRES DE CÎTEAUX, Ph. Baud, *La ruche de Cîteaux*, Cerf, 1997.
GRAND EXORDE DE CÎTEAUX, Conrad d'Eberbach, Récit des débuts de l'Ordre cistercien, Brepols/Cîteaux commentarii cistercienses, 1998.

Bibliografía cisterciense

ARBOIS de JUBAINVILLE (Henri), *Études sur l'état intérieur des abbayes cisterciennes et principalement de Clairvaux aux XIIe et XIIIe siècles*, Durand, París, 1858.
AUBERGER (Jean-Baptiste), *L'Unanimité cistercienne primitive : mythe ou réalité?*, Cîteaux, Commentarii cistercienses, Achel, 1986.
AUBERT (Marcel), *L'Architecture cistercienne en France* (con la colaboración de la marquesa de Maillé), Vanoest, París, 1947.
BREDERO (A. H.), *Bernard de Clairvaux, culte et histoire*, Brepols, Turnhout, 1993/98.
CALI (François), *L'Ordre cistercien*, Arthaud, París, 1972.
CALI (François), *La plus grande aventure du monde*, Cîteaux, Arthaud, París, 1956.
COCHERIL (Maur), *Routier des abbayes cisterciennes au Portugal*, Fond. Gulbenkian, París, 1978.
DALLOZ (Pierre) *L'Architecture selon saint Bernard* in *De la Considération*, Cerf, París, 1986.
DAVY (Marie-Madeleine), *Bernard de Clairvaux*, Éditions du Félin, París, 1990.
DESMONS (Gilles), *Mystères et beauté des abbayes cisterciennes*, Privat, Tolosa, 1996.
DIMIER (Anselme), *L'Art cistercien* (2 vol.), Zodiaque, La Pierre-qui-Vire.
  - *Les Moines bâtisseurs, architecture et vie monastique*, Fayard, París, 1964.
  - *Recueil de plans d'églises cisterciennes*, París, 1949/1967.
  - *Saint Bernard, pêcheur de Dieu*, Letouzey et Ané, París, 1953.
  - *Saint Louis et Cîteaux*, Letouzey et Ané, París, 1954.
DUBOIS (Marie Gérard), *Le Bonheur de Dieu, souvenirs et réflexions du père abbé de la Trappe*, Robert Laffont, París, 1995.
DUFIEF (André), *Les Cisterciens en Bretagne XIIe et XIIIe siècles*, PUR, Rennes, 1997.
FOSSIER (ROBERT), *La Vie économique de l'abbaye de Clairvaux, des origines à la fin de la guerre de Cent Ans (1115-1471)*, Archives de l'Aube, Troyes, 1949.
GILSON (Étienne), *La Théologie mystique de saint Bernard*, J. Vrin, París, 1986.
HAHN (Jean Berthold), *L'Ordre cistercien et son gouvernement (1098-1265)*, Broccard, París, 1945-1982.
KINDER (Terryl N.), *L'Europe cistercienne*, Zodiaque, La Pierre-qui-Vire, 1998.
LEBEAU (Marcel), *Abrégé chronologique de l'histoire de Cîteaux*, Cîteaux, 1983.
LECLERCQ (Jean), *Nouveau visage de saint Bernard, approches psycho-historiques*, Cerf, París, 1976.
  - *Recueil d'études sur saint Bernard et ses écrits* (4 vol.), Edizioni di Storia e litteratura, Roma, 1969.
  - *Saint Bernard et l'esprit cistercien*, Le Seuil-Maîtres spirituels, París, 1966.
LEFEVRE (J. A.), *Saint Robert de Molesme dans l'opinion monastique*, Analecta Bollandiana LXXIV, 1956.

MAITRE (Claire), *La Réforme cistercienne du plain-chant*, Cîteaux, Commentarii cistercienses, Brecht, 1995.
MIGUET (Michel), *Les Convers cisterciens, l'institution, les hommes, les bâtiments*, doc. dactil., París, 1997.
OLDENBOURG (Zoé), *Saint Bernard*, Albin Michel, París, 1970.
OURSEL (Raymond), *L'Esprit de Cîteaux*, Zodiaque, La Pierre-qui-Vire, 1978.
PACAUT (Marcel), *Les Moines blancs*, Fayard, París, 1993.
PEUGNIEZ (Bernard), *Routier des abbayes cisterciennes de France*, Signe, Estrasburgo, 1994.
PRESSOUYRE (Léon), *Le Rêve cistercien*, Gallimard-Découvertes, París, 1990.
RICHE (Pierre), *Petite vie de Saint Bernard*, Desclée de Brouwer, París, 1989.
TOBIN (Stephen), *Les Cisterciens, moines et monastères d'Europe*, Cerf, París, 1995.
VACANDARD (E.), *Vie de saint Bernard* (2 vol.), Lecoffre, París, 1995.
VERGER (Jacques) y J. JOLIVET, *Bernard-Abelard ou le Cloître et l'École*, París, 1982.
VERNA (Catherine), *Les Mines et les forges des cisterciens en Champagne du Nord et en Bourgogne du Nord*, AEDEH, París, 1995.
VERNET (André) *La Bibliothèque de Clairvaux aux XIIe et XIIIe siècles*, Imp. nationale, París, 1979.
ZALUSKA (Yolanta), *L'Enluminure et le scriptorium de Cîteaux au XIIe siècle*, Cîteaux, Commentarii cistercienses, Brecht, 1989.

**Bibliografía cisterciense
(coloquios y obras colectivas)**

ALBUMS DE CROŸ, *Monastères bénédictins et cisterciens dans les albums de Croÿ (1596-1611)*, Crédit communal, Bruselas, 1990.
CAHIERS DE BOSCODON, *L'Art des bâtisseurs romans*, n° 4, Boscodon, 1996.
CAHIERS DE FANJEAUX, *Les Cisterciens en Languedoc*, n° 21, Tolosa, 1986.
COLLOQUE DE CLAIRVAUX (junio 1990), *Histoire de Clairvaux*, Nemont, Bar-sur-Aube, 1991.
COLLOQUE DE FONTFROIDE (marzo 1993), *L'Espace cistercien*, CTHS, París, 1994.
COLLOQUE DE LYON-CÎTEAUX-DIJON (junio 1990), *Bernard de Clairvaux, histoire, mentalités, spiritualité*, Cerf, París, 1992.
COLLOQUE DE VILLERS-LA-VILLE (abril 1996), *Villers, une abbaye revisitée*, APTCV, Villers, 1996.
COMMISSION D'HISTOIRE DE L'ORDRE DE CÎTEAUX, *Bernard de Clairvaux*, Alsatia, París, 1953.
CONGRÈS DES SOCIÉTÉS SAVANTES DE DIJON (1927), *Saint Bernard et son temps* (2 vol.), Académie, Dijon, 1929.
CONGRÈS DES SOCIÉTÉS SAVANTES DE DIJON (1953), *Mélanges Saint Bernard*, Amis de St Bernard, Dijon, 1953.
DOSSIERS DE L'ARCHÉOLOGIE, Citeaux 98, Dijon, 1997.
EXPOSITION SAINT BERNARD (Dic. 1990), *Saint Bernard et le monde cistercien*, CNMHS-SAND, París, 1990.
FLARAN, *L'Économie cistercienne*, n° 3, Auch, 1983.
MÉLANGES À LA MÉMOIRE DU PÈRE ANSELME DIMIER (6 vol.), B. Chauvin, Arbois, 1982.
ORDRES RELIGIEUX, capítulo «Les Cisterciens» (Maur Cocheril), Flammarion, París, 1979.
RENCONTRES DE DIJON (junio 1991), *Vies et légendes de saint Bernard de Clairvaux. Cîteaux*, Commentarii cistercienses, Brecht, 1993.
RENCONTRES DE ROYAUMONT (junio 1992), *L'Hydraulique monastique*, Créaphis, Giane, 1996.
THEO, *Encyclopédie catholique*, Droguet et Ardant/Fayard, París, 1992.
ZODIAQUE-LES FORMES DE LA NUIT, *L'Europe des monastères*, Zodiaque, La Pierre-qui-Vire, 1996.

Bibliografía general

BEIGBEDER (Olivier), *Lexique des symboles*, Zodiaque, La Pierre-qui-Vire, 1969.
BENOIT (Paul), *Moines et métallurgie dans la France médiévale*, AEDEH, París, 1991.
BUR (Michel), *Suger*, Perrin, París, 1991.
CHAMPEAUX (Gérard de) et Dom Sebastien STERCKX, *Le Monde des symboles*, Zodiaque, La Pierre-qui-Vire, 1980.
DAVY (Marie-Madeleine), *Initiation à la symbolique romane*, Champs Flammarion, París, 1977.
DUBY (Georges), *L'Économie rurale et la vie des campagnes dans l'Occident médiéval* (2 vol.), Champs Flammarion, París, 1962/1977.
DURLIAT (Marcel), *L'Art roman*, Lucien Mazenod, París, 1982.
ECO (Umberto), *Art et beauté dans l'esthétique médiévale*, Grasset, París, 1987/97.
ERLANDE-BRANDENBURG (Alain) y Anne Bénédicte MEREL-BRANDENBURG, *Histoire de l'architecture française, Du Moyen Âge à la Renaissance*, CNMHS/ Mengès, París, 1995.
FOCILLON (Henri), *Art d'Occident, le Moyen Âge roman et gothique*, Armand Collin, París, 1938.
FOURNIER (Sylvie), *Brève histoire du parchemin et de l'enluminure*, Fragile, Tiralet, 1995.
GARNERIN (Bernard), *La Musique française du Moyen Âge*, PUF, París, 1961.
GIMPEL (JEAN), *La Révolution industrielle au Moyen Âge*, Le Seuil-Points Histoire, 1975.
GRODECKI (Louis), *Le Moyen Âge retrouvé* (2 vol.), Flammarion, París, 1991.
LE GOFF (Jacques), *L'Imaginaire médiéval*, Gallimard, París, 1985.
  - *La Civilisation de l'Occident médiéval*, Arthaud-Champs Flammarion, París, 1964-1982.
LETORT-TREGANO (Jean-Pierre), *Pierre Abelard*, Payot, París, 1981.
MIQUEL (Pierre et autres), *Déserts chrétiens d'Égypte*, Le Portique, Vintimille, 1993.
MOULIN (Léo), *La Vie quotidienne des religieux au Moyen Âge Xe-XVe siècle*, Hachette, París, 1978.
PACAUT (Marcel), *Les Ordres monastiques et religieux au Moyen Âge*, Nathan, París, 1993.
  - *L'Ordre de Cluny*, Fayard, París, 1986.
PANOFSKY (Erwin), *Architecture gothique et pensée scolastique*, Éditions de Minuit, París, 1967.
PERNOUD (Régine) y Georges HERSCHER, *Jardins de monastères*, Actes Sud, París, 1996.
PÉROUSE DE MONTCLOS (Jean-Marie), *Histoire de l'architecture française, De la Renaissance à la Révolution*, CNMHS/Mengès, París, 1989.
REGNAULT (Lucien), *La Vie quotidienne des pères du désert en Égypte au IVe siècle*, Hachette, París, 1990.
VAUCHEZ (André), *La Spiritualité du Moyen Âge occidental VIIIe-XIIIe siècle*, Le Seuil-Points Histoire, París, 1994.
VERGNOLLE (Eliane), *L'Art roman en France*, Flammarion, París, 1994.
VIOLLET-LE-DUC (Eugène E.), *Dictionnaire raisonné de l'architecture française du XIe au XVIe siècle* (artículo «Architecture monastique»), Nobelé, París, 1967.
WHITE (Lynn), *Technologie médiévale et transformations sociales*, Mouton, París, 1969.
ZUMTHOR (Paul), *Guillaume le Conquérant*, Tallandier, París, 1978.